KB013178

에너지가 바꾼 세상

한국어판을 내며

이 책을 International Business Society를 운영하며 고락을 함께한 김현존, 민경혁을 비롯해 University of Illinois at Urbana-Champaign MBA Program Class of 2001의 한국인 멤버 전원에게 바칩니다. 내가 한국을 명실상부 친근한 존재로 느낄 수 있었던 것은 20여 년 전 여름 대학 캠퍼스에서 여러분을 만난 덕분입니다. 비록 서툰 영어로 이야기 나눴지만 여러분과는 이심전심으로 마음이 통하는 신기한 감각을 경험했습니다.

이 책은 에너지 문제를 생각한다는 것이 무엇을 의미하는지 일본인인 제 감각으로 쓴 것이지만 나의 가장 가까운 친구인 한국 사람들에게도 뭔가 울림이 있지 않을까 생각합니다. 여러분께 저의 책을 선보일 기회를 얻어 무척 기쁩니다.

2022년 7월 길일에 후루타치 고스케

에너지가 바꾼 세상

인류 문명의 역사로부터 배우는 교훈

후루타치 고스케 지음 | 마미영 옮김

에이지21

식료품 가격이 끝없이 치솟는 가운데 강력한 인플레가 발생하고 있습니다. 그런데 최근 세계적인 통신사 블룸버그는 '최근 곡물 가격 상승은 바이오에탄올 혼합 의무 제도 때문'이라고 지적합니다.*

이 제도는 원유에 대한 의존을 낮출 목적으로 시행되어 미국은 10% 이상, 인도는 7.5%, 유럽연합은 10%, 인도네시아와 브라질은 각각 30%와 27%의 바이오 연료를 의무적으로 가솔린에 혼합해야 합니다. 이 결과 미국에서는 생산되는 옥수수와 콩의 5분의 2가 바이오에탄올 재료로 사용되며, 인도네시아가 연료에 투입하는 데 필요한 100억 리터의 바이오디젤을 만들려면 전 세계가 생산하는 팜유의 7분의 1을 소모할 정도입니다. 참고로 바이오에탄올은 옥수수를 비롯한 곡물에서 포도당을 얻은 뒤 이를 발효시켜 만들고, 바이오디젤은 콩기름이나 유채 기름을 원료로 만들어 경유에 혼합하여 사용됩니다.

그러나 이런 제도로 인해 수억의 저개발 국가 국민이 굶주리고 있고 에너지 효율 면에서도 심각한 문제를 야기하고 있습니다. 이 책의 159~160쪽을 보면 다음과 같은 대목이 있습니다.

* Bloomberg(2022.6.10), "It's Time to Get Biofuels Out of Your Gas Tank"

"에너지의 비용 대비 효과는 얻어진 에너지와 그것을 얻기 위해 투입된 에너지의 비율을 생각하는 일이다. 이를 에너지 수지비Energy Profit Ratio: EPR라고 한다. 옥수수로 만든 바이오에탄올은 EPR이 0.8 정도로 1에 못 미친다고 알려져 있다. 즉 제조에 투입된 에너지가 얻어지는 에너지보다 크다는 뜻이다. 이는 에너지 낭비일 뿐이다.

화석 연료를 바이오에탄올의 정제 과정에 이용할 바에야 그대로 연료로 쓰는 편이 어디로 보나 효율적이다. 옥수수도 그냥 식량으로 활용하는 편이 낫다. (중략) 바이오에탄올 등 바이오 액체 연료를 제조한다면 식용으로 쓸 수 없는 자원을 원료로 하는 것이 바람직하다. 옥수수라면 줄기나 잎 부분을 활용하는 식이다."

가슴을 치는 일갈이라 생각됩니다. 환경을 생각하는 수많은 이들과 정책 당국자들이 이 책 '에너지가 바꾼 세상'을 읽었다면 큰 잘못을 저지르지 않았으리라는 생각이 듭니다. 특히 저처럼 역사를 좋아하는 이에게도 좋은 인사이트를 제공합니다. 에너지와 인간 사이의 상호작용, 특히 에너지 이용의 변화가 불러온 변화를 시간 가는 줄 모르고 읽었네요. 끝으로 귀한 책 발간한 에이지21 관계자 여러분들에게 감사하다는 말씀 전합니다.

2022년 7월 20일 이코노미스트 홍춘욱

세상일 대부분은 에너지 관점에서 생각하면 쉽게 정리할 수 있고 이해할 수 있다.

이것이 화석 연료 자원의 고갈을 시작으로 원자력 발전, 오늘날의 기후 변화에 이르기까지 인류가 에너지를 얻으면서 일으킨 갖가지 문제, 소위 '에너지 문제'를 평생의 학습 주제로 여겨온 내가 도달한 하나의 결론이다.

이러한 결론에 도달한 것은 어쩌면 자연스러운 일일지도 모른다. 왜냐하면 인간의 모든 활동에 수반되는 에너지라는 존재는 과학적으로 정리된 일정한 법칙을 따르기 때문이다. 이는 인간뿐 아니라 다른 생물의 활동도 마찬가지다. 움직이는 모든 세계는 에너지다.

조금만 더 깊이 생각하면 애초에 이 세상에 존재하는 모든 물질이 에너지 덩어리에 불과하다는 사실을 알 수 있다.

아인슈타인은 $E=mc^2$라는 세상에서 가장 유명하고 단순한 공식을 내놓았다. 광속 c는 불변의 정수다. 따라서 이 식은 물질의 질량 m이 에너지 E와 같다는 사실을 보여준다. 즉 우리가 사는 '이 세상'이 사실은 전부 에너지로 되어 있다는 뜻이다. 따라서 내가 도달한 결론인 에너지의 관점에서 생각하면 세상 만사가 알기 쉽게 정리된다는 말은 어떤 의미에서는 당연하다.

나는 오랫동안 에너지 업계에 몸담아왔지만 이렇게 실로 당연한 결론을 얻기까지 20여 년의 세월이 필요했다. 시간이 걸린 이유는 단순했다. '이 세상'을 분석하는 데 필요한 역사학과 사회학 지식이 부족했고 핵심 분석 대상인 에너지가 대체 무엇인지를 오랫동안 제대로 알지 못했기 때문이다.

솔직히 고백하건대 지금도 에너지가 무엇인지를 완벽하게 이해했다고 할 수 없다. 그 이유는 최신 우주물리학 연구를 통해 우주에는 암흑에너지Dark Energy나 암흑 물질Dark Matter과 같은 미지의 에너지가 존재한다는 사실이 밝혀졌기 때문이다. 이러한 에너지들이 대체 무엇인지는 세계의 두뇌들이 그 비밀을 풀어내고자 지금 이 순간도 고군분투하고 있으므로 평범한 나로서는 도무지 짐작조차 가지 않는다는 점을 이해해주기 바란다. 다만 역사학, 사회학, 철학 등을 통해 얻은 인류 사회의 성립 과정에 대한 통찰과 지금까지 밝혀진 과학적 성과가 보여준 에너지의 특징에 대한 분석을 보태면 내 관심 분야인 '에너지 문제'의 본질에 충분히 다가갈 수 있지 않을까 생각한다.

지금 나는 나름의 시행착오를 거쳐 인류라는 존재의 특이성을 생각하고 있다. 인간은 다른 생물에서는 볼 수 없는 방식으로 에너지와 공존한다. 이는 최근에 시작된 것이 아니라 아득한 옛날 우리 인류의 조상이 불 다루는 법을 익히던 시절까지 거슬러 올라간다. 우리는 몸을 보전하고 사회 전체를 유지하는 모든 과정에서 대량의 에너지를 소비하는 존재다. 그러므로 에너지적 관점에서 인류의 역사를 살펴본다면 에너지를 대량 소비하는 이유를 자세히 알 수 있을 것이다.

이 책은 에너지라는 관점에서 사물을 바라보는 시도를 '여행'에 빗대고 있다. 여행이라는 단어에는 다양한 울림과 깊이가 있는데 가장 상징적인 표현 중에 '인생은 여행과 같다'는 말이 있다. 우리는 대체 무엇이고 어디서 와서 어디로 가고 있을까. 이렇듯 과거에서 현재, 미래를 향해 가는 한 방향의 흐름은 사실상 우리가 매일 접하는 에너지의 본질이라고 할 수 있다. 이와 더불어 내가 누구인가 하는 문제도 에너지란 무엇인가를 생각함으로써 단서를 얻을 때가 있다. '여행'이라는 단어를 쓴 데는 이러한 의미가 담겨 있다. 시공을 초월해 종횡무진 에너지를 따라가는 여행을 통해 모두가 에너지의 본질을 이해하고 여행의 목적지인 미래의 실마리를 조금이나마 얻을 수 있길 바란다.

이 책에서는 여행을 크게 양(量), 지식, 마음이라는 세 가지 테마로 나누어 에너지와 인류의 관계를 되짚어본다.

양의 역사를 찾아 떠나는 여행에서는 인류의 역사를 에너지의 관점에서 살펴보고 오늘날 문명의 성립 과정과 그 과제를 찾아본다. 이 과정에서 인류와 에너지 사이의 밀접한 관계를 생각해 보고 내가 에너지 혁명이라고 생각하는 다섯 가지 대혁명을 구체적으로 들여다본다.

지식을 찾아 떠나는 여행에서는 에너지란 무엇이고, 어떤 법칙을 따르는지 갈릴레오나 아인슈타인 등 여러 과학자의 노력이 남긴 발자취를 따라가며 자세히 설명하겠다. 그리고 과학 지식이 보여주는 기술 혁신의 가능성과 한계도 다루려 한다.

마음을 찾아 떠나는 여행에서는 인류 사회를 형성하는 요소로써 빠트릴 수 없는 종교와 경제, 사회를 에너지의 시각에서 고찰한다. 이러한 시도를 통해 우리의 의사 결정에 영향을 주는 요인이 무엇인지를 확인하고 어떻게 대처할지를 생각해 본다.

이렇게 양, 지식, 마음이라는 세 분야를 돌아보고 에너지와 인류의 밀접한 관계를 배우며 알아두면 좋을 기초 과학 지식을 몸에 익힌 다음 우리 사회가 도달해야 할 여행의 목적지를 생각하고, 혼돈의 세상을 살아가는 데 필요한 하나의 시각과 인식을 여러분에게 제시하는 것을 목표로 한다.

이 책을 읽고 전 세계에 닥친 '에너지 문제' 대응에 시사하는 바가 있었다거나 사고방식의 토대를 마련할 수 있었다고 느낀다면 저자로서 그보다 더한 기쁨은 없을 것이다.

그럼 지금부터 에너지의 관점에서 사물을 파악하고 이해하는 '에너지 여행'을 함께 떠나자.

차례

Part 1

양의 역사를 찾아 떠나는 여행

에너지의 관점에서 바라본 인류사

1부에서는 인류가 에너지 소비량을 어떻게 늘려 오늘날의 번영을 이룩했는지 인류가 탄생시킨 문명의 역사를 에너지적 관점에서 되짚어 나가며 상세히 들여다본다. 이를 통해 오늘날 문명의 성립 과정과 과제를 확인한다.

역사에서 일어난 큰 변혁은 훗날 '혁명'이라 불린다. '에너지 혁명'을 사전에서 찾아보면 "경제 사회의 주요한 에너지원이 빠르게 교체되는 현상. 일본에서는 1960년을 전후로 석탄에서 석유로 전환한 것이 그 사례"라고 쓰여 있다.[1] 실제로 일본은 산업혁명으로 시작된 석탄의 사용을 제1차 에너지 혁명, 이후 석유로의 이행을 제2차 에너지 혁명이라고 부르는 경우가 많은 듯하다. 또는 불의 사용을 이보다 앞선 제1차 에너지 혁명으로 보고 지금까지 세 차례의 에너지 혁명이 있었다고 분류하는 경우도 있다.

나는 이 책에서 에너지 혁명을 조금 더 넓게 정의한다. 바로 "에너지를 얻는 수단이나 사용법의 발명으로 인류의 에너지 소비량이 비약적으로 증가한 현상"이라고 말이다. 이 정의를 바탕으로 다시 분류하면 지금까지 다섯 차례의 에너지 혁명이 있었다고 할 수 있다.

현대 사회를 사는 우리는 다섯 번에 걸친 에너지 혁명의 혜택을 최대한으로 받고 있다. 부디 다섯 번의 에너지 혁명이 무엇인지를 예상해 보고 답을 맞히듯 읽어 나가길 바란다. 그리하면 에너지를 보다 중층적으로 깊이 있게 이해할 수 있을 것이다.

그럼 인류 문명사를 에너지의 시점으로 따라가는 첫 번째 여정을 시작하자.

에너지 순례 여행 ①

아제르바이잔의 수도 바쿠에서

카스피해를 가르는 바람이 선선하게 느껴지는 6월 초여름 나는 코카서스 지방을 대표하는 대도시 바쿠의 시가지에 내려섰다. 인구 230만을 자랑하는 아제르바이잔의 수도다.

이곳은 과거 실크로드 교역의 거점으로 번영을 누렸다. 구시가지에는 12세기에 지어진 성벽을 비롯해 쉬르반샤 궁전 등 역사 건축물이 여전히 남아 있어 지금도 당시의 영화를 전해준다. 2000년에는 이 건축물들이 세계유산에 등재되기도 했다. 그런 유서 깊은 바쿠의 길 위에서 사물을 에너지의 관점에서 바라보는 '에너지 여행'을 시작하는 이유는 다름 아닌 이 땅에 대량으로 묻혀 있는 지하자원의 존재 때문이다. 바로 석유와 천연가스다.

바쿠의 거리에 일대 전환이 찾아온 것은 19세기 중반 제정 러시아가 바쿠를 통치하던 시대의 일이다. 바쿠에서 근대적인 석유 채굴이 시작된 것이다. 석유 채굴 및 정제는 일대 성장 산업으로 바쿠에 크나큰 풍요를 가져왔다. 세계 원유의 절반이 이곳 바쿠에서 생산되던 시대였다. 석유 붐에 편승해 이곳에 빨려들 듯 자리를 잡은 이들 중에는 금융업으로 유명한 로스차일드가나 노벨상의 창설자로 유명한 알프레드 노벨의 형 로베르트 노벨과 루드비그 노벨도 있었다. 그들은 이곳 바쿠에

● 바쿠 시가지

서 부를 축적했다. 반면 열악한 노동 환경 탓에 석유 노동자들의 노동 운동도 활발해져서 부의 불균형이 러시아혁명으로 이어지는 도화선이 되기도 했다. 훗날 소비에트 연방의 독재자가 된 이오시프 스탈린이 젊었을 때 혁명가로 실전 경험을 쌓은 곳도 이곳 바쿠였다.[2] 이후 한 세기 이상의 세월이 흐른 지금도 이 지역은 석유와 천연가스를 생산하고 여기서 얻어진 부가 나라의 경제를 떠받치고 있다.

바쿠 석유 산업의 역사를 이야기하자면 그것만으로도 책 한 권을 족히 쓸 수 있다. 로스차일드나 노벨, 스탈린 등 등장인물도 다채롭고 매력적이다. 하지만 '에너지 여행'을 바쿠에서 시작하는 이유는 지금의 부를 가져다준 석유 산업의 역사를 살펴보기 위함이 아니다. 이 땅에 매장된 석유와 천연가스를 살펴봄으로써 에너지에 관한 근원적인 질문의 답을 찾고 싶기 때문이다. "인간은 어떻게 불을 만났을까?"

불타는 산 야나르 다그

바쿠 시가지에서 북쪽으로 자동차를 타고 40분쯤 달리자 목적지에 다다랐다. 현지어로 '불타는 산'이라는 뜻의 야나르 다그다. 이곳은 스텝 기후 특유의 건조한 초원이 펼쳐진 산이라기보다 구릉지대로, 언덕 위에 올라서면 그 밑으로 유유히 풀을 뜯는 양 떼와 양을 뒤따르는 목동의 모습을 볼 수 있다. 고개를 들면 저 멀리 푸르게 빛나는 카스피해가 보인다.

목가적인 풍경이 펼쳐진 이곳을 왜 '불타는 산'이라고 부를까. 그 답은 이 언덕 경사면에 있다. 이곳에서는 천연가스가 분출되어 자연 발화한 불이 꺼지지 않고 끊임없이 타오르고 있다. 그야말로 영원히 타오르는 불이다. 최근에는 석유 산업으로 석유와 천연가스 생산이 활발하고, 지진에 의한 지하 구조의 변화 등으로 이 근처에서 자연 발화한 불이 끝없이 타오르는 곳은 야나르 다그뿐이지만 과거에는 바쿠 근교에 이런 화산이 여럿 존재했다고 한다. 이 존재는 오래전부터 알려져서 현존하는 가장 오래된 자료로는 5세기 로마의 역사가 프리스쿠스가 남긴 영원히 타오르는 불의 기록이 있다.[3]

꺼지지 않는 불의 존재는 신앙의 대상이 되기도 해서 고대부터 불이 종교적으로 중요한 의미를 지닌 조로아스터교의 성지가 되기도 했다. 현존하는 성지 중에는 야나르 다그에서 남동쪽으로 10킬로미터쯤 내려간 곳에 17~18세기에 지어졌다고 알려진 조로아스터교 사원이 있다. 이곳에는 자연 발화한 불이 1969년까지 꺼지지 않았다. 애초에

● 야나르 다그

아제르바이잔이라는 이름이 중세 페르시아어(팔라비어)로 불이나 화염을 뜻하는 '아제르'와 보호자라는 뜻의 '바이잔'으로 이루어졌다는 설도 있다.[4] 여러모로 이곳은 오랜 옛날부터 불을 늘 가깝게 느낄 수 있는 지역적 특색을 가졌다.

프로메테우스의 불 이야기

이 지역과 불의 밀접한 관계는 그리스 신화 속에도 암시되어 있다. 바로 하늘에서 불을 훔쳐 인류에게 전해주었다는 프로메테우스의 이야기다. 인류는 불을 얻은 덕에 번영의 기틀을 다질 수 있었는데, 반대로 불을 전해준 프로메테우스는 제우스의 분노를 사고 말았다. 이로 인해 그는 코카서스 지방의 바위산에 쇠사슬로 묶여 독수리에게 간을 쪼이는 벌을 받는다. 하지만 불사신이었던 프로메테우스의 간이 밤마다 재생되어 매일 똑같이 모진 시련을 겪어야 했다는 내용이다.

여기서 주목하고 싶은 부분은 쇠사슬로 묶였다는 바위산의 위치다. 코카서스 지방이란 일반적으로 흑해와 카스피해 사이에 끼어 있는 지역을 이르는데 바쿠를 비롯해 아제르바이잔의 땅이 여기에 속한다. 이와 더불어 프로메테우스가 받은 독수리에게 간을 쪼이는 형벌은 과거 이 지역에 널리 유행한 조로아스터교의 조장 풍습을 강하게 연상시킨다. 조로아스터교도는 시신을 돌판 위에 눕혀 새에게 쪼아먹게 하는 방법으로 처리해왔다. 다시 말해 프로메테우스의 불 이야기는 바쿠 근교인 이곳과 깊은 관련이 있다고 할 수 있다.

불이 무척 편리하지만 그렇다고 맨손으로 불을 피울 수는 없다. 불을 피우려면 어느 정도의 지식과 도구, 기술이 필요하다. 불을 꺼지지 않게 하는 일도 피우는 일보다는 쉬우나 일정한 지식과 기술이 필요하다는 점에는 변함이 없다. 이러한 지식이나 기술은 분명 인류를 인류답게 하는 도구지만 불이 매우 유용하다는 점을 알지 못하면 도무지 상상이 안 가는 복잡성을 띤다.

인류는 번개가 치거나 건조해 발생한 산불에서 우연히 불을 얻고 그 사용법을 익혔다고 알려져 있다. 그러나 산불처럼 언제 발생할지 알 수 없고 불연속적인 것으로 인류는 어떻게 불의 가치와 사용법에 관한 지식을 쌓았을까. 이 과정에는 아주 긴 시간이 필요했을 것이다. 따라서 자연에서 발생하는 불을 언제든 얻을 수 있는 바쿠 근교는 분명 인류가 불의 용도를 배우는 데 최적의 환경이었으리라.

그러므로 어쩌면 인류가 꺼지지 않는 자연 발화 불을 접하고 불이라는 에너지를 다루는 법의 가치를 처음 배운 곳이 이곳이었을 수도 있다. 그리고 스스로 만들어내기 힘든 불을 끝없이 공급해주는 이 땅을 신이 준 선물이라고 생각했을지도 모른다.

나는 이런 점을 느끼고자 여기까지 왔다. 그리고 그런 상상을 마음껏 하게 만드는 요소가 '불타는 산'에는 분명히 있었다. 나는 이곳에서 프로메테우스가 인류에게 전해준 불을 보았다.

불 에너지

불의 정체가 생물이라고?

여러분은 불이라는 존재를 아주 자연스럽게 받아들이고 있지 않은가? 물체에 열을 가하면 불이 붙는다. 이를 자연의 섭리라고 생각한다. 하지만 사실 이는 정확하다고 할 수 없다. 지구의 오랜 역사 속에서 일상적으로 불이 존재하는 환경은 비교적 최근에야 가능해진 일이다.

불을 붙이려면 조건이 있다. 연료, 산소, 열이다. 보통 연소의 3요소라고 불리는 것이다. 지금으로부터 46억 년 전에 탄생한 지구에 처음부터 풍부하게 존재했던 것은 의아하지만 열뿐이었다. 땅에는 연료가 될 만한 재료가 거의 없었고 하늘에도 대기에 산소가 존재하지 않았다.

원시 지구를 뒤덮은 대기는 지구 내부의 가스 성분이 화산 등을 통해 분출된 것이어서 이산화탄소가 대부분을 차지했다. 즉 지구상에 불은 존재하지 않았다. 아니, 존재할 수 없었다.

지구상에 불이 탄생한 사건과 관련이 있는 최초의 변화는 아직도 그 과정이 학문적으로 밝혀지지는 않았으나 40억 년 전 심해 밑바닥에 있는 열수분출공 부근에서 시작되었다고 추정된다. 바로 우리의 조상, 생명의 탄생이다. 생물은 탄소를 주된 구성 요소로 하는 유기화합물로 잘 타는 성질이 있다. 건조해서 수분이 빠지면 식물이건 동물이건 하나같이 잘 타는 이유는 정확히 말해서 우리가 모두 탄소로 이루어진 유기화합물이기 때문이다.

오늘날 지구에서 불을 피우는 연료를 따져보면 장작이나 숯은 말할 것도 없고 석탄, 석유, 천연가스와 같은 화석 연료도 전부 생물로부터 만들어진 유기화합물이라는 사실을 알 수 있다. 화석 연료는 태곳적에 살았던 식물이나 플랑크톤 등의 미생물이 죽어서 오랜 세월이 지나 화석화한 것이다. 에너지의 관점에서 본다면 우리 생물은 모두 동등하게 '연료'라고 할 수 있다. 원시 지구에 최초로 존재했던 열과 더불어 생명의 탄생이라는 기적으로 연소의 3요소 중 두 가지, 열과 연료가 갖춰졌다.

남은 한 가지 요소인 산소 역시 생물에 의해 공급되었다. 생명의 요람인 바닷속에서 진화를 위해 광합성을 하는 박테리아가 탄생한 것이다. 36억 년 전으로 추정된다. 박테리아는 광합성을 통해 이산화탄소를 체내에 흡수해 탄소를 고정하는 한편 불필요한 산소를 배출했다. 결과적으로 대기 중의 이산화탄소량이 서서히 줄어들고 산소량이 늘어났다.

이렇게 지구 탄생으로부터 10억 년이 흘러 드디어 연소의 3요소가 얼추 갖춰졌다. 하지만 지구에서 일상적으로 불을 볼 수 있게 되기까지는 더 많은 세월이 필요했다. 끝없이 연소할 수 있을 만큼 많은 양의 산소와 잘 타는 연료의 확보, 다시 말해 바닷속에 사는 유기화합물인 생물을 좀 더 건조한 육지로 유도할 필요가 있었기 때문이다. 이를 실현하는 데는 대기 중 산소 공급량의 비약적인 증가가 결정적인 역할을 했다.

산소는 발생 초기 물속에 대량으로 부유하던 철 이온과 결합해 대부분 산화철이 되었으나 25억 년 전부터 광합성을 하는 박테리아가 대량 생성되면서 대기 중으로 방출되는 산소량이 비약적으로 늘기 시작했다. 5억 년 전부터는 대기 중에 충분히 공급된 산소가 성층권까지 다다라서 오존층을 형성했고 지상으로 내리쬐는 유해한 자외선을 차단해주었다. 이렇게 마침내 생물이 육지로 올라올 수 있는 환경이 조성되었다. 불의 역사에서 기념할 만한 '연료'의 상륙이라 하겠다. 이윽고 육지에 진출한 식물이 지표면을 뒤덮으면서 연료, 산소, 열이라는 제대로 된 연소의 3요소가 갖춰졌고 지구 곳곳에 불이 생겨났다. 지구 탄생으로부터 42억 년 후 지금으로부터 불과 4억 년 전의 일이다.[5]

이렇게 지구에 불이 탄생하기까지의 역사를 되돌아보면 탄소로 이루어진 일종의 생물인 우리 인류와 생물의 연소로 발생하는 불 사이에는 깊은 관계가 있음을 깨닫는다. 살아가면서 우리가 보게 되는 불은 대부분이 생물의 서글픈 마지막 모습이다. 어쩌면 생명이자 생명의 화신이라고 하는 편이 정확할지도 모른다. 종교나 주술을 통한 영적 의식에서 불이 중요한 의미를 지니는 경우가 많은데 이는 인류가 오랜 옛날부터 불의 본질을 잘 파악하고 있었음을 보여준다.

우리는 모두 탄소로 이어져 있다

식물은 광합성을 통해 대기 중의 이산화탄소에서 탄소를 분리하고 유기화합물이자 단당인 포도당을 만들어 체내에 흡수한 뒤 당질의 녹말이나 식물 섬유인 셀룰로스 등의 다당류를 합성해 저장한다. 이것을 '탄소 고정'이라고 한다. 이어서 초식 동물은 식물을 섭취하고 육식 동물은 초식 동물을 먹어서 직간접적으로 식물이 탄소 고정으로 만들어낸 당질을 체내에 흡수한다.

우리 생물은 체내에 저장한 유기화합물을 호흡으로 들이마신 산소로 태워 일상생활에 필요한 에너지를 얻는다. 이러한 연소 과정을 마치면 이산화탄소를 내뿜는다. 대기로 뿜어져 나온 이산화탄소는 식물이 광합성을 하면서 다시 생태계의 순환 과정에 흡수되고 탄소 고정이 이루어진다.

생물은 죽으면 미생물에 의해 분해되어 몸을 구성하던 탄소가 다시 이산화탄소로 대기 중에 방출된다. 또 들불에 타서 이산화탄소로 배출되기도 한다. 이렇게 대기로 돌아간 이산화탄소는 다시금 식물의 광합성 활동을 통해 생태계에 흡수된다. 이처럼 매일매일 호흡과 사멸, 연소를 거쳐 대기와 생물 사이에서 탄소가 돌고 도는 현상을 '탄소 순환'이라고 한다.

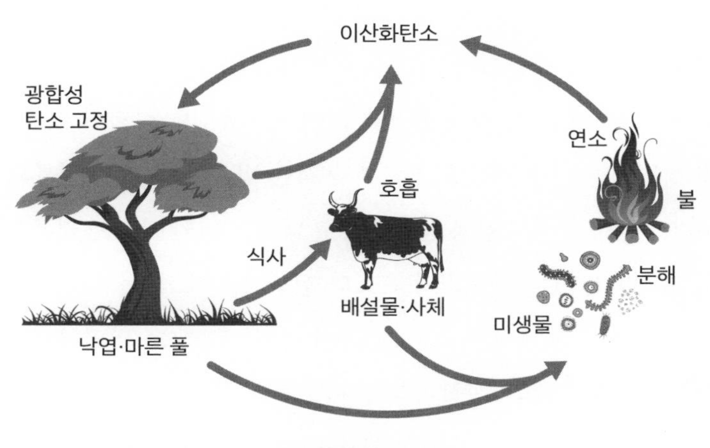

| 생태계의 탄소 순환 |

지구는 이따금 떨어지는 운석이나 우주진을 제외하고 외부 물질과 교류가 없는 하나의 폐쇄적인 행성이기 때문에 지구상의 탄소 총량은 일정하다고 간주할 수 있다. 그러므로 살아 있는 모든 것은 유한한 탄소 자원을 나눠 쓰며 살아가는 형제다.

이뿐만이 아니다. 과거와 미래, 현재는 탄소 순환을 통해 하나로 이어져 있다.

여러분이 지금 가지고 있는 탄소 원자 속에는 1200년 전 하늘과 바다를 이루었던 탄소 원자가 포함되어 있을 수도, 100년 뒤 테니스 윔블던 왕자가 될 선수에게 전해질 탄소 원자가 있을지도 모른다. 아니면 지금 이 순간 당신에게서 당신이 아끼는 화초로 옮겨 갈 탄소 원자도 있을 것이다. 그렇다. 모든 것은 순환한다. 윤회처럼 말이다.

2001 스페이스 오디세이의 명장면에 이의를 제기하다

불후의 명작으로 손꼽히는 스탠리 큐브릭 감독의 SF 영화 〈2001 스페이스 오디세이〉에는 인류 발전을 보여주는 유명한 장면이 있다.[6] 영화 첫 장면에는 동물 뼈를 도구로 사용하는 법을 처음 배운 인류의 조상 무리가 뼈를 무기로 물웅덩이를 놓고 다른 무리와 싸워 승리하는 모습이 그려진다. 그리고 승리의 포효와 함께 하늘로 내던져진 뼈가 이윽고 우주 저 멀리 떠오른 2001년 우주선의 모습으로 장면이 전환된다. 영화는 인류 번영의 시작이 도구 사용법을 익힌 데서 비롯되었다는 점을 상징적으로 보여준다. 거장 큐브릭 감독에겐 외람된 말이지만 그런 장면을 찍는다면 그림에 가장 잘 어울리는 물건은 동물의 뼈가 아니다. 그것은 불, 횃불이다. 동물의 뼈처럼 단순한 도구는 고릴라나 침팬지와 같은 유인원도 다룰 줄 안다. 예나 지금이나 인류만이 다룰 줄 아는 것이 바로 불이다.

인류와 불의 관계를 차근차근 풀어 나가다 보면 관계의 깊이와 영향력의 크기에 놀란다. 인류는 불이 만들었다고 해도 과언이 아니다. 그만큼 불의 존재는 압도적이다.

세계에서 가장 오래된 불의 사용 흔적으로 알 수 있는 사실

남아프리카 최대 도시 요하네스버그에서 북서쪽으로 30킬로미터. 도시의 소음을 벗어난 교외의 초원과 관목이 펼쳐진 구릉 지대 건너에 목적지가 있었다. 스와르트크란스Swartkrans 동굴이다. 이 동굴은 인류의 진화 연구에서 중요한 발견이 있었던 곳으로 세계 유산으로도 등재된 귀중한 유적이다. 이곳에 인류와 불의 관계를 보여주는 매우 흥미로운 흔적이 남아 있다.

스와르트크란스 동굴의 가장 오래된 퇴적층에는 육식 동물이 먹었을 것으로 추정되는 동물의 뼈가 대량으로 보존되어 있는데, 뜯어먹은 뼈 중에는 인류 조상의 뼈도 포함되어 있다. 바로 위 두 번째 층은 목탄층이고 세 번째 층에 다다르면 흥미로운 변화가 나타난다. 세 번째 층부터 출토된 동물의 뼈에서 불에 그을린 흔적이 다수 발견되었기 때문이다. 출토된 상황으로 짐작해 볼 때 그 뼈들은 들불에 탄 것이 아니라 인위적인 불이 사용된 증거로 생각되었다. 전 세계에 현존하는, 불을 사용한 가장 오래된 흔적이라 할 수 있다. 100만 년 전에서 150만 년 전으로 추정된다.

● 스와르트크란스 동굴 원경 (도로 건너 언덕 밑에 동굴이 있다)

더 흥미로운 사실은 세 번째 층부터 출토된 뼈의 비율이 역전되었다는 점이다. 지금까지 피식자의 하나로 육식 동물에게 잡아먹히는 일이 더러 있던 인류의 조상이 세 번째 층부터는 포식자로 위치가 바뀌어 동굴의 지배자가 되었음을 알려준다.[7]

불을 피움으로써 빛과 열을 싫어하는 육식 동물들이 동굴에 접근하지 않자 인류의 조상은 구태여 나무에 오르지 않고도 지상에서 안심하고 밤을 보낼 수 있었다. 어렵게 얻은 식량을 다른 동물에게 빼앗길 걱정도 사라졌다. 인류의 조상은 불 다루는 법을 익혀 자신의 상황에 맞게 환경을 조절하는 법을 터득했다. 이렇게 인류는 자연에서 스스로 위치를 한층 더 끌어올리는 데 성공했다. 인류 사상 최초로 에너지 혁명이라고 부를 만한 큰 변화가 일어난 것이다. 불은 그만큼 강력했다. 하지만 이는 변화의 시작에 불과했다.

인간의 뇌가 커진 데는 불의 역할이 컸다

동물의 하나인 인간의 특별한 장점을 몇 가지 들어보라고 한다면 여러분은 어떤 점을 들겠는가. 가장 먼저 떠오르는 장점은 체격에 비해 크게 발달한 뇌를 가졌다는 것이다. 이족보행이나 언어를 떠올린 이도 있지 않을까 싶다. 그 외에 잘 알려져 있지는 않으나 인간에게는 자랑할 만한 크나큰 장점이 또 하나 있다. 나나 여러분에게도 있는 장점이다. 바로 몸에 비해 작은 위장이다.

대체로 사람들은 뇌 기능 유지에 아주 많은 에너지가 필요하다는 사실을 잘 안다. 그런데 실은 위장도 뇌와 똑같이 많은 에너지가 필요한 기관이다. 소화기관은 음식을 분해하고 영양분을 흡수할 뿐만 아니라, 음식 찌꺼기나 오래된 세포와 같은 노폐물을 밖으로 배출하는 복잡한 기능을 홀로 담당한다. 그러므로 위장 운동에 많은 에너지가 드는 것은 아주 당연한 일이다.

인간과 비슷한 수준의 체중을 가진 포유류 대부분은 뇌 크기가 인간의 5분의 1인 데 반해 위장의 길이는 인간의 2배나 된다.[8] 인류는 상대적으로 큰 뇌와 작은 위장을 가졌다. 영장류만 비교해도 체중 대비 위장이 작은 영장류일수록 더 큰 뇌를 가졌다는 사실을 알 수 있다. 인류의 조상은 뇌가 커지는 방향으로 진화하는 과정에서 충분한 에너지를 뇌에 공급하기 위해 위장을 작게 하고 소화기관의 에너지 소비를 줄여 균형을 유지해왔다.

하지만 위장을 작게 하는 데는 위험이 따른다. 위장이 작아지면 소화가 제대로 되지 않고, 그로 인해 몸에 흡수할 수 있는 에너지 양이 줄어든다. 과연 우리 조상은 이 문제를 어떻게 해결했을까.

첫 번째로는 영양 가치가 더 높은 음식을 섭취하는 방법이다. 육식이 그 대안이었다. 인류만큼 고기를 즐겨 먹는 영장류는 없다. 따라서 육식을 통한 영양 보충이 인류의 뇌 크기를 키웠다는 점에는 의심의 여지가 없다. 아마도 이 변화가 우리 조상에게 불을 이용하는 지혜를 짜낼 지능을 가져다주었을 것이다. 그리고 현생 인류로 이어지는 뇌의 발달과 위장의 축소는 불을 이용하게 되면서 육식으로 생긴 변화를 훌쩍 뛰어넘는 수준까지 한층 더 진화하게 된다. 요리의 발명이 이를 가능케 했다고 알려져 있다.

두드리고 자르고 으깨는 식으로 재료를 가공하고 가열 처리한다. 이것이 '요리'다. 요리를 이렇게 정의하면 요리가 우리 몸에 주는 효과가 무엇인지를 알 수 있다. 대충 짐작하지 않았는가. 음식을 조리하면 위장의 소화 부담이 크게 줄어든다.

먼저 음식을 물리적으로 가공하면 저작 활동의 부담이 줄어든다. 또 가열 처리를 하면 음식물이 부드러워지고 한층 씹기 쉬운 상태로 변한다. 야생의 침팬지가 하루 6시간 이상을 저작 활동에 소비한다는 점을 생각하면 이러한 가공 효과는 결코 무시할 수 없다.[9]

이와 더불어 가열 처리에는 결정적인 변화를 가져오는 힘이 있다. 열은 전분과 단백질을 변성시켜 음식이 가진 영양가를 비약적으로 높여준다. 예를 들어 대표적인 전분 재료인 감자를 가열 조리하면 소화 흡수 가능한 칼로리가 배 가까이 늘어난다. 대표적인 단백질원인 달걀도 비슷한 수치를 보인다.[10] 가열을 통해 칼로리 밀도가 높은 식사가 가능해지면서 먹는 양이 줄었기 때문에 소화기관이 작아도 문제가 없는 것이다. 현재 우리의 식사량은 대형 유인원의 절반 정도다. 많이 먹고 있다고 생각할지도 모르지만 사실 그렇게 많이 먹지는 않는다. 이는 전부 가열 조리 덕분이다.

가열한 음식에는 또 하나의 장점이 있다. 가열하면 음식에 붙은 잡균을 죽일 수 있다. 그래서 세균의 체내 침투를 방지하는 면역 체계의 부담이 줄어든다. 요리는 소화기관의 부담을 줄여주고 흡수 가능한 에너지 양을 최대로 늘려주는 위대한 '발명'인 것이다.

이렇듯 인류는 요리를 통해 체내 소화에 드는 에너지 부담을 줄이고 상대적으로 위장을 작게 만드는 데 성공했다. 요컨대 우리의 조상은 소화기관이 해야 할 일의 일부를, 음식을 '요리'함으로써 외주했다고 할 수 있다. 이렇게 얻은 잉여 에너지를 뇌에 집중적으로 투자했고, 이것이 우리 조상의 진화 방향을 결정지었다. 현생 인류가 고도화된 지능을 갖게 된 데는 인류의 조상이 불을 사용한 것과 연관이 깊다.

불의 사용은 외부의 적에 대비하는 기능으로써 인류의 외부 환경을 극적으로 변화시켰을 뿐 아니라 인류의 신체, 다시 말해 내부 환경까지도 진화 과정을 통해 서서히 그러나 확실하게 변화시켰다. 불의 사용이 모든 것을 바꾼 것이다. 이것이야말로 인류사 최초의 에너지 혁명이 아니고 무엇이겠는가.

인류 번영의 시작은 바로 이 순간부터였다. 이는 또한 백만여 년이 지나 전례 없는 문명사회를 건설한 인류가 에너지의 대량 소비로 전 지구적 난제인 기후 변화 문제를 떠안게 되는 출발점이기도 했다.

뇌의 본성: 끊임없이 에너지를 필요로 한다

현대 사회의 인류는 화석 연료 등을 통해 대량의 에너지를 만들어 스스로가 이룩한 문명사회를 지탱하고 있다. 이런 에너지 대량 소비 사회를 만든 주체는 다름 아닌 고도로 발달한 인간의 두뇌다. 전체 체중의 2.5%에 불과한 우리의 뇌는 체내에서 소비하는 기초 대사량(생명 유지에 필요한 에너지 양)의 20%를 사용한다. 한편 평균적인 영장류는 기초 대사량의 13%를 사용하는 데 그친다.[11] 인류의 두뇌가 얼마나 대량의 에너지를 필요로 하는 방향으로 진화해왔는가를 알 수 있다.

인류의 두뇌는 요리를 통해 고도로 발달해왔다. 건강을 위해 생식을 권하는 사람도 드물게 있다고는 하나 체중이 많이 빠져서 오래 유지했다는 사례는 보고된 바 없다.[12] 로빈슨 크루소의 모델로 알려진 스코틀랜드의 선원 알렉산더 셀커크Alexander Selkirk는 4년이 넘는 긴 시간 동안 무인도에 홀로 살았지만 불로 요리했다.[13] 가열이라는 외부 에너지의 추가 공급이 없으면 우리는 몸을 보전하는 일조차 어려워진다.

인류가 자랑하는 우수한 두뇌는 가열이라는 형태로 불이 가진 에너지를 간접적으로 취함으로써 자연의 생식이 허용하는 뇌 크기를 훨씬 뛰어넘는 크기까지 비대해졌다. 다시 말해 우리의 뇌는 본질적으로 더 똑똑해지고 싶어 하고 그러기 위해서 더 많은 에너지를 바라는 경향이 있는 것이다.

이쯤에서 인류가 만들어낸 문명사회를 살펴보자. 뇌의 본질이 보이지 않는가. 바로 에너지 소비량을 늘려서 발전해 나가는 사회 말이다. 특히 산업혁명 이후 우리 사회는 화석 연료 등의 에너지를 우리의 몸이 아닌 기계에 '먹여서' 증기기관이나 자동차를 움직이고 전기를 만들어 전자 기기를 비약적으로 발전시켰다. 최신 대형 발전소, 즉 거대한 인공 위장이 공급하는 대량의 에너지는 정보 처리 기계, 쉽게 말해 인공 두뇌의 기술 혁신에도 적극적으로 사용되어 마침내 인간의 두뇌를 뛰어넘는 인공지능AI의 탄생을 눈앞에 두기에 이르렀다.

"더 많은 에너지를!"

끝없이 에너지를 취하려는 욕구는 우리의 뇌가 가진 본성이다. 그리고 우리가 이룩한 눈부신 문명사회는 소화 가능한 음식을 화석 연료와 우라늄 광물에까지 확대함으로써 소화기관이 흡수 가능한 에너지 용량을 비약적으로 늘려 뇌를 한층 거대하게 만든 괴물로 여겨진다. 이 괴물은 분명 뇌에 집중적으로 투자해온 인류 진화 역사의 연장선상에 있다.

이렇듯 투입된 외부 에너지에 의존하는 '뇌화(腦化)'가 점점 더 심해지는 사회에 미래를 기대할 수 있을까. 이것이 바로 우리 앞에 놓인 질문이다. 나는 이것이야말로 인류와 불의 관계를 살펴봄으로써 드러나는 에너지 문제의 근본적인 물음이 아닐까 생각한다.

에너지 순례 여행 ②

아르메니아의 수도 예레반에서

아랍에미리트의 두바이 교외에 있는 샤르자 국제공항을 새벽에 출발한 에어 아라비아 G9247편은 전형적인 습곡 산맥인 자그로스 산맥을 길잡이 삼아 아르메니아의 수도 예레반을 향해 이란 영공을 북상했다. 2시간 반 남짓의 비행 끝에 예레반 국제공항에 착륙할 준비를 마친 기체의 창밖 풍경은 잔설이 쌓인 고도 5,137미터의 신비한 아라라트 산과 주위에 펼쳐진 녹색 대지였다.

인구 110만의 예레반은 현존하는 세계의 오래된 도시 중 하나로 아득히 먼 옛날부터 번영을 누린 문명의 요람지였다.

현재의 거리는 구소련 시대에 정비되었기 때문에 옛 모습이 남아 있지는 않으나 시대와 무관하게 똑같은 풍광도 있다. 그 상징적인 존재가 바로 거리 곳곳에서 바라볼 수 있는 아라라트 산의 웅장한 자태다.

일본인에게 후지산이 그렇듯 아르메니아인에게 아라라트는 모국의 풍광을 대표하는 매우 아름다운 산이다. 또 구약성서 창세기에 등장하는 '노아의 방주'가 표류 끝에 다다른 산으로도 알려져 있는데, 그 점이 아라라트 산에 특별한 무언가가 있다고 느끼게 해주는 이유이기도 하다. 메소포타미아 문명을 지탱한 티그리스강과 유프라테스강의 수원 지역에 해당한다는 점에서 고대부터 성산(聖山)으로 여겨진 게 아닐까 싶다.

이 지역과 구약성서와의 연결 고리는 '노아의 방주'뿐만이 아니다. 구약성서 창세기에 나오는 '에덴동산'은 예레반 주변 지역을 가리킨다는 설이 있다. 실제로 지금도 아르메니아는 살구, 석류, 딸기, 포도와 같은 갖가지 과일의 생산지로 알려져 있는데 예레반 지역을 걷다 보면 거리 곳곳에서 과일 노점상을 볼 수 있다. 일단 도시를 벗어나 교외로 들어서면 길가에는 과일을 파는 직매장도 많다. '에덴동산'은 예나 지금이나 과일 천국이다.

참고로 살구의 학명은 'Prunus Armeniaca(아르메니안 프룬)'로 오래전부터 아르메니아를 대표하는 과일이다. 이 때문에 아담과 이브가 먹었다는 금단의 열매가 사과가 아니라 살구였다는 설까지 있을 정도다.

아담과 이브 이야기

신이 만든 최초의 인간이었던 아담과 이브는 지상 낙원인 에덴동산에서 무엇 하나 부족함 없이 살았다. 하지만 어느 날 뱀의 꼬드김에 이브는 에덴동산에 있는 열매 중 절대 먹어서는 안 되는 금단의 열매를 먹고 만다. 이브는 아담에게도 먹어 보라고 권했다. 금단의 열매를 먹은 두 사람은 신의 분노를 샀고 에덴동산에서 추방되었다. 그렇게 아담은 척박한 땅에 얽매여 하루 식량을 얻기 위해 땀을 뻘뻘 흘리며 일해야 하는 운명에 처해졌다. 이브는 출산의 고통이라는 형벌을 받았다.

누구나 한 번쯤 들어보았을 아담과 이브가 에덴동산에서 추방되는 실낙원 이야기. 이는 수렵, 채집 생활의 종식과 농경 생활 시작의 은유로 알려져 있다. 풍요로운 땅의 은총으로 어느 하나 부족할 것 없는 생활에서 메마른 땅에 매여 하루의 양식을 얻고자 땀을 비 오듯 흘리며 농사에 전념하는 환경으로의 전락. 그 안에는 마치 '이러려던 건 아닌데' 하는 아담의 속마음이 드러나 있는 듯하다. 실제로 농사는 고된 작업으로 수확은 땅의 상태에 크게 좌우되었다. 또 한정된 종류의 식량 작물에 과도하게 의존하게 되면서 식생활의 다양성도 사라졌다. 홍수나 가뭄으로 예상치 못한 기근에 시달릴 위험도 생겼다. 게다가 인구 밀도가 높아져 전염병도 쉽게 퍼졌다. 진화생물학자인 재레드 다이아몬드 교수의 말을 빌리자면 '농경의 시작은 인류사 최대의 실수'였다.[14]

내가 예레반 주변을 여행한 이유는 에덴동산에서 추방된 아담과 이브 이야기를 따라가며 수렵, 채집 생활에서 농경 생활로 옮겨 간 인류의 발자취를 조금이라도 느껴보고 싶어서였다. 왜 인류는 땀 흘려 땅을 일구게 되었을까. 2장에서는 인류사 최대의 실수라고도 불리는 농업 혁명이 왜 탄생했는지, 농업 혁명의 의미는 무엇인지를 에너지의 시점에서 다시 들여다본다.

농경 에너지

자연은 태양 에너지 쟁탈의 현장

광합성을 할 수 없는 동물에게 먹이 확보는 사활이 걸린 문제다. 미생물, 곤충, 어류, 양서류, 조류, 포유류에 이르기까지 모두가 먹느냐 먹히느냐의 먹이사슬 속에서 필사적으로 하루하루를 살아간다. 잡아먹히는 순간 생명이 툭 끊어지지만 생존에 필요한 먹이를 확보하지 못했을 때도 남는 것은 죽음뿐이다.

먹이사슬 아래 위치한 동물은 식물이나 균류를 먹어서 생존에 필요한 에너지를 얻는다. 균류는 지하, 심해 등 햇빛이 닿지 않는 장소에 서식하며 화학 반응으로 에너지를 얻는 것도 많다. 하지만 우리 인류를 포함한 지상 생태계는 식물이 광합성으로 흡수하는 태양 에너지가 첫 번째 에너지원이다.

먹이사슬 상위에 자리한 육식 동물은 초식 동물을 먹어서 간접적으로 식물을 섭취한다. 즉 우리를 둘러싼 자연환경 속에서 동물들이 각축전을 벌이는 먹이사슬의 세계란 식물이 흡수한 태양 에너지를 모든 동물이 격렬하게 뺏고 뺏기는 현장인 것이다.

포유류인 인간 역시 당연히 이 치열한 쟁탈전에 참여하는 구성원이다. 수렵 활동을 하던 시절 인류는 육식 동물과 맹금류 속에서 있는 힘을 다해 먹이 쟁탈전을 벌였다. 원래 힘이 약했던 인류는 대형 육식 동물이 먹고 남긴 사체를 찾아다녀야 하는 생활을 오랫동안 해왔지만 마침내 도구를 사용하게 되고 집단으로 사냥하는 법을 배우면서 스스로 동물을 사냥할 기회가 늘어났다.

사냥은 매머드로 대표되는 대형 동물이 표적이었다. 포획하는 데 드는 노력에 비해 얻을 수 있는 양이 많고 에너지 효율이 좋은 먹이였기 때문이다. 날카로운 창으로 무장한 인류가 새롭게 진출하면서 오스트레일리아 대륙, 북미와 남미 대륙에 서식하던 대형 동물은 눈 깜짝할 사이에 씨가 말랐다.[15] 신대륙에 서식하던 대형 동물은 그전까지 인류를 본 적이 없었기에 경계심이 덜했고, 그 점이 멸종의 원인으로 알려져 있다. 이는 인류의 등장이 생태계의 균형을 영원히 바꿔 버린 최초의 사례다. 에너지를 향한 인류의 갈망은 이미 수렵, 채집 시대부터 맹위를 떨쳤다.

인류는 농경으로 태양 에너지를 점유했다

1만 년 전 무렵에 시작되었다고 알려진 농경은 생태계에 한층 더 큰 변화를 가져왔다. 농경, 즉 땅을 개간해 밭을 정비하고 농작물을 기르는 행위가 의미하는 바는 무엇일까. 그것은 땅에 자생하는 식물을 전부 내쫓고 쏟아지는 태양 에너지를 인간이 점유한다는 뜻이다. 이 장대한 시도는 인류의 파트너가 될 식물을 발견하면서 시작되었다. 중근동에서는 보리, 중국은 벼, 멕시코는 옥수수 등 전부 볏과의 식물이 인류의 파트너로 선택되었다. 모두 재배가 용이하고 보관이 수월하다는 장점이 있다.

물론 자연도 인류에게 그렇게 쉽게 태양 에너지를 내주지는 않았다. 곤충이나 조류, 초식과 잡식 동물이 인류가 공들여 기른 농작물을 호시탐탐 노렸고, 틈만 나면 순식간에 밭을 엉망으로 만들었다. 잡초는 뽑아도 계속 자라났다. 또 홍수나 가뭄에도 자주 시달렸다.

그럼에도 농경을 통한 태양 에너지의 점유 효과는 확실했다. 농업에 종사하는 이들의 활동으로 소비 에너지보다 더 많은 에너지를 보존 가능한 수확물의 형태로 얻었기 때문이다. 인류는 농경을 시작하고 처음으로 잉여 에너지를 계획적으로 비축할 수 있었다.

우리의 뇌는 더 많은 에너지를 얻을 수 있는 쪽을 선호한다. 또 기근의 공포에 민감하다. 에너지 수지가 좋고 오래 보존할 수 있는 식량을 비축해주는 농경의 특성은 우리 뇌의 관심을 끌기에 충분했다. 이렇게 일부 지역에서 농경이 정착되자 머지않아 수렵, 채집 생활보다 농경 생활이 우위를 점하게 되는 변화가 일어난다.

잉여 식량의 안정적인 확보로 농사 인구가 늘어난 것이다. 이로 인해 새롭게 탄생한 노동력이 새로운 땅을 개간하는 데 손을 보태면서 농지가 눈에 띄게 늘어났다. 또 수적 강세로 농사 인구가 수렵, 채집 인구를 서서히 압도했다. 아마도 수렵, 채집 인구의 거주지에 침입해 들어와 땅을 빼앗아갔기 때문일 것이다. 이렇게 인류의 생활 기반은 수렵, 채집 생활에서 농경 생활로 점차 이행하게 되었다.

인류에게 주어진 형벌이 가져온 혁명

1만 년 전 인류가 농경을 시작했을 때 노동은 인간의 몫이었다. 이는 수렵, 채집 생활에 적응하도록 진화된 인류의 몸에 닥친 재앙의 시작이기도 했다. 땅을 일구고 퇴비를 뿌리고 씨앗을 심고 잡초를 베는 등 허리를 구부리고 작업을 하기에 인간의 몸은 적합하지 않았다. 정착하고 인구가 늘자 온갖 전염병에도 노출되었다.

그래도 인류는 농경을 멈추지 않았다. '인류에게 주어진 형벌'이라는 아담과 이브의 종교적 시점에서 본다면 농경을 그만두는 일이 허락되지 않았다고 표현하는 것이 맞을지도 모른다. 아무리 노동이 고되고 노동의 결과로 얻어진 식량이 한 줌의 곡물 씨앗에 의존한 탓에 부족하고 불균형해도 한 사람 몫으로 환산하면 수렵, 채집 생활에서 얻어지는 양보다 배 가까운 열량을 농경 생활로 얻을 수 있었다.[16] 이러한 잉여 식량 덕분에 늘어난 인구는 마침내 수렵, 채집 생활로 가능한 수를 크게 웃돌게 되었고, 원래대로 돌아가고 싶어도 갈 수 없는 곳까지 이르고 말았다. 이렇게 어느샌가 되돌아갈 수 없게 된 인류는 계속해서 식량 증산에 힘쓰게 되는데 이것이 다시 인구 증가라는 결과를 낳았다.

우리 인류는 동식물을 먹어서 동식물이 축적한 태양 에너지를 체내에 흡수한다. 흡수된 태양 에너지의 대부분은 신체를 유지하는 대사 활동에 소비되는데, 일부는 모내기를 하거나 물건을 옮기는 등의 노동력, 즉 인적 에너지로 이용된다.

농경의 시작으로 인류는 대지에 쏟아지는 태양 에너지를 이제껏 경험하지 못한 만큼 많이 흡수했다. 흡수한 태양 에너지 양이 비약적으로 늘면서 인류가 사용 가능한 에너지인 노동력, 즉 인적 에너지 양도 인구 증가와 비례하는 형태로 늘어났다. 그 효과는 엄청났다. 한 연구의 추정으로는 농경 생활 이전인 1만 2천 년 전 무렵에 500만~600만이었던 세계 인구가 1만 년 후인 2천 년 전에는 6억 명에 도달했다고 한다.[17] 인류가 자유롭게 사용할 수 있는 인적 에너지 양이 농경 전과 비교해 100배 늘어난 계산이다. 이러한 비선형의 변화를 가져온 농경 생활로의 이행은 불의 이용을 잇는 인류사에 두 번째로 찾아온 에너지 혁명이었다고 할 수 있다.

농경이 해방한 에너지가 문명을 낳았다

인구가 증가하자 사회 구성 단위도 커지기 시작했다. 인구가 많은 사회는 그만큼 활용 가능한 인적 에너지 양도 커서 수공업과 같은 농경 이외의 활동에도 적극적으로 인적 에너지를 활용할 수 있었다. 농사에서 해방되어 전문화를 꾀한 수공업의 장인 집단은 경험과 학습을 집중적으로 축적해 기술력을 꾸준히 향상시켰다. '더 똑똑해지고 싶어 하는' 인간의 비대해진 두뇌가 기술력의 향상을 견인했음은 말할 것도 없다.

이렇게 수공업이 발전한 사회 중에서도 특히 발달이 현저한 곳에는 도시가 형성되고 곧 문명이 탄생했다. 농경이 해방한 막대한 에너지가 인적 에너지로 축적되고, 축적된 열량이 마침내 임계점을 초과하면서 인류에게 문명이라는 빛을 가져왔다.

농경이 초래한 어둠

농경은 인류에게 문명이라는 빛을 비춰주었지만 빛이 있으면 어둠도 있는 법이다. 농경 생활이 초래한 어둠, 그 첫 번째는 전쟁의 발발과 노예 제도의 시작이다.

인류가 농경 생활을 시작할 때 땅에 쏟아지는 태양 에너지를 두고 다투던 경쟁 상대는 지칠 줄 모르고 자라나는 잡초와 농작물을 엉망으로 만드는 곤충과 새, 그리고 초식, 잡식 동물들이었다. 하지만 농경 생활이 정착, 보급됨에 따라 곧 더 강력하고 성가신 생물이 경쟁 상대로 추가되었다. 그렇다, 근처에 사는 인간들이다. 이리하여 땅의 지배, 즉 땅에 내리쬐는 태양 에너지를 확보하기 위해 인간들이 집단으로 으르렁대며 싸우는, 현재로 이어지는 전쟁의 시대가 막을 올렸다.

전쟁의 발발은 승자와 패자를 낳는다. 고대에서 싸움에 진 사람은 정도의 차이는 있을지언정 대체로 죽임을 당하거나 노예가 되었다. 그중에서도 고대 그리스나 고대 로마는 전쟁에 패배한 민족을 노예화함으로써 유지되는 사회였다. 인류가 활용할 수 있는 첫 번째 에너지원이 인적 에너지였던 고대 사회에서 사람을 예속하는 일에는 매우 큰 가치가 있었다.

고대 문명사회는 노예의 존재를 빼고는 이야기할 수 없다. 문명을 견인하는 상위 계층의 시민은 하위 계층인 노예를 부려서 땀 흘려 일하지 않고도 생활에 필요한 양식을 얻을 수 있었기 때문이다.

상위 계층의 삶은 우리의 뇌가 보기에 아주 이상적인 환경이었다. 체내에 흡수된 에너지를 두고 싸워야 하는 경쟁자인 근육보다 뇌가 우위에 있음이 보장되기 때문이다. 여유를 얻은 상위 계층 시민의 뇌는 철학이나 예술 등 식량을 얻는 일과는 직접적인 관계가 없는 문화 활동에 관심을 두었다.

고대 그리스에서는 아리스토텔레스가 언급한 '스콜레'라는 말이 키워드가 되었다. 이는 그리스어로 '여가'라는 뜻인데, 노예에게 육체노동이나 잡일을 시키고 늘어난 시간을 정서 활동이나 자기 자신을 위해 적극적으로 할애하는 자세를 일컫는다. 이렇게 서양 철학의 기틀을 마련한 그리스 철학이 꽃을 피웠다. 참고로 스콜레Schole는 영어 스쿨School의 어원이기도 하다.

지금도 일부 가난한 나라에서는 노동력의 일원으로 어릴 때부터 일하고 스콜레 없이 학교조차 제대로 다니지 못하는 아이들이 있다. 학교 교육이란 에너지 수급에 여유가 있는 사회라야 비로소 성립될 수 있다. 이러한 구조는 현대 사회에도 전혀 변함이 없다.

고대 로마는 인간의 뇌와 닮았다

고대 그리스를 계승한 고대 로마 사회는 그리스 이상으로 노예의 인적 에너지 공급에 의존하는 사회였다. 전쟁에 승리하고 새로 획득한 속주의 땅에서는 라티푼디움이라 불리는 대토지 소유 제도에 따라 대량의 노예로 농업이 왕성했다. 기원전 공화제 로마 시대에 집정관을 지낸 대 카토Marcus Porcius Cato는 60헥타르에 이르는 올리브 밭에 13명의 노예가, 25헥타르의 포도밭에는 15명의 노예가 있었다고 기록했다.[18]

전쟁에 승리하고 얻은 땅을 마찬가지로 전쟁으로 얻은 노예에게 경작하게 함으로써 수확물을 얻는다. 그리고 이 방식을 대규모로 확대한다. 이만큼 태양 에너지를 효과적으로 얻을 수 있는 농경 기법은 없다. 노예에게는 노동의 대가로 식사만 대충 챙겨주면 되므로 토지 소유로 얻은 이윤은 전부 로마인 지주의 몫이 된다.

실제로 라티푼디움이 확대되면서 토지 대부분을 소유했던 로마 귀족은 부를 축적하는 한편, 자기 손으로 땅을 일구는 중소 규모의 로마인 농가는 서서히 경쟁력을 잃고 무너졌다. 그들 대부분은 곧바로 땅을 잃고 몰락 농민으로 로마에 유입되었다.

똑같은 로마인인 그들의 불만을 해소하기 위해 시작된 것이 소위 '빵과 서커스'라고 불린 정책이다. 부를 축적하는 귀족을 향한 일반 시민의 불만을 다른 곳으로 돌리기 위해 음식과 오락을 제공한 것이다. 이리하여 로마 시민 전체가 노예 노동력에 기반한 속주의 식량 공급에 의존했다.

고대 로마는 인간의 뇌를 빼닮은 존재였다. 더 많은 에너지를 원하고 그저 몸집을 늘리기에만 바빴으니 말이다. 고대 로마는 마치 영원한 번영이 약속되어 있기라도 한 듯 보였으나 무한한 팽창을 전제한 사회는 본질적으로 지속 불가능한 것이었다. 지중해의 패권을 장악하고 프랑스와 독일을 주 무대로 하는 야만족을 무력으로 거느리며 나중에는 바다 건너 영국까지 침입하지만, 영토가 확대됨에 따라 점점 통치가 어려워진 탓에 영역을 확장하는 속도가 느려지기 시작했다. 이와 더불어 지속된 경작으로 속주 토지가 점차 척박해졌고, 3세기 이후 지구가 한랭기에 접어들자 어느샌가 로마 시민이 필요한 양의 식량을 확보할 수 없는 지경에 이르렀다. 이렇듯 식량과 노예라는 에너지 공급원이 줄어든 고대 로마는 서서히 그 세력을 상실했다.[19]

농노와 영주: 중세 봉건 사회의 탄생

판도의 확장 속도가 느려지고 새로운 노예 공급이 원활하지 않자 고대 로마에서는 노예를 대신할 만한 노동력 확보가 중요한 문제로 대두되었다. 그래서 생각해낸 아이디어가 노예에게 일을 빼앗겨 몰락한 로마 농민을 포섭하는 일이었다.

농장주인 귀족은 자신들의 땅을 경작할 노동력을 확보하기 위해 로마 농민에게 토지를 빌려주고 지대를 받았다. 이를 콜로나투스colonatus라고 한다. 이렇게 토지를 소유하지 않은 농민인 소작농이 탄생했다. 그러나 농사를 책임질 노동력의 안정적 확보가 무엇보다 중요한 농경 사회에서 이 정도의 조정은 사회에 진정한 안정을 가져오지 못했다.

농경이 가져다준 잉여 식량이라는 초과 이윤은 사회적 이윤 배분의 우위에 있는 귀족 등 지배층과 몫이 없는 노예, 소작농과 같은 피지배층을 낳았다. 이런 사회에서 지배층에는 경제학 용어인 이른바 렌트 시킹rent seeking(자기 이익을 위해 제도, 정치 등을 조종하려는 행위)을 통해 사회 질서와 규칙을 자신들의 이익을 지키는 쪽으로 만들려는 동기가 늘 작용한다. 당시 지배층인 토지 소유주들은 농사를 책임지는 노동력의 안정적인 확보가 무엇보다 중요했기 때문에 사회적으로 유리한 입장을 이용해서 서서히 소작농을 구속하기 시작했다. 그 결과 처음에는 자유로운 권리를 가졌던 소작농의 토지 이동이 금지되었고 점차 토지에 얽매이게 되었다. 이렇게 영주와 농노라는 중세 봉건 사회의 골격이 갖춰졌다.

깊은 어둠과 문명의 빛

결국 농경 사회는 항상 일정한 사람에게 아담이 겪은 고통을 지게 함으로써 유지되는 사회였다. 이 어둠은 고대부터 중세에 이르기까지 정도의 차이는 있을지언정 세계 많은 문명이 똑같이 떠안고 있었다. 아담과 같은 입장에 놓인 이들로서는 속았다는 생각이 드는 일종의 사기와도 같은 일이었을 것이다. 한편 이러한 희생 위에 세워진 문명사회라는 빛은 깊은 어둠을 능가할 정도로 밝은 빛을 내뿜고, 마침내 새로운 에너지 혁명을 일으키는 원동력이 되었다. 그리하여 신이 아담에게 내린 형벌을 무효화하고, 공업화된 새로운 형태의 사회를 낳는 놀라운 변화를 가져왔다. 하지만 이 변화가 현실이 되기까지는 하나의 자원을 고갈시킬 듯한 기세로 철저하게 이용할 필요가 있었다.

에너지 순례 여행 ③

레바논 삼나무 숲

어느 초여름의 주말. 레바논의 수도 베이루트를 이른 아침 출발한 나는 북쪽을 향해 덜컹거리며 달리는 덩치 큰 승합차 안에 있었다. 차창 왼편으로 넓게 펼쳐진 지중해가 보였다. 푸르게 빛나는 바다 위로 에메랄드그린 색의 띠가 나타났다 사라지는 모습은 온종일 봐도 질릴 것 같지 않았다. 반대편 창밖으로는 올리브나무와 소나무가 산비탈의 하얗게 드러난 석회암 표면에 마치 달라붙은 듯 군락을 이룬 낭떠러지 길이 이어졌다. 척박한 땅은 솔직히 말해 단조로운 풍경에 가까웠다. 그런 탓에 시선이 자연스레 왼편의 아름다운 바다를 향했는데 사실 이 여행의 목적은 산 경사면에 있었다. 나는 끝없이 이어진 석회암 경사면을 바라보며 이제 곧 산 표

● 레바논 삼나무 숲과 주변의 민둥산

면에 나타날 변화를 상상하곤 기대에 차서 가슴이 뛰었다.

차는 지중해에 작별을 고하고 레바논 산맥을 굽이굽이 헤치고 들어갔다. 깎아지른 듯한 협곡을 굽어보듯 형성된 커브를 돌아 가파른 산길을 달리자 점차 고도가 높아지기 시작했다. 이윽고 브샤레Bcharre라는 산속 작은 마을에 도착했을 무렵에는 해발 1,450미터까지 올라와 있었다. 베이루트를 출발해 2시간이 지날 무렵이었다.

교회와 수도원이 늘어선 이곳 브샤레의 마을 풍경에는 확연한 특징이 있었다. 마을 주위 산의 경사면에는 조금씩 밭이 있고 사과나무가 질서정연하게 심겨 있는데 반해, 마을 전체를 감싸듯 솟은 레바논 산맥의 봉우리들은 하나같이 민둥산인 것이다. 나무가 자라지 않는 숲의 한계 고도는 해발 3,000미터다. 따라서 레바논 산맥의 가장 높은 꼭대기와 같은 높이니 브샤레 마을에서 바라볼 수 있는 2,000미터 대의 산봉우리에 나무가 자라지 않는 것은 불가사의한 광경이라고 할 수 있다.

브샤레 마을에서 잠시 숨을 고르고 차는 다시 맹렬한 기세로 산을 내달렸다. 그리고 해발 1,700미터를 넘어선 지점에서 갑자기 풍광이 바뀌며 무너진 석회암 사이로 드문드문 풀만 자란 황량한 세상이 펼쳐졌다. 브샤레 마을에서 보았던 민둥산 지대에 들어선 것이다. 그곳에서 5분 남짓한 거리에 거목이 즐비한 숲이 모습을 드러내자 나는 드디어 이 여행의 목적지에 다다랐음을 알았다.

이곳은 과거 이 일대의 산을 뒤덮은 레바논 삼나무 숲의 흔적을 볼 수 있는 귀한 장소다. 레바논 삼나무는 레바논을 비롯한 중근동 지역의 산악 고지대에 과거 널리 분포했던 소나뭇과 수목이다. 다 자란 나무 중 큰 것은 높이가 40미터, 둘레가 10미터나 된다. 수령도 긴 것은 1000년을 족히 넘는다.[20]

레바논 삼나무는 곧고 두껍고 길다랄 뿐만 아니라 재질이 단단하고 잘 썩지 않아서 최고의 선박 자재로 여겨졌다. 또 향기가 아주 좋아서 고대 이스라엘의 솔로몬 왕이 만든 솔로몬 신전부터 여러 신전과 궁전의 내장재로도 요긴하게 쓰였다. 사후 세계를 중시했던 고대 이집트에서는 왕의 관에 사용되기도 했다. 이렇듯 최고 품질의 목재를 공급해온 레바논 삼나무는 고대부터 이어진 무분별한 벌채로 인해 지금은 대부분이 사라졌다. 이제 과거 삼나무가 자생했던 레바논 산맥 꼭대기에 보이는 것이라곤 민둥산뿐이다.

그 민둥산 일각에 조금 남아 있는, 숲이라기보다는 소규모 군락에 가까운 레바논 삼나무 지대를 걷고 있노라니 숲의 향기와 땅의 감촉이 마음을 부드럽게 감싸주었다. 키가 아주 크고 수령이 1000년은 넘어 보이는 거대한 레바논 삼나무 아래서 줄기를 만져 보았다. 생명의 약동을 느끼는 순간이었다. 나는 곧게 솟은 삼나무 아래서 나무 사이로 새어드는 햇빛 너머 푸른 하늘을 천천히 올려다보며 과거 훔바바Humbaba가 살았을 울창한 숲을 상상했다.[21]

길가메시 서사시의 훔바바 이야기

세상에서 가장 오래된 서사시로 잘 알려진 〈길가메시 서사시〉에는 훔바바 이야기가 나온다. 훔바바 이야기는 고대 영웅담인 동시에 인류의 자연 파괴를 다룬 세계에서 가장 오래된 문헌 기록이기도 하다.

주인공인 길가메시 왕은 기원전 2600년경 남부 메소포타미아의 수메르 문명을 대표하는 도시 국가인 우루크에 실재했던 왕이다. 그는 훌륭한 도시를 건설하여 영원불멸의 명성을 얻기 위해 동지 엔키두와 함께 숲을 헤치고 들어가 다량의 레바논 삼나무를 자르기로 했다. 그 숲에는 반신반수인 훔바바가 수메르 최고신인 엔릴의 명령에 따라 숲을 지키고 있었다.

문명의 상징이라 할 수 있는 쇠도끼를 들고 레바논 삼나무 숲으로 들어간 길가메시 왕과 엔키두는 너무도 아름다운 숲의 자태에 잠시 마음을 빼앗기지만 이내 정신을 차리고 레바논 삼나무를 베기 시작했다. 나무 베는 소리에 놀라 눈을 뜬 훔바바는 침략자를 보고 미친 듯 분노했고 입에서 불을 뿜어내며 길가메시 왕에게 달려들었다. 그러나 격렬한 싸움 끝에 패배한 훔바바는 머리를 잘렸고, 수호신을 잃은 숲의 삼나무들도 남김없이 베어졌다.

이에 분노한 최고신 엔릴은 '대지를 불바다로 만들고, 식량을 불로 다 태워버리겠다'며 자연의 보복을 예고했다. 그리고 엔릴의 말대로 인간은 천신인 아누에 의해 7년간 기아에 허덕였다.

작가의 바람

레바논 산맥을 비롯해 메소포타미아의 충적평야(하천의 퇴적 작용으로 형성된 평야)를 둘러싼 구릉 산악 지대는 과거 레바논 삼나무로 널리 뒤덮여 있었다. 하지만 현재는 그 흔적이 거의 남아 있지 않다. 문명을 기른 티그리스강과 유프라테스강이 흐르는 이라크 땅은 사막화가 진행되었고, 레바논 산맥의 대부분은 석회암이 드러난 민둥산이 되어 버렸다. 고대 메소포타미아 문명 시대에 시작되어 고대 그리스, 로마 시대에 이르기까지 근방의 숲이 대부분 벌채되어 겉흙이 전부 유출된 탓이다. 현재 레바논 삼나무 숲은 레바논 국내에 고작 네다섯 군데밖에 남아 있지 않고, 그중에서도 보존 상태가 양호한 브샤레 근교의 레바논 삼나무 숲이 세계유산으로 지정되어 있다.

'길가메시 서사시' 과연 이 이야기는 길가메시 왕의 활약을 칭송하는 단순한 영웅담일까? 대체 훔바바 이야기가 그려지게 된 배경은 무엇이었을까? 혹시나 삼림 파괴를 멈추지 않는 인류에게 경고를 보내려던 것은 아니었을까?

〈길가메시 서사시〉의 훔바바 이야기는 삼림을 파괴하면 홍수의 빈발과 토지 사막화 등의 자연재해가 발생한다는 사실을, 이야기를 쓴 사람들이 이미 알고 있었음을 시사한다. 〈길가메시 서사시〉가 쓰이기 몇 천 년 전부터 메소포타미아 주변 숲이 하나둘 벌채되면서 지역의 사막화가 서서히 진행되고 있었다. 〈길가메시 서사시〉를 쓴 사람들은 삼림 파괴의 공포를 경험으로 알고 있었던 것이다.

또 그들은 문명사회가 숲으로 들어가는 순간 숲이 인간에 의해 끝없이 파괴되리라는 것도 경험으로 알고 있었다. 인류 사회의 욕망은 한번 발동이 걸리면 멈출 수 없다. 최고신 엔릴이 훔바바를 시켜 숲을 지키게 한 이유는 이 때문이었다.

하지만 레바논 산맥 꼭대기 대부분을 차지하는 석회암이 드러난 산 표면은 인류가 저자의 바람을 귀담아듣지 않았다는 사실을 보여준다. 훔바바는 정말로 죽었다.

한 시간가량의 산책을 마치고 돌아오는 길에 군락지 주위의 바위 표면이 노출된 경사 쪽으로 발길을 돌려 산을 조금 올라가 보았다. 발을 디딜 때마다 돌멩이가 부서지며 하얀 모래가 날렸다. 그때 한차례 바람이 일었다. 바람 소리는 마치 슬픔에 탄식하는 훔바바의 울음소리 같았다.

삼림 에너지

문명의 기술적 발전을 지탱한 것은 숲이었다

인류가 이룩한 문명사회는 대규모의 삼림 벌채가 필요했다. 건물이나 배를 만드는 재료, 도자기와 벽돌을 굽고 금속을 용출하는 가마의 연료 등으로 쓰기 위해서다. 숲을 키우는 것은 태양 에너지다. 에너지의 관점에서 본다면 삼림 자원의 이용 또한 농경에 이어 토지에 쏟아지는 태양 에너지를 인류가 점유하려는 새로운 시도라 할 수 있다.

삼림 자원이 까다로운 이유는 주로 한해살이풀을 심어 매년 수확하는 곡식과 달리 나무는 성장하려면 상대적으로 긴 시간이 필요하기 때문이다. 건축 자재의 대표 격인 삼나무의 경우 건축 자재로 이용할 수 있을 만큼의 크기까지 자라는 데는 40~50년이 걸린다. 노송나무는 50~60년이다. 즉 삼나무나 노송나무의 성목 한 그루 한 그루에는 그 땅에 뿌려진 40~60년 치의 귀한 태양 에너지가 보존되어 있는 것이다. 따라서 수령이 50년인 삼나무나 노송나무를 베어 쓰는 일은 같은 면적에서 한해살이풀의 곡식 수확의 50배에 해당하는 에너지를 소비한다는 말과 같다. 엄청난 에너지 소비량이다. 수령이 100년을 넘은 거목이라면 가지고 있으리라 추정되는 태양 에너지 양은 더 많다. 에너지의 관점에서 나무는 태양 에너지의 대형 저장고다.

문명사회는 이렇듯 귀한 에너지원인 삼림 자원을 물 쓰듯 하며 이어져 왔다. 그리고 기술의 발달은 베어낸 삼림 자원으로 에너지를 공급하며 지탱해왔다고 할 수 있다.

가장 먼저 문명사회의 상징이라고도 할 수 있는 야금술은 가마를 고온으로 유지해야 해서 항상 많은 숯이 필요했다. 숯은 목재를 가마에 구워 탄화시킨 것으로 숯을 만드는 데도 장작이 필요하다. 건축 자재 분야에서는 이전까지 사용했던 햇볕에 말린 벽돌의 비에 약하다는 단점을 보완하기 위해 벽돌을 구운 소성 벽돌이 발명되었고, 석고를 구워 시멘트를 만드는 소석고도 개발되었다. 이렇게 자재 생산에도 숯이나 장작이 소비되었다.

한편 건축 기술도 함께 발달해서 위정자의 궁전을 중심으로 대형 건축물이 지어지면서 목재 공급도 활발해졌다. 실제로 길가메시 왕이 훔바바가 사는 숲에 들어간 이유는 나무를 베어 멋진 도시를 건설해 영원한 명성을 얻기 위함이었다.

게다가 도시 간의 무역을 가능케 한 선박도 무역이 발달함에 따라 대형화하는 방향으로 기술이 발전했다. 목재 중에서도 특히 곧게 우뚝 선 거목의 수요가 많았던 탓에 수령이 긴 레바논 삼나무부터 차례차례 잘려 나가게 되면서 그것이 다시금 숲의 재생을 어렵게 만들었다.

인간의 뇌는 훔바바를 낳고 매장했다

고대 메소포타미아에서는 먼저 티그리스강, 유프라테스강 하류 지역에서 수메르 도시 문명이 부흥했으나 이후 서서히 문명의 중심이 강 상류로 이동했다. 문명지 주위는 무분별한 벌채로 삼림 자원이 소실되어 염분을 머금은 토사가 계속 유출되었고, 같은 이유로 빈발하는 홍수에 실려 하류 지역에 널리 퇴적되었다. 이로 인해 농지의 염해 피해가 악화하고 사막화가 진행된 것이 도시 문명의 중심지가 강 하류에서 상류로 이동한 원인으로 알려져 있다.

당시 농업 기록을 보면 남부의 주요 농업 지대였던 기르수의 보리 수확량이 기원전 2400년경에 1헥타르당 평균 2,537리터를 기록했는데, 이는 놀랍게도 현재 미국과 비슷한 규모다. 그러나 300년이 지나자 수확량이 기존의 40%까지 떨어졌다. 고대 메소포타미아 문명의 토사 유출로 인한 염해 피해가 갈수록 심해지다 이내 손을 쓸 수 없는 지경에 이르렀기 때문이다.[22]

이렇게 가시적인 환경 변화를 고대 메소포타미아 사람들이 몰랐을 리 없다. 그들은 삼림 자원의 벌채와 사막화의 인과 관계를 어느 지점에선가 깨닫고 삼림 보호의 필요성을 인식했다. 분명 이러한 문제의식이 훔바바를 탄생시켰을 것이다.

하지만 그들은 벌채 욕망을 주체하지 못했다. 늘 더 많은 에너지를 원하는 인간의 뇌가 무서운 이유는 바로 이 때문이다. 그 결과 인간이 자신들의 행동에 제동을 걸고자 탄생시킨 훔바바는 교묘하게도 문명의 이기의 상징인 쇠도끼에 의해 매장되었다.

반복되는 실수: 문명의 쇠퇴를 초래한 것

훔바바가 사라지고 약 900년 후 기원전 1700년대 메소포타미아 땅에는 '눈에는 눈, 이에는 이'라는 함무라비 법전으로 유명한 함무라비 왕이 등장한다. 함무라비 왕은 도시 국가 바빌론의 왕으로, 바빌론 땅은 길가메시 왕이 통치한 우루크로부터 200킬로미터 위쪽에 있었다.

이 시기 메소포타미아의 삼림 자원 고갈 문제는 더욱 심각해졌다. 하지만 함무라비 왕은 법전을 정비한 왕답게 훔바바 이야기처럼 신화에 의존하지 않고 좀 더 직접적인 명령을 내렸다. 국가가 관리하는 토지를 '나뭇가지 하나라도 해하는 자는 결코 살려두지 않겠다'고 천명한 것이다. 그래서 이 무렵에는 필요한 양을 확보하기 위해 멀리 지중해 크레타 섬에까지 가서 목재를 조달했다.

그리하여 크레타 섬은 풍부한 삼림 자원을 바탕으로 목재 수출뿐만 아니라 청동기, 도자기 제조 거점으로 엄청난 번영을 누렸다. 바로 미노아 문명이다. 중심 도시였던 크노소스에는 화려한 궁전이 세워졌고 궁전 자재로 거목이 대량 사용되었다. 그러나 삼림 자원에 의존한 사회는 오래 유지되지 않는다. 기원전 1500년 무렵이 되자 삼림 자원 대부분이 바닥을 드러냈고 기원전 1400년경 멸망하고 만다.

미노아 문명을 계승한 것이 그리스 본토 펠로폰네소스 반도 동부에 있는 미케네를 중심으로 발달한 미케네 문명이다. 트로이 유적을 발견한 것으로 유명한 독일의 고고학자 하인리히 슐리만에 의해 유적이 발굴된 미케네도 풍부한 삼림 자원을 바탕으로 부흥했고 자원의 고갈로 쇠퇴한 문명 중 하나다. 이 시기 삼림이 벌채되고 난 구릉지에는 농지가 만들어졌는데, 토양이 유출되기 쉬운 사면을 중심으로 토지 황폐화가 진행되면서 서서히 곡식 수확량이 줄었고 결국 척박한 땅에서도 잘 자라는 올리브나무가 늘기 시작했다. 현재 지중해 연안에 거목이 울창한 숲이 사라지고 키 작은 올리브나무만 남은 것은 사실상 오랜 세월에 걸친 환경 파괴의 결과물이다.

미케네 근교의 숲을 모조리 파괴한 뒤 문명의 중심은 삼림 자원을 찾아 대륙으로 거점을 옮겨 아테네와 같은 도시 국가를 탄생시켰다. 마침내 거점이 한층 더 내륙으로 이동하게 되었고, 알렉산더 대왕의 활약으로 유명한 마케도니아에까지 다다랐다. 마케도니아가 패권을 장악할 수 있었던 데는 무엇보다도 풍요로운 삼림 자원의 역할이 컸다. 목재 판매로 넉넉해진 재정과 목재를 아낌없이 사용해 만든 총 길이 6미터에 이르는 장창을 가진 군대가 마케도니아의 약진을 뒷받침했다.

재생 불가능한 수준까지 삼림을 벌채하고 토양 환경을 영원히 파괴한 과오는 고대 메소포타미아 문명이나 고대 그리스 문명에 그치지 않고 세계 각지의 문명에서 되풀이되었고, 많은 고대 문명이 쇠퇴하는 결정적 요인이 되었다. 자연의 재생 속도를 넘어선 속도로 자원을 소비한 사회는 어느 하나 예외 없이 장기적인 자원 고갈 문제에 시달렸고 쇠락의 길을 걸었다.

일본의 절에서 볼 수 있는 삼림 파괴의 흔적

한편 녹음이 우거진 일본은 이런 삼림 파괴와는 무관할 듯 보일지 모르지만 사실 일본도 예외는 아니다.[23]

일본은 아스카 시대부터 나라 시대에 걸쳐 스이코 천황과 간무 천황에 이르는 200년간 21번의 천도가 있었는데 그때마다 근처의 숲이 벌채되었다. 특히 헤이조쿄(平城京, 710년부터 784년까지 현재의 나라(奈良)에 있었던 일본의 수도-옮긴이) 건설에는 도다이지(東大寺)를 필두로 거대 목조 건축물의 건설이 매우 활발했고, 대형 불상까지 주조하면서 목재를 대량으로 소비했다. 그 결과 황거 주변의 토지 대부분에서 침엽수와 활엽수가 어우러진 자연림이 사라지고 척박한 땅에서도 잘 자라는 소나무 숲이 생겨났다.[24] 그때까지 계속 되풀이되던 천도가 헤이안쿄(平安京, 794년부터 1868년까지 현재의 교토(京都)에 있었던 일본의 수도-옮긴이) 건설을 끝으로 뚝 끊긴 데는 황거 근방의 삼림 자원이 급격하게 줄어든 것도 무관하지 않으리라.

지중해 연안의 레바논 삼나무에 비견할 만한 일본 최고의 건축용 목재는 노송나무였다. 나라 시대의 거대 목조 건축물에는 거대한 노송나무가 아낌없이 사용되었는데 시대가 흐르면서 거목을 확보하기 어려워졌다. 근세에 들어 도요토미 히데요시와 도쿠가와 이에야스 시대에 전국 각지에서 거대 성곽이 축조되기 시작하자 삼림의 황폐화가 전국적인 규모로 빠르게 진행되었다.

두 번 소실된 도다이지 대불전은 가마쿠라 시대와 에도 시대 때 재건되었는데, 삼림 자원이 고갈된 탓에 에도 시대 재건 때는 기둥으로 쓸 거대한 노송나무를 조달할 수 없어서 느티나무에 노송나무판을 두르고 긴 구리판을 쇠못으로 고정해 기둥으로 사용했다.[25] 건물 크기도 나라 시대의 66%로 축소되었고, 기둥 수도 84개에서 60개로 줄었다.[26] 에도 시대에 소실된 이후 헤이세이(平成, 일본의 연호 중 하나로 1989년 1월 8일부터 2019년 4월 30일까지를 가리킨다-옮긴이)가 되어 3백 년 만에 건축 당시의 크기와 양식으로 재건된 고후쿠지(興福寺)의 주콘도(中金堂)는 기둥 자재를 일본 국내에서 조달하기를 포기하고 카메룬에서 거대한 느티나무를 수입해 문제를 해결했다.[27]

이렇듯 인위적인 삼림 환경의 파괴는 풍요롭게 느껴지는 일본의 숲과 역사적 건축물에도 뚜렷한 흔적을 남겼다.

19세기까지 이어진 군사와 삼림의 밀접한 관계

그렇다 해도 어째서 고대 문명사회는 자신들의 문명을 파괴할 정도로 많은 삼림 자원을 소비했을까. 여기에는 국가 권력을 떠받치는 군사력 강화에 대량의 목재가 꼭 필요했다는 사실이 적지 않은 영향을 주었을 것이다. 요컨대 삼림 자원의 많고 적음이 군사력에 직결된 문제였다는 뜻이다.

삼림 자원과 군사력이 밀접한 관계를 갖게 된 접점은 크게 두 가지다.

첫 번째 접점은 금속제 무기가 출현하면서 생겼다. 금속을 가공해 만든 무기는 날카롭고 단단해서 돌이나 나무를 뾰족하게 갈아 만든 이전 무기와 비교하면 차원이 다른 살상력을 가졌고 내구성도 뛰어났다. 따라서 실제 전투에서 이러한 금속제 무기로 무장한 군대가 우위에 설 것임을 쉽게 예상할 수 있다. 문명의 빛과 함께 전쟁이라는 어둠을 낳은 농경 사회에서 금속제 무기를 생산하는 능력이 사회적 우위를 확립하는 군사력이 되면서 힘을 가진 사회일수록 더 열심히 야금에 집중했고, 그 결과 주위의 삼림 자원을 대량 소모하는 결과를 낳았다.

당시 도끼나 무기를 제작하는 데서 시작된 군사 관련 야금술은 중세에 이르러 대포라는 새로운 무기를 만들어냈다. 이렇게 금속 무기는 멈출 줄 모르고 사용되었고, 삼림 자원이 군사력을 떠받치는 구도는 석탄을 이용한 새로운 제철 기술이 확립되는 산업혁명 시대까지 계속되었다.

삼림 자원과 군사력의 두 번째 접점은 조금 의외다. 군용선의 건조다. 도시 간 교류가 늘어나 해상 무역이 활발해짐에 따라 제해권을 갖고 항구와 항해의 안전을 수호하는 일이 국가 발전과 직결되었다. 제해권을 결정짓는 요소는 해군력이었는데, 이는 선박 수와 조선 기술이 승부를 가르는 세계였다.

선박 수의 많고 적음은 순전히 목재 공급 능력에 달려 있었고, 야금이 숯과 장작을 대량 소비한 것처럼 군용선의 대량 건조도 삼림 자원을 소비했다. 하지만 자원 소비의 절대량이 야금으로 인한 소비량만큼 많지는 않았다. 군용선에 쓰이는 목재가 달랐던 점은 질 좋은 목재의 확보가 무엇보다도 중요하다는 데 있었다.

원래 선박 건조에 쓰이는 목재로는 레바논 삼나무와 같은 곧게 자란 거목이 적합하다. 그중에서도 특히 군용선은 전쟁에 유리한 기동성과 조종 능력의 향상을 위해 반드시 질 좋은 목재가 필요했다.

고대부터 중세까지 지중해에서 활약한 군용선인 갤리선은 조종 능력이 노꾼의 수에 비례했기 때문에 많은 노꾼이 탈 수 있도록 배를 크고 가늘고 긴 형태로 제작했다. 기원전 480년 살라미스 해전에서 아케메네스조 페르시아를 무찌르는 등 갤리선의 활약이 돋보였던 고대 그리스의 주력 군용선인 트라이림trireme은 전체 길이 36m, 폭이 6m 정도의 가늘고 긴 배로 170명이나 되는 노꾼이 3단으로 배치되었다.[28] 고대 그리스는 무분별한 삼림 벌목으로 고목이 줄어든 탓에 갤리선 건조에 필요한 곧고 긴 나무를 조달하는 데 늘 애를 먹었다고 한다. 고대 그리스에서 펼쳐진 펠로폰네소스 전쟁을 자세히 기록한 역사가 투키디데스의 기록을 보면 해전에서 승리를 거머쥘 때마다 전장에 표류하는 군용선이라면 어느 것이든 가리지 않고 잔해를 회수하고 다녔다는 사실을 알 수 있다.[29]

중세 이후에는 여러 개의 돛대에 많은 돛을 단 범선이 주류였는데 뱃전에는 대포가 늘어섰다. 또 배 크기가 커지고 항해 지역도 전 세계를 무대로 했다. 따라서 노꾼을 대신해 돛대의 크기가 조종 능력의 열쇠가 되었다. 특히 메인 돛대는 곧은 거목이어야 해서 거목을 조달하는 능력이 한 나라의 해군력과도 직결되었다.

1588년에 영불 해협에서 스페인의 무적함대를 무찌르고 이후 7개 바다를 지배한 영국은 해양 국가로서 해군력의 유지 강화가 국가 차원의 과제로 여겨졌다. 이는 돛대에 제격인 곧게 자란 거목을 확보하기 위한 싸움이기도 했다.[30]

국가가 발전함에 따라 영국도 예외 없이 자국의 삼림 자원을 빠르게 소비했다. 17세기 중반까지는 해군에 필요한 돛대 공급을 주로 발트해 연안 지역의 수입에 의존했다. 그러나 발트해 연안의 수입은 좁은 해협을 여러 개 통과해야 했기 때문에 해협이 봉쇄되면 너무도 쉽게 공급이 끊어져 버렸다. 실제로 당시 영국과 해양 패권을 다투던 네덜란드는 해협을 봉쇄할 움직임을 보였다. 이는 국가 안보를 위협하는 일이다. 이러한 상황은 수입 원유의 80%가 통과하는 중동의 호르무즈 해협이 현재 일본의 에너지 안보에 위협이 된다는 말과 똑같다.

이렇듯 국가 안보 면에서 큰 약점을 갖게 된 영국 앞에 구세주가 나타난다. 신세계, 즉 미국 땅이다. 영국은 이주가 시작된 미국 북동부 뉴잉글랜드 지역에 돛대에 최적화된 거대한 스트로브잣나무 숲이 광범위하게 존재한다는 사실을 알았다. 이렇게 삼림 자원을 확보함으로써 영국 해군은 군사적 우위를 확립했고, 해군의 선택을 받은 양질의 거목에는 영국 관유물임을 나타내는 화살촉 모양의 브로드 애로우 인장이 찍혔다.

영국과 북미 대륙의 식민 지배권을 다툰 나라는 프랑스다. 프랑스는 인접한 이주지였던 캐나다 퀘벡 지방에서 남하해 뉴잉글랜드 지방의 삼림 자원을 노렸지만 영국의 빈틈없는 방어에 일이 쉽게 풀리지 않았다. 그러다 17세기 후반부터 18세기에 걸쳐 영국과 프랑스 사이에 전쟁이 발발할 때마다 프랑스 군대가 뉴잉글랜드의 나무를 파괴하는 일이 반복된다. 나무를 손도끼로 서너 차례 휘두르기만 해도 돛대로 사용하지 못한다는 점을 노린 것이다. 소위 게릴라전이라 할 수 있다. 또 이들은 아메리카 원주민에게 무기를 주고 영국 이민자를 습격하게 만들기도 했다. 그만큼 거목의 존재는 국가의 해군력을 좌우하는 문제였다.

이러한 사실은 군사력과 질 좋은 삼림 자원의 확보가 얼마나 밀접하게 관련되어 있는지를 잘 보여준다. 군사력과 삼림 자원의 떼려야 뗄 수 없는 관계는 산업혁명으로 철재 보급이 활발해지고 철제 선박이 탄생하는 19세기 중반까지 계속되었다.

기술 혁신의 원동력이 된 삼림 자원의 고갈

다음 빛을 보게 될 산업혁명 시대까지 인류는 숲이 착실하게 비축해 놓은 태양 에너지를 탕진하게 되는데, 고대부터 근세까지의 긴 터널과도 같아 보이는 이 시기에 어둠만 있었던 것은 아니다. 똑똑한 인간의 뇌가 위험을 통해 배우는 능력도 진화했기 때문이다. 눈앞에 닥친 자원의 감소는 기술 혁신의 강력한 동기 부여가 되었다.

인류가 생필품의 재료로 활용법을 폭넓게 익힌 최초의 금속은 구리였다. 왜냐하면 구리광이 산출되는 지역에는 큰 편차가 없어서 비교적 광범위한 지역에서 구할 수 있었고, 더 넓은 지역에 걸쳐 산출되는 철과 비교해 야금술의 난이도가 낮았기 때문이다.

기원전 1200년경 구리광의 일대 산지로 이름을 알리기 시작해 이후 구리의 영문명 Copper의 어원이 되기도 한 지중해 동쪽에 자리한 키프로스 섬에서는 구리 제련으로 인해 삼림 자원의 감소가 심각했다. 야금의 숙명이다. 세계 첫 공업 도시라고 할 수 있는 섬의 중심 도시 엔코미Enkomi의 주민을 비롯해, 대부분이 제련한 구리 주괴를 수출해 생계를 이어가는 키프로스 섬 주민에게 연료 절약은 어느새 생사가 걸린 문제가 되었다. 그래서 현지 야금 장인들은 새로운 기술을 찾기 위해 지혜를 짜낸다.

이렇게 탄생한 신기술 중에 침출법이라 불리는 기법이 있다. 침출법이란 물이나 산성, 알칼리성 용액에 광석을 담가서 추출하고자 하는 물질을 분리해내는 방법이다. 키프로스 섬의 야금 장인들은 채굴한 구리광을 다짜고짜 가마에 넣고 열을 가하지 않고, 일단 들판에서 자연의 습기를 이용해 광석에 포함된 불순물을 일부 침출할 수 있다는 사실을 알았다. 이러한 발견으로 불순물 제거에 필요한 제련 횟수를 줄인 결과 기존 공정에 필요한 연료의 3분의 1까지 연료 소비량을 줄일 수 있었다.[31] 이는 자원의 감소가 계기가 되어 만들어진 신기술로, 말하자면 최초의 에너지 절약 기술이라 할 수 있겠다.

오해의 소지가 있을 수도 있겠으나 사실 인류 문명이 만들어낸 수많은 기술은 에너지적 관점에서 보면 대부분이 에너지 절약 기술로 분류된다. 정보 통신 기술을 지탱하는 마이크로프로세서 기술을 예로 생각해 보자. 1971년에 발표된 제1세대 마이크로프로세서인 인텔 4004와 제6세대 인텔 코어를 비교하면 성능은 3,500배, 에너지 효율은 9만 배에 이른다. 한편 제조 비용은 6만 분의 1로 줄었다.[32]

최근 비약적인 혁신을 이룬 정보 통신 기술도 곰곰이 생각해 보면 대부분 단위 전력당 처리 능력을 향상하는 에너지 절약 기술과 제조 비용, 즉 제조 과정에 투입되는 부재의 양이나 에너지 양을 감축하는 식의 다른 에너지 절약 기술이 누적된 덕분이라 할 수 있다. 이렇게 차곡차곡 쌓인 기술들이 인류 문명을 오늘날까지 발전시켰다.

재활용을 했던 고대 키프로스인

삼림 자원 고갈의 위험이 가져온 또 하나의 움직임은 재활용이다. 광석에 포함된 금속량에는 한계가 있으므로 용출된 금속으로 만들어진 제품을 재활용하는 일은 단연 에너지 효율이 좋은 활동이다. 그래서 청동 제품의 재활용이 꽤 이른 시기부터 시작된 듯하다.

키프로스 섬이 번영을 누리던 시대에는 재활용이 좀 더 큰 규모로 이루어졌다. 터키 남서부의 지중해에서 인양된 고대 침몰선에는 키프로스 섬에서 만들어진 구리 주괴와 더불어 다수의 청동제 도구가 발견되었다. 출토된 청동기 대부분은 부서지거나 깨진 상태였다. 하지만 발견된 파편이 전부 다른 파편들과 들어맞지 않았기 때문에 침몰로 깨진 것이 아니라 원래부터 깨진 파편을 모은 것이 아닌가 추측했다. 현재 이 배는 키프로스산 구리를 운반하며 부서진 청동 파편을 모으러 다녔던

리사이클 선박으로 추정되고 있다.[33]

이렇듯 대대적으로 재활용을 추진한 배경에는 광석에서 용출해 내는 방법보다 낫다는 점뿐만 아니라 청동 금속의 장점이 가진 우위성도 있었다.

인류가 구리를 이용하면서 본격적으로 발달하기 시작한 야금술 중에는 금속 경도를 높이는 기술이 있다. 구리는 부드러운 금속이기 때문에 단단해야 하는 도구에는 그대로 쓸 수 없다. 이를 해결하기 위해 구리에 첨가물을 섞어서 경도를 높이는 기술이 발달한 것이다.

당시 첨가물에는 대부분 구리광에 함께 들어 있는 비소가 사용되었으나 비소는 독성이 강해 취급이 어려웠다. 그러다 주석을 첨가물로 사용하게 되면서 안전하고 경도와 가공성도 높은 이상적인 금속 제조법이 탄생한다. 이렇게 제조법이 확립된 금속이 바로 인류사 최초의 금속제 그릇으로 단장한 문명을 만든 청동이다.

청동의 장점은 높은 경도뿐만이 아니었다. 구리에 주석을 첨가하면 녹는점이 크게 낮아진다는 장점이 있었다. 구리의 녹는점이 1,085도인 데 반해 주석의 녹는점은 232도로 낮아서 둘을 함께 가열하면 녹는점이 낮은 주석의 영향으로 구리도 800도 전후에서 녹는다. 따라서 청동 제품을 녹여 재활용하는 일은 구리광에서 새로운 구리를 제련하는 일과 비교해 더 낮은 열량이 든다. 이렇게 에너지 효율 면에서 우수했던 청동 제품의 재활용은 이를 위한 무역선이 취항할 만큼 고대 사회에 스며들어 있었다고 보인다.

이처럼 키프로스 섬 주민들은 침출법이라는 에너지 절약 기술의 개발과 철저한 재활용을 통해 적극적으로 에너지 절약을 추진했지만, 안타깝게도 이러한 노력이 키프로스 섬의 삼림 자원의 고갈을 막을 수는 없었다. 기원전 1200년경에 절정을 맞이한 키프로스 섬의 구리 산업은 기원전 1050년에 마지막 가마의 문을 닫는다.[34]

이리하여 구리 제련이 가져다준 키프로스 섬의 번영은 채굴 가능한 구리광을 남겨둔 채 끝이 났다.

제철 기술의 보급이 전 세계로 삼림 파괴 확산

청동기 시대에 이어 철기 시대가 등장했다. 철은 구리보다 훨씬 광범위한 지역에서 대량으로 산출되었다. 또 철은 구리와 다른 결정적인 장점이 있었다. 탄소라는 흔한 원소를 섞으면 경도가 높은 강철을 형성해서 주석이라는 희귀 금속이 필요한 구리보다도 훨씬 범용성이 높았던 것이다.

그렇다면 왜 철기 시대가 청동기 시대보다 늦게 찾아왔을까. 이는 제철에 크게 2가지 기술적 과제가 있었기 때문이다.

일단 첫 번째로 철은 액화를 시작하는 녹는점이 1,538도로 구리보다도 400도 이상 높다는 데 문제가 있었다. 이러한 온도 차를 해결하기 위한 기술 장벽은 더없이 높았고, 근대에 들어와 반사로와 전로(轉爐) 등이 개발되기 전까지 인류는 철을 구리처럼 완전히 녹이지 못했다.

따라서 초기 제철 기법에서는 화학 반응이 사용되었다. 철광석에 포함된 산화철에 일산화탄소를 접촉시켜 산소와 반응하게 한 뒤, 만들어진 이산화탄소를 제거하고 철을 얻은 것이다. 이 방법을 사용하면 400도에서 800도라는 낮은 온도에서 반응이 촉진되어 철 덩어리를 만들어낼 수 있었다. 다만 이 경우 철 덩어리가 부드러워지기는 하나, 떡과 같은 상태에 머무르는 탓에 산소가 빠져나오면서 구멍투성이의 해면 조직이 되어 버린다. 또 불순물이 전부 제거되지 못해 만들어진 철 덩어리를 뜨거운 상태에서 두드려 불순물을 가능한 한 많이 빼내고 구멍을 막는 등 철을 성형하는 작업이 필요했다. 따라서 이 방법으로는 대량 생산이 어렵다. 대량 생산을 위해서는 철을 구리처럼 녹이는 기술이 꼭 개발되어야 했다.

구리에 주석을 섞으면 녹는점이 내려가듯 철에 탄소를 섞으면 1,200도 정도까지 녹는점이 내려간다. 1,200도 이상의 고온 환경을 안정적으로 유지하는 기술은 초반에 실현이 어려웠으나, 풀무로 가마에 지속해서 바람을 보내는 방법이 탄생하면서 확립된다. 이렇게 인류는 철을 대량 생산할 수 있는 길이 열렸다고 생각했지만 두 번째 기술적 과제가 앞길을 가로막았다.

두 번째는 철 경도를 높이는 첨가물인 탄소와 관련된 문제다. 탄소는 연료인 숯을 태우면 자연에서 얻을 수 있으므로 편리함이 있었지만 양을 조절해 넣기 어렵다는 단점이 있었다.

실제로 가마에 풀무로 바람을 일으키는 방법으로 만들어진 철과 탄소의 합금인 선철에는 탄소가 4% 이상 함유되어 있어 경도가 너무 높은 탓에 오히려 쉽게 부러져 버리는 새로운 문제가 있었다. 주물까지는 아니더라도 칼이나 농기구에 사용할 단단하고 잘 부러지지 않는 강

철을 만들기 위해서는 탄소 함유량을 2% 이하로 억제할 필요가 있었다. 이 문제를 해결하려면 선철을 고온에서 공기와 접촉시킨 뒤 선철에 포함된 탄소를 산소와 반응하게 해서 날려 보내는 탈탄 과정이 추가되어야 했다.

이렇듯 제철은 구리 제련보다 더 높은 기술력이 필요했고, 또 번거로웠기 때문에 본격적인 보급 시기가 청동보다도 한참이나 늦어졌다. 그러나 일단 제철 기술이 보급되자 풍부한 자원량과 지역적 편차가 적은 산지 등이 장점으로 작용해 금속 문화가 전 세계에 널리 뿌리내리게 되었다.

한편 제철 기술의 보급은 많은 숯과 장작이 필요하다는 점에서 구리 제련과 다를 바 없어서 삼림 자원의 부하가 전 세계로 확대되었고, 세계 각지의 삼림 자원 감소에 박차를 가했다.

인류는 왜 삼림 자원을 파괴하는가

이처럼 태양 에너지를 빨아들인 두 개의 에너지원이 문명의 발달을 견인했다. 농경을 통한 식량 공급으로 인구가 늘어났고, 삼림 자원의 공급으로 기술이 발전할 수 있었다.

농경을 통한 식량 공급은 이어짓기로 인해 토지가 척박해지거나 기후 변화의 영향을 쉽게 받는 등의 문제가 있긴 했지만, 오랜 역사를 거치며 잉여 식량을 안정적으로 확보할 수 있게 해주었다. 결과적으로 에너지 수지는 대체로 플러스를 유지했고 도시화의 진행에 따른 역병의 유행, 한랭화로 인한 흉작 등으로 중세에 일시적인 정체가 있긴 했으나 대체로 세계 인구는 꾸준히 증가했다. 그 결과 인류 역사에 제2차 에너지 혁명이라 부를 만한 비선형의 변화가 도래했다.

한편 재생 속도를 넘어선 수준으로 삼림 자원을 소비한 탓에 삼림 자원의 공급은 에너지 수지가 늘 마이너스를 그리는 지속 불가능한 활동이었다. 야금술은 문명의 발달에 공헌한 고도의 기술이긴 했지만, 에너지의 관점에서 냉정하게 평가한다면 그것은 '불을 이용'하는 제1차 에너지 혁명의 응용 편에 지나지 않았고, 혁명이라고 할 만한 혁신성도 없었다. 인류가 처음 불을 이용하던 때처럼 주변의 풀과 나무를 연료로 불이 내뿜은 열에너지를 그대로 활용한 것에 지나지 않기 때문이다. 에너지적 관점에서 진보했다고 할 수 있는 부분은 단적으로 말해서 가마를 만드는 기술을 익히고 불 다루는 법이 숙달되면서 불이 주는 열에너지를 더 효율적이고 효과적으로 쓸 수 있게 되었다는 점뿐이다.

그렇다면 굳이 왜 이 장에서 에너지 혁명에 해당하지도 않는 삼림 자원 고갈의 역사를 이렇게나 상세히 소개했느냐고 생각할지도 모르겠다. 그 이유는 첫 번째로 삼림 자원 고갈의 위기감이 다음에 나올 에너지 혁명을 일으키는 원동력이 되었기 때문이고, 또 하나 더 중요한 이유는 인류 문명의 발전과 삼림 자원 고갈의 역사를 들여다봄으로써 '에너지 문제'의 저변에 흐르는 인류의 사고방식을 볼 수 있지 않을까 생각했기 때문이다.

인간의 활동이 초래한 삼림 자원의 상실은 우리가 사는 지구 환경을 완전히 바꿔놓았다. 민둥산이 되어 버린 레바논 산맥의 봉우리들, 지중해 연안을 수놓은 올리브나무 숲과 교토 미야마에 펼쳐진 소나무 숲. 이 모든 것은 인류가 삼림 자원이라는 귀중한 태양 에너지 저장고를 닥치는 대로 수탈한 탓에 반영구적으로 변해 버린 풍경이다. 농경 생활을 시작하고 문명이 탄생한 이래 인류가 지구 환경에 미친 영향은 어떤 면에서는 혁명에 버금가는 수준이다.

지질학계에서는 그 영향의 크기를 두고 '인류세'라는 새로운 지질 연대를 제정하려는 논의가 진행될 정도다.

불을 사용한다는 것은 쉽게 말해 불이 가진 에너지를 이용한다는 뜻이다. 가령 식량은 개개인이 먹을 수 있는 양에 자연히 한계가 있지만 에너지 이용에는 한계가 없다. 그런 까닭에 당시 인간은 더 많은 에너지를 원하는 뇌가 이끄는 대로 삼림 자원이라는 활용 가능한 유일한 에너지원에 막대한 부담을 주었다.

물론 인간은 어리석은 존재가 아니다. 토양의 유출과 홍수 등 삼림 자원의 상실로 비롯된 문제점을 제대로 인식했고 훔바바와 같은 제어 장치도 만들어냈다. 그럼에도 인류는 삼림 자원의 감소에 제동을 걸지 못했다. 우리의 뇌가 가진 끝없는 욕망을 제어하기란 정말이지 쉬운 일이 아니다.

이러한 흐름에 제동을 걸기 위해서는 18세기 영국에서 장작과 숯에 의존하지 않는 새로운 제철 기술이 개발되기를 기다릴 수밖에 없다. 즉 인류가 가장 잘하는 기술 혁신을 통한 문제 해결이다. 그러나 이는 인간의 뇌가 가진 욕구를 한층 더 드러내게 했고, 결국 훗날 기후 변화로 이어지는 새로운 문제를 만드는 원인이 되었다.

다음 장에서는 에너지 사용량을 비약적으로 증가시킨 산업혁명 시대에 초점을 맞추고자 한다. 산업혁명은 에너지의 관점에서도 틀림없이 혁명이라 부를 만한 것이었다. 오히려 산업혁명이 얼마나 혁명적인 사건이었는가는 에너지라는 관점에서 들여다봐야 제대로 느낄 수 있을 것이다.

에너지 순례 여행 ④

폭포 덕에 생겨난 마을

여기 한 장의 폭포 사진이 있다. 강폭 가득 넓게 퍼진 이 폭포는 울창한 숲에 둘러싸인 채 풍부한 유량과 자연의 아름다움을 한껏 드러내고 있다. 강변에는 폭포에서 영적인 무언가를 느끼고 기도를 올리는 아메리카 원주민의 모습도 보인다.

폭포의 이름은 세인트 앤소니St. Anthony 폭포. 전체 길이 3,700km를 넘는 대하 미시시피강에 존재하는 유일한 폭포로 잘 알려져 있다. 최대 낙차는 23m로 결코 크지는 않지만, 배의 통행을 방해하기에는 충분한 낙차였던 탓에 서부 개척 시기 미시시피강을 오가는 배의 항해를 방해해서 수상 교통을 분단하는 폭포로 여겨졌다.

세인트 앤소니 폭포에 전환점이 찾아온 것은 폭포의 존재를 에너지의 시점에서 바라본 사람이 등장하면서부터였다. 1819년에 성채를 짓기 위해 이곳에 온 헨리 레번워스 중령은 폭포 주변을 조사한 뒤 목재소와 제분소를 만들자고 제안했다. 폭포가 만드는 수력으로 톱을 움직여 통나무를 목재로 가공하고, 절구를 돌려 밀을 빻는다는 아이디어였다. 이 제안을 바탕으로 후임 조시아 스넬링 대령과 그의 부하들이 1823년에 처음으로 목재소와 제분소를 만들었다. 이렇게 폭포가 공업적으로 이용되기 시작했다.[35] 그리고 머지않아 폭포 주위로 사람이 모

● 18세기 무렵의 세인트 앤소니 폭포 © Minnesota Historical Society

여들고 마을이 만들어졌다. 이것이 현재 미네소타 주 미니애폴리스의 시작이다.

원래 폭포는 험준한 산속에 위치하는 경우가 많아서 수력을 이용하려면 큰 제약이 따른다. 그런 면에서 평지에 위치하고 낙차가 작은 데다 미시시피강의 많은 물이 흘러내리는 폭포가 있는 미니애폴리스는 강을 이용한 수운과 낙차로 얻어진 수력을 활용한 산업이 발달하기에 적합한 아주 훌륭한 입지를 자랑했다.

초기 미니애폴리스는 미시시피강 상류에서 강으로 운반되는 통나무를 제재하는 산업이 융성했다. 당시 사진을 보면 목재소 시설이 폭포를 뒤덮고 있다. 맑고 아름다운 폭포의 흔적은 더 이상 그곳에 없다.

이후 폭포 에너지를 좀 더 효율적으로 활용하기 위해 미니애폴리스

● 1860년 무렵의 세인트 앤소니 폭포 © Minnesota Historical Society

사람들은 폭포 옆에 도수로를 만들었다. 강가에 세운 제분소들이 자기 부지 내에 물을 끌어들여 강력해진 수력을 더 직접적으로 이용하기 위해서였다. 도수로 굴삭은 어디까지나 근처에 위치한 폭포의 수량이 안정적이고 낙차가 일정했기 때문에 의미가 있었다.

물을 새롭게 끌어들인 선진적인 제분 공장 건물 바로 밑에는 각각 피트라고 불리는 구멍이 뚫렸고 피트 아래에는 터빈이 장착되었다. 도수로를 거친 물은 피트로 떨어져 터빈을 돌린다. 그리하면 터빈이 상부 건물에 장착된 제분기로 회전 운동을 직접 전달해 밀이 빻아지는 원리다.

이렇게 폭포가 지닌 에너지를 더 효과적으로 사용할 시스템이 만들어지자 완성 후 40년 동안 세계 최대의 밀가루 생산 능력을 자랑하는 필스버리 A Pillsbury A Mill 제분 공장을 시작으로 대규모 제분 공장이 하나둘 강가에 들어서게 된다. 미니애폴리스의 제분업은 빠르게 발전했고 19세기 말경까지 도시를 대표하는 산업으로 자리매김했다. 이 무렵에 생긴 별명이 '밀 시티(제분 도시)'다. 그야말로 세인트 앤소니 폭포가 가진 에너지가 하나의 공업 도시를 만든 것이다.

미니애폴리스 사람들이 중요하게 생각하는 것

현대 사회의 선진국 사람은 어디서든 당연하게 에너지를 손에 넣을 수 있는 생활을 영위하고 있다. 전 지역 도처에 깔린 송배전망 덕분에 정전이 거의 없고 어디서든 안정적으로 전기를 공급받을 수 있다. 이와 더불어 철도망과 도로망도 고도로 발달해서 화물 열차나 트럭으로 화석 연료를 쉽게 운반할 수 있다. 그래서 공장이나 주택의 입지를 선정할 때 에너지원의 확보가 걸림돌이 되는 일은 그다지 없다.

하지만 그래서인지 에너지원이 얼마나 귀하고 감사한지를 잊고 사는 듯하다. 미니애폴리스 사람들이 세인트 앤소니 폭포를 십분 활용한 것처럼 옛날 사람들은 고생을 거듭하며 귀중한 에너지원을 효율적으로 활용해왔다.

이러한 선조들의 노력을 조금이라도 느껴보고자 내가 미니애폴리스를 방문한 것은 초여름의 햇살 가득한 5월의 어느 날이었다. 미시시피강은 2월부터 5월까지 눈이 녹은 물이 모여 1년 중 수량이 가장 많다. 압도적인 수량이 가져다준 강력한 흐름은 낙차가 작은 폭포라고 해도 엄청난 박력이 있었다.

● 현재의 세인트 앤소니 폭포

현재 세인트 앤소니 폭포에는 2개의 수력 발전소가 들어서서 폭포의 에너지를 전력으로 이용하고 있다. 19세기 말 폭포 근처에 다닥다닥 붙어 지어졌던 제분 공장들은 20세기 들어 에너지가 화석 연료와 전기로 활발하게 전환되면서 더 넓고 편리한 땅을 찾아 미국 각지로 하나둘 이전해 나갔다. 현재 미니애폴리스 산업의 중심은 제분업에서 상업과 금융업으로 옮겨 가고 있다.

그러나 미니애폴리스 사람들은 여전히 도시 발전의 기틀이 된 세인트 앤소니 폭포에 감사한 마음을 잊지 않고 있다. 과거 제분 공장이 빼곡히 들어섰던 곳은 Mill District(제분 공장 구역)라는 역사 보존 지역으로 지정되어 있고, 제분 공장 건물의 외관을 가능한 한 보존하는 형태로 아파트와 오피스 빌딩을 개보수하고 있다. 제분 공장 한 곳은 역사박물관으로 탈바꿈했다. 박물관에는 폭포와 함께 성장한 도시의 모습이 상세히 기록되어 있는데, 전시된 자료 하나하나에서 세인트 앤소니 폭포를 고맙게 생각하는 마음이 한껏 전해진다. 이러한 미니애폴리스 사람들의 모습은 그 옛날 아메리카 원주민이 경외의 마음으로 폭포를 숭배하던 그것과는 다르지만, 도시 발전을 가능하게 해준 에너지원에 감사하는 마음을 갖는 자세는 전 세계 모두가 배워야 하지 않을까. 그러기 위해서는 인류가 어떤 방식으로 강력한 에너지를 마음대로 조종할 힘을 손에 넣고 차원이 다른 발전을 할 수 있었는가를, 즉 산업혁명의 역사를 에너지의 관점에서 되짚어 봐야 한다.

산업혁명과 에너지

돛배, 물레방아, 풍차

수공업의 발전은 문명의 발상과 함께 본격화되었다. 사람이 모이고 문명이 탄생하면서 수공업을 생업으로 하는 장인 집단이 출현했고 관련 지식이 날로 빠르게 쌓여 갔기 때문이다. 그 결과 인류는 다양한 도구를 발명했고, 그중에는 에너지를 얻는 일과 직결된 발명도 포함되어 있었다.

에너지에 관한 최초의 발명으로 여겨지는 것은 배에 돛을 다는 기술이다. 정확한 기록은 남아 있지 않으나 기원전 4000년경에 이집트에 돛배가 있었다고 한다.

이어서 농지 관개용 물레방아도 발명되었다. 이것이 인류가 처음으로 만든 동력 기계다. 기원전 3500년경에 문명이 형성된 고대 메소포타미아가 그 발상지로 알려져 있다. 기원전 150년경에는 고대 그리스에 곡식을 빻아 가루로 만드는 물레방아가 만들어졌다. 중세가 되자 물레방아는 용도가 더 다양해지면서 제분뿐만 아니라 제철소의 풀무를 돌리고, 목재소의 톱을 켜게 되었다. 1500년경에는 기어가 도입되어 유속이 느린 강에서도 물레방아를 돌릴 수 있게 되었다.[36]

풍차는 물레방아보다 좀 더 나중에 발명되었는데 가장 오래된 기록은 10세기경 페르시아의 문헌이다.[37] 풍차가 나중에 발명된 이유는 물의 흐름과 달리 바람은 부는 방향이 일정하지 않아서 실용화가 어려웠기 때문이다.

돛배, 물레방아, 풍차와 같은 발명은 태양 에너지가 만들어낸 바람의 흐름이나 물의 순환이 가져다준 운동 에너지를 인력 대신에 이용한 것이다. 이는 식물의 광합성 없이 태양 에너지를 직접 이용하는 방법이었다.

하지만 이러한 기술은 강이 흐르는 곳이나 강한 바람이 부는 곳에서밖에 쓸 수 없다는 날씨와 지형의 제약이 늘 문제였다. 또 얻은 에너지양은 토지의 자연환경에 달려 있어서 인간이 마음대로 늘릴 수도 없었다. 그래서 미니애폴리스처럼 특별한 지역적 이점이 있는 땅은 발전했지만 사회 전체 시스템을 근본적으로 바꿀 만한 혁명을 일으키진 못했다.

이렇게 인간을 자연환경의 제약과 속박으로부터 단번에 해방하고, 마침내 사회 시스템을 바꿔 버린 것은 산업혁명 시기에 발명된 실용적인 증기기관이다. 이것이야말로 농경을 잇는 인류 역사의 세 번째 에너지 혁명이다.

에너지 형태를 바꾸는 기술의 탄생

실용적인 증기기관의 발명은 18세기 후반부터 19세기에 걸친 영국의 산업혁명을 대표하는 사건이다. 에너지의 관점에서 증기기관을 볼 때 가장 먼저 머릿속에 떠오르는 것은 이 발명을 통해 석탄의 시대가 본격적으로 도래했다는 사실 아닐까. 물론 이 역시 중요한 일이다. 그러나 증기기관의 발명이 진정 혁명적인 데는 또 다른 이유가 있다. 바로 에너지의 형태를 바꿨다는 점이다.

증기기관이 발명되기 전 인류 사회가 활용해온 에너지는 늘 처음에 얻은 에너지와 똑같은 형태였다. 불로 조리를 하고 가마에서 구리광을 가열해 구리를 분리하는 모습을 상상해 보자. 우리는 장작이나 숯을 태워서 생긴 열에너지로 식재료와 구리광을 가열한다. 즉 장작이나 숯에서 얻어진 열에너지를 다시 똑같이 열에너지로 사용한 것이다. 여기에는 에너지의 형태 변화가 없다.

또 다른 예로 물레방아가 가루를 빻는 모습은 어떤가. 이번에는 물의 흐름이 운동 에너지를 물레방아에 전달해 가루를 빻는 운동 에너지로 사용하고 있다. 여기에도 에너지의 형태 변화는 없다.

그렇다면 증기기관은 어떤 일을 할까. 증기기관은 석탄을 태워서 물을 가열하고 여기서 만들어진 수증기의 열에너지로 피스톤을 움직여 운동 에너지를 얻는다. 이 과정에서는 증기기관에 의해 열에너지가 운동 에너지로 바뀌는 에너지의 형태 변화가 일어난다. 이렇게 에너지 변환을 가능하게 했다는 점이야말로 지금껏 인류가 발명한 물레방아나 풍차와 같은 동력 기계에는 없는, 증기기관만이 가진 참신성과 혁신성이라고 할 수 있다.

에너지 변환 기술이 얼마나 참신하고 혁신적인가는 에너지의 관점에서 인간의 신체 구조를 생각해 본다면 보다 정확히 이해할 수 있다. 왜냐하면 우리 인간이야말로 원조 에너지 변환 장치라고 해도 좋을 존재이기 때문이다. 우리는 식사를 통해 식물에 포함된 태양 에너지를 흡수하고 농사 등의 노동을 통해 이를 운동 에너지로 전환한다. 이것이 에너지 변환 장치가 아니고 무엇이겠는가. 물론 인간 이외의 동물도 마찬가지로 땅을 일구기 위해 역축(농사, 운반 등의 노역에 쓰이는 가축)으로 이용되는 말이나 소도 섭취한 먹이를 노동으로 바꾸는 에너지 변환 장치라고 할 수 있다.

증기기관이라는 에너지 변환 장치의 발명은 이제껏 역축으로 이용된 말과 소를 해방하는 데 그치지 않고, 문명이 초래한 어둠인 노예와 농노에게 부과된 인적 에너지까지도 대체할 수 있는 무한한 가능성을 제시했다. 다시 말해 기존의 사회 구조에 큰 변혁을 불러일으킬 잠재력을 가진 대발명이었던 것이다.

한편 산업혁명 시대에 석탄이 활발하게 사용된 이유는 증기기관이 석탄을 열원으로만 이용했기 때문이다. 석탄에는 불순물이 많아서 태우면 매연이 발생하는 등 장작이나 숯과 비교해 취급이 까다로웠다. 하지만 증기기관은 열에너지를 운동 에너지로 바꾸는 장치였기 때문에 취급이 까다롭다는 단점보다도 석탄이 가진 많은 열량과 풍부한 자원량이 더 큰 장점으로 작용했다.

증기기관의 발명은 열원이 될 만한 것이라면 무엇이든 동력으로 바꿀 수 있음을 의미했다. 장작과 숯은 물론 석탄, 석유, 천연가스부터 원자력까지도 열원이라는 의미에서는 어떤 차이도 없다. 이 점이 연료 선택지를 늘려 주었고, 그 결과 유례없는 규모의 에너지 소비가 가능해졌다. 그러므로 제3차 에너지 혁명을 이끈 주역은 석탄이 아니라 어디까지나 에너지 전환을 가능케 한 실용적인 증기기관의 발명이었다.

증기기관의 발명이 가져다준 깨달음

증기기관이라는 에너지 변환 장치의 발명은 인류에게 몇 가지 중요한 깨달음을 주었다. 이 기술을 갈고닦으면 한층 더 빛나는 미래가 찾아오리란 기대를 인류에게 강하게 심어준 것이다.

첫 번째 깨달음은 열에너지만 넉넉하게 공급받을 수 있다면 어디서건 운동 에너지로 변환할 수 있으므로 동력이 필요한 공장의 부지 선택이 좀 더 자유로워진다는 점이다. 이는 당시 물레방아를 움직이는 주된 동력원인 물을 이용하기 힘든 지역 주민에게는 꿈의 기술이었다. 게다가 기관을 개량해서 작게 만들 수 있다면 땅에 얽매이지 않을 뿐더러 땅으로부터 독립된 교통기관의 동력으로도 쓸 수 있을 터였다.

두 번째 깨달음은 투입한 열에너지가 크면 클수록, 또 에너지를 변환하는 과정에서 에너지 손실이 적으면 적을수록 더 큰 운동 에너지를 얻을 수 있다는 점이다. 이러한 깨달음을 통해 기술 혁신의 방향성이 명확해졌고, 기술 개량을 거듭하다 보면 물레방아나 풍차와는 비교도 되지 않을 만큼 많은 운동 에너지를 얻을 수 있을지도 모른다는 기대가 생겼다.

세 번째 깨달음은 에너지 형태를 변환하는 증기기관의 작동 원리를 관찰하는 일이 에너지라는 보이지 않는 존재를 과학적으로 해명하는 계기가 된다는 점이다. 에너지에는 다양한 형태가 있고 각각 변환 가능하다는 점, 에너지 총량은 보존된다는 점 등 에너지에 관한 과학적 발견은 전부 증기기관의 원리를 관찰하면서 시작되었다고 봐도 무방하다. 질량 역시 에너지의 한 형태임을 보여주는 세계에서 가장 유명한 물리 공식 $E=mc^2$로 표현되는 아인슈타인의 대발견도 앞선 과학적 발견의 연장선상에 있다.

이렇듯 증기기관을 둘러싼 세 가지 깨달음을 기반으로 여러 활동이 이뤄졌고, 그 성과가 제3차 에너지 혁명이라고 부르기에 걸맞은 다른 차원의 세계로 인류 사회를 안내했다. 세 번째 과학적 성과의 역사는 뒤에서 다루기로 하고, 여기서는 첫 번째와 두 번째 깨달음이 가져다준 공업적, 사회적 측면의 혁명적 변화를 좀 더 깊이 들여다보자.

와트가 개량한 증기기관 기술

세계 최초의 실용적인 증기기관은 영국인 토머스 뉴커먼이 설계했다.

영국 중서부에 있는 더들리 성 근처 탄갱에 설치된 뉴커먼의 증기기관은 석탄을 채굴할 때 탄갱 깊은 곳에 고여 있는 물을 끌어올리는 작업에 동원되기 시작했다. 1712년의 일이다. 이는 당시 '불로 물을 끌어올리는 발명'이라고 불렸다.

뉴커먼이 설계한 증기기관은 대기압을 이용했기 때문에 대기압식으로 불렸다. 다음 도식을 보자. 먼저 보일러에서 데워진 수증기가 실린더를 채우고 피스톤을 밀어올린다. 이때 실린더에 물이 주입되고 실린더 내부 온도가 급격히 떨어진다. 내부 수증기는 물로 바뀌고 체적이 줄어들면서 실린더 안이 진공에 가까운 저압력 상태가 된다. 그 결과 대기압의 힘으로 피스톤이 밀려 내려온다. 피스톤이 끝까지 내려오면 다시 보일러에서 만들어진 수증기가 실린더에 유입되고 피스톤이 올라오는 식으로 상하 운동을 하게 된다.

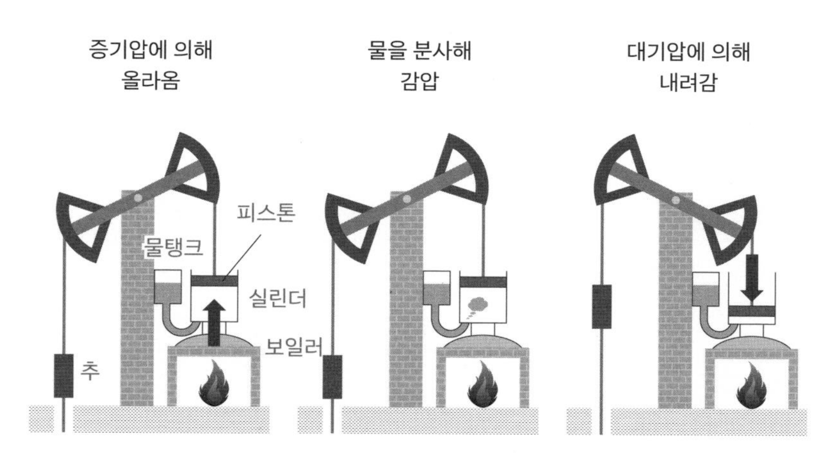

| 뉴커먼의 증기기관 |

뉴커먼의 증기기관의 가장 큰 결점은 피스톤을 움직이기 위해 실린더를 매번 식히고 데워야 해서 열효율이 0.5%로 아주 낮다는 데 있었다.[38] 투입한 열에너지에 비해 에너지 변환으로 얻을 수 있는 운동 에너지가 너무 적은 것이다. 그래서 뉴커먼의 증기기관은 석탄을 마음껏 사용할 수 있는 탄갱 내부에서 물을 긷는 정도로밖에 사용할 수 없었다.

뉴커먼의 증기기관을 대대적으로 개량해서 본격적인 증기기관의 시대를 연 사람은 1736년 영국에서 태어난 제임스 와트다. 손재주가 좋았던 와트는 과학 실험용 기구를 만드는 기술을 익혀 글래스고 대학교에 들어갔다. 거기서 그는 운명적인 만남을 갖는다. 글래스고 대학교에 실험용으로 쓰이던 뉴커먼의 증기기관을 수리해달라는 의뢰를 받은 것이다. 연구에 열심이었던 그는 뉴커먼의 증기기관의 최대 약점인 낮은 열효율 문제를 금세 파악했고, 이를 해결하기 위해 연구에 매진했다.

그리하여 탄생한 것이 실린더 밖에서 수증기를 냉각하는 아이디어이다. 와트의 증기기관에는 응축기라고 불리는 장치가 새로 장착되었고, 실린더로 들어간 수증기가 응축기에 연결된 밸브를 열어 실린더 밖에서 냉각되었다. 이러한 개선 덕분에 실린더가 직접 냉각되는 일 없이 같은 출력을 얻는 데 필요한 석탄량을 당시 새로 나온 존 스미턴의 개량판 뉴커먼 증기기관의 절반 이하까지 줄일 수 있었다.[39]

제임스 와트는 개량을 이어 나갔다. 다음으로 그가 주력한 부분은 출력을 늘리는 방법이었다. 기존의 증기기관은 수증기가 냉각되어 생기는 진공에 가까운 저압력 상태와 대기압의 압력 차이가 피스톤을 움직이게 했다. 여기에는 대기압이라는 한계가 있었는데 와트는 대기압을 증기압으로 바꿈으로써 한계를 뛰어넘으려 했다.

다음 그림이 와트의 증기기관 도식이다. 보일러에서 만들어진 수증기는 실린더 상부로 유입되어 피스톤을 아래로 누른다. 피스톤 하부는 응축기와 연결된 밸브가 열려 있고 내부 수증기가 냉각되면서 감압이 일어난다. 이렇게 피스톤이 아래로 밀려 내려가게 되는 것이다. 피스톤이 내려가면 빔으로 연동된 스위치가 밸브를 움직여 이번에는 실린더 상부가 응축기에, 하부가 보일러와 연결되는 형태로 접촉 지점이 뒤바뀐다. 그 결과 피스톤이 아래서 위로 밀려 올라온다. 피스톤이 올라오면 다시 밸브 스위치가 움직여 보일러와 응축기의 실린더 접촉 지점이 반대가 된다. 나머지는 이 동작의 반복이다.

이리하여 복동식이라 불리는 새로운 증기기관이 완성되었는데 실용화까지는 또 하나의 큰 장벽이 버티고 있었다. 복동식에서는 위아래 양쪽에서 피스톤이 동력을 발생시켜 빔에 힘을 전달한다. 즉 피스톤 운동이 직선적인 상하 운동인 데 반해 받침점을 중심으로 흔들리는

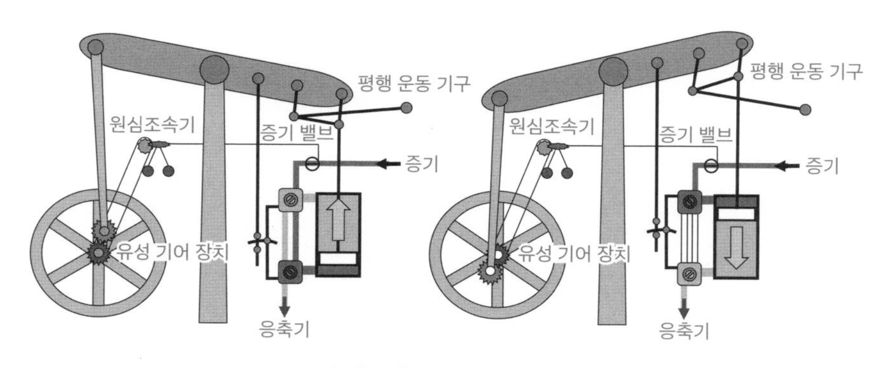

| 와트의 증기기관 |

빔은 호를 그리며 움직이는 탓에 뒤틀림 없이 두 개를 접합하려면 아이디어가 필요했던 것이다. 와트는 평행 운동 기구라고 불리는 새로운 장치를 발명해서 이 문제를 해결했다. 훗날 그는 이 평행 운동 기구의 발명을 가장 자랑스럽게 여겼다고 한다. 그만큼 평행 운동 기구는 중요한 발명이었다.

와트의 개량으로 완성된 복동식 증기기관은 증기압과 진공에 가까운 저기압의 압력 차이로 피스톤 운동을 하기 때문에 장치를 작게 만들어도 증기압을 제어해 충분한 출력을 얻을 수 있었고 피스톤의 운동 속도도 자유롭게 제어할 수 있었다. 와트는 야금술의 한계 등으로 증기기관의 고압 가동을 하지 않았지만 그의 일련의 노력은 증기기관의 보급을 앞당겼을 뿐만 아니라 미래의 기술 개선에 큰 가능성을 보여주었다.

그런데 제임스 와트가 활약하던 시기에 증기기관의 이용이 대폭 확대된 데는 출력이 향상되었다는 점 이외에 또 다른 중요한 개량이 있었다. 바로 피스톤의 상하 운동을 회전 운동으로 변환할 수 있게 된 것이다. 상하 운동을 회전 운동으로 바꾸는 크랭크 기술은 이미 다른 사람이 특허를 딴 탓에 특허 문제로 고심했으나, 와트는 바퀴를 두 개 사용한 유성 기어 장치를 새로이 발명하여 특허 문제를 해결했다. 나중에는 회전 운동에 원심조속기라 불리는 장치를 달고, 그것을 증기 밸브와 연결해 피스톤 운동을 자동으로 제어해 가동 안정성을 높이는 데도 성공했다. 이러한 일련의 개량에 힘입어 방적 공장 등 안정적인 회전 운동이 필요한 공장에 증기기관을 납품할 길이 열리며 본격적인 공업화 사회가 도래했다.

또 이제껏 물레방아의 동력에 의존해 오던 제분소와 목재소는 제임스 와트가 개량한 실용적인 증기기관 덕분에 유속이 센 강가에밖에 지을 수 없다는 지리적 제약과 수량의 증감에 따른 불안정한 출력 문제에서 해방되었다. 이로써 시설 설계가 좀 더 자유로워졌고 제분 공장과 목재 공장으로 크게 발전할 수 있었다. 이뿐만 아니라 증기기관은 동시대 영국에서 발명된 물레를 고도화한 방적기의 동력원으로도 크게 활약했다. 그리하여 방적 공장에서 만들어진 면직물은 순식간에 영국의 주력 산업으로 성장했다.

산업혁명을 지탱한 제철 기술의 혁신

지금껏 탄갱 깊숙이 고인 물을 끌어오는 정도의 재주밖에 없었던 증기기관을 공장 동력원으로 사용할 수 있게 개량한 제임스 와트는 이제 산업혁명을 대표하는 위대한 인물로 역사에 이름을 남겼다. 영국의 수도 런던에 있는 과학박물관에는 입구에서 이어지는 첫 번째 전시실을 에너지 홀로 명명하고, 제임스 와트가 설계한 증기기관의 실물을 다양하게 전시하고 있다. 증기기관은 연대가 올라갈수록 사이즈가 작아지는데 전부 사람 키를 훌쩍 넘는 높이와 크기라서 보는 사람을 압도하는 힘이 있다. 게다가 놀라운 점은 그가 생전에 사용했던 공방 일부를 홀 안으로 옮겨와 보존하고 있다는 사실이다.

우주선 모형 등 아이들에게 인기가 많은 우주 개발 관련 전시품보다도 제임스 와트에 관한 전시를 가장 앞세운 것을 보면 세계에서 첫 번째로 산업혁명을 일으킨 영국이라는 나라의 자부심을 강하게 느낄 수 있는 전시 구성이 아닌가 싶다. 인류 역사에 큰 영향을 주었다는 점에서 제임스 와트는 분명 그런 대접을 받을 만한 인물이다.

하지만 당연하게도 산업혁명이 와트 한 사람만의 힘으로 이뤄진 것은 아니었다. 특히 와트가 최초로 만든 작고 출력이 큰 증기기관에는 꼭 필요한 기술이 있었다. 바로 고온, 고압 조건에도 견딜 수 있는 보일러와 실린더 제작 기술이다. 증기기관을 개량하려면 반드시 제철 기술이 발달해야 했다. 사실 이러한 제철 기술의 진보도 산업혁명 시기 영국에서 일어났다. 이 무렵 영국은 진정으로 혁명이라 부르기에 합당한 변화가 다양한 분야에서 중층적으로 일어나고 있었다.

제철이란 야금술이기 때문에 광석에서 금속을 추출하려면 많은 장작과 숯이 필요하다. 문명의 탄생 이래 인류가 늘 삼림 자원의 감소를 걱정했다는 사실은 앞에서도 다룬 바 있다. 산업혁명 전야의 영국도 삼림 자원의 감소로 골머리를 앓았다. 철광석은 풍부했지만 삼림 자원이 부족해서 철 생산량이 늘지 않았고, 산업혁명 전야에는 주로 스웨덴의 수입에 의존하고 있었다. 1600년부터 1700년 사이 영국의 제철량은 10~20%밖에 늘지 않은 데 반해 같은 기간의 철근 수입량은 자그마치 10배로 폭증했다.[40] 당시 스웨덴은 철 수출에 제한을 두고 있어서 영국의 철 공급은 불안정했고 가격도 비쌌다.

이런 가운데 새로운 시대로 가는 문을 연 시도가 영국 중서부의 용광로에서 조용히 시작되고 있었다. 석탄과 철광석이 많이 산출되는 세

번 협곡Severn Valley 근처의 용광로 소유자였던 에이브러햄 다비Abraham Darby가 비싸고 손에 넣기 힘든 장작과 숯을 대신할 연료로 주위에 넘쳐나는 석탄을 이용하고자 한 것이다. 삼림 자원의 고갈로 당시 이미 연료로 쓰이고 있었기 때문에 유리 공장이나 벽돌 공장 등에서는 석탄을 태우고 있었다. 당연히 제철 분야에서도 석탄을 연료로 사용하려는 시도가 있었지만, 석탄에 포함된 불순물 때문에 철이 변질되는 문제점이 있어서 실용화 단계에 이르지 못하고 있었다.

다비는 과거 엿기름을 제조했던 경험을 살려 석탄을 구워서 불순물을 제거하는 코크스를 만들어냈다. 그리고 코크스를 용광로에서 연소시켜 불순물 문제를 해결하는, 석탄을 활용한 제철법을 고안했다. 1709년의 일이다. 이렇게 삼림 자원에 의존하지 않고 값싸게 주철을 제조할 길이 열렸다.

이후 아버지의 뜻을 이어받은 에이브러햄 다비 2세가 이상적인 코크스를 만들기 위해 시행착오를 거듭함과 동시에 대량 생산이 가능한 용광로를 개량하기 위해 노력했다. 그리고 1735년 드디어 그의 노력이 결실을 이뤄 코크스를 이용한 제철 기술이 완성 단계에 이른다. 제임스 와트가 세상 빛을 보기 1년 전의 일이다. 이를 계기로 값싼 주철 공급이 비약적으로 늘면서 철제 기계인 증기기관의 제조 비용이 낮아졌고 보급이 가능해졌다.

제철 기술과 증기기관의 시너지 효과

철 공급을 늘리고 가격을 낮춘 다비 부자의 기술 혁신에 이어서 질적 향상을 꾀하는 중요한 제철 기술 혁신도 영국 땅에서 꽃을 피웠다. 그 주역은 1728년 잉글랜드 북서부 컴브리아 주에서 태어난 존 윌킨슨John Wilkinson이라는 인물이다. 주물 기술자였던 아버지 밑에서 태어나 뛰어난 제철 기술자로 성장한 윌킨슨은 대포를 발사할 때 발생하는 포신 파열 사고를 줄이기 위해 포신 강도를 높이는 제조 방법을 연구하고 있었다. 기존 공법에서는 거푸집을 이용해 포신을 성형했으나 그렇게 해서는 강도가 고르지 못했다. 시행착오를 거친 끝에 그는 거푸집 없이 주철 덩어리로 직접 대포 통을 정밀하게 뚫는 기법을 확립하기에 이른다. 1774년의 일이었다.

원래 군사적 목적으로 개발된 이 기술은 증기기관의 발전에도 빠질 수 없었다. 이 기술로 제임스 와트가 개발한 증기기관의 핵심이 되는 실린더, 피스톤의 강도와 정밀도가 보장되었고, 와트의 증기기관이 확실한 성공을 거둘 수 있었기 때문이다.

윌킨슨의 기술에 매료된 와트는 그가 경영하는 공장에서 실린더, 피스톤을 비롯한 부품을 조달받아 증기기관을 조립했다. 윌킨슨이 개발한 기술 덕분에 와트의 증기기관은 그 능력을 마음껏 발휘할 수 있었다.

이렇게 제철 기술의 혁신은 증기기관의 여명기에 크나큰 공헌을 했는데 증기기관도 제철 기술의 새로운 개량에 도움을 주었다. 증기기관 덕분에 가마에 바람을 계속 보낼 수 있게 되면서 가마의 크기에 상관없이 고온의 환경을 유지할 수 있었기 때문이다.

이러한 시너지를 보여주는 상징적인 이야기가 있다. 와트는 윌킨슨의 공장에서 만들어진 부품으로 조립한 증기기관 중 처음 몇 대를 부품값으로 대신했고 윌킨슨은 이를 공장 용광로의 송풍기로 사용했다.[41] 이렇게 제철 기술과 증기기관은 각각의 개선 사항이 상대의 새로운 개선으로 이어지는 상승효과를 낳았고, 이것이 다시금 영국의 산업혁명을 더욱 공고히, 또 비할 데 없는 것으로 만들었다.

드디어 성장의 한계에서 벗어나다

철의 용도가 건축 재료로까지 확대되면서 본격적인 철의 시대가 열렸다. 다비 일가의 주인이 3대인 에이브러햄 다비 3세에게 계승된 1781년에는 세계 최초 주철로 만든 아치교가 세번 협곡에 놓였다. 1818년에는 스코틀랜드 글래스고 근교에 있는 포스 앤 클라이드Forth and Clyde 운하에 철제 선박 발칸 호가 진수했다. 이렇듯 다양한 용도로 철재가 목재를 대신했다. 또 증기기관을 비롯해 동력기관이 배에 탑재되면서 그 전까지 배의 능력을 결정지은 곧고 큰 돛대도 불필요해졌다.

산업혁명을 거쳐 수공업에서 기계 공업으로 이행한 결과 열에너지를 공급하는 연료가 장작과 숯에서 석탄으로 대체되었고, 건축 자재도 철재가 목재를 대신했다. 이리하여 인류는 문명의 발상 이래 쭉 걱정거리였던 삼림 자원의 고갈로 인한 성장의 한계에서 마침내 해방되었다. 하지만 이는 전 지구적인 기후 변화를 야기하는 이산화탄소 배출이라는 새로운 문제가 싹트는 순간이기도 했다.

내연기관의 등장

19세기에 들어서자 증기기관의 소형화를 목적으로 실린더 안에서 직접 연료를 연소시켜 동력을 얻는 내연기관 연구가 눈에 띄게 늘어났다. 내연기관이란 기관 외부에 장착한 보일러를 통해 얻은 증기로 피스톤이 움직이는 외연기관인 증기기관과 대비되어 탄생한 말이다.

내연기관은 실린더 안에서 직접 연료를 태우므로 고체인 석탄으로는 실용화가 어려워서 액체인 석유가 연료로 주목을 받았다. 그렇게 1886년 독일인 기술자 칼 벤츠와 고트리프 다임러 등의 활약으로 가솔린을 연료로 한 내연기관이 탑재된 자동차가 탄생했다. 또 1908년에는 자동차의 대중화에 기여한 포드 모델 T가 미국에서 발표되며 내연기관은 순식간에 보급기에 들어섰다.

이후로도 내연기관은 개량을 거듭해 20세기 후반에는 교통기관의 동력원을 휩쓸게 된다. 원래 증기기관을 탑재했던 선박과 기차까지도 하나둘 내연기관으로 교체되었다. 자동차나 선박, 철도에 쓰이는 가솔린 엔진이나 디젤 엔진, 항공기 제트 엔진, 로켓에 사용되는 로켓 엔진은 전부 내연기관으로 분류되는 것들이다.

석탄에서 석유로 이행했다는 착각

20세기는 석유의 시대라고도 불리는데, 이는 석유를 연료로 한 내연기관과 석유를 원료로 만든 합성섬유, 합성수지 등을 만드는 석유 화학이 20세기 들어 크게 발달했기 때문이다. 한편 20세기를 거치며 석탄도 대형 시설인 발전소를 중심으로 소비량이 꾸준히 늘어 건재함을 과시했다.

석탄에서 석유로의 이행은 에너지 혁명의 하나로 여겨지기도 하지만 사실 혁명이라고 할 만큼의 변화는 아니다. 사실상 석탄에서 석유로 이행한 것은 증기선과 증기기관차가 디젤 엔진으로 대체된 정도에 불과하기 때문이다. 석탄이 쇠퇴하고 석유의 시대가 도래한 것이 아니라 용도에 따라 석탄과 석유가 달리 사용되었을 뿐이다.

소형화 실현이 핵심인 교통기관은 사용 가능한 연료에 제약이 있어서 조금 비싸더라도 내연기관을 선택할 필요가 있었다. 반면 전력 공급의 관점에서는 열원을 가리지 않는 증기기관이 유리했다. 값싼 석탄부터 얻어지는 열량은 커도 시설 설계가 까다로운 원자력까지 다양한 열원을 동일 선상에 놓고 볼 수 있기 때문이다.

에너지원의 역사를 돌아보면 특정 에너지원이 다른 것을 압도해 배제하는 사례는 존재하지 않음을 알 수 있다. 이 점은 현대의 에너지 문제를 생각하기에 앞서 정확히 짚고 넘어가야 할 사실이라 하겠다.

맨체스터파 vs 서인도제도파

산업혁명은 공업 생산을 수공업에서 기계 공업으로 도약하게 했을 뿐 아니라 인류 사회의 모습까지 반영구적으로 바꿔놓은 원동력이 되었다.

산업혁명이 가져온 가장 큰 사회적 변화는 새로운 부유층이 된 공장 경영자의 출현과 공장 노동자의 증가다. 그전까지 인류 사회에서 노동은 주로 농사를 가리켰고, 수공업은 농경이 가져다준 잉여 식량으로 가능해진 일종의 부가가치적인 활동에 지나지 않았다. 그러나 산업혁명을 거쳐 다비 일가나 존 윌킨슨과 같은 공장 경영자가 막대한 부를 쌓게 되면서 기존 부유층인 귀족 등 지주층에 대항할 만큼의 힘을 지니게 된다.

산업혁명 이전의 영국에서는 귀족인 지주층이 정치 권력을 쥐고 있었는데, 자신들의 이익을 지키고자 곡물 수입을 제한해 국내 유통 가격을 높게 유지하는 정책을 펴고 있었다. 반면에 새로운 부유층인 공장 경영자는 노동자의 임금 삭감이 자신들의 사업 이익과 직결되었으므로 식품의 물가를 낮추는 정책에 관심을 갖게 된다. 양측의 대립은 결국 공장 경영자의 승리로 끝났다. 1846년에 곡물 가격을 높게 책정했던 곡물법이 폐지되고 값싼 수입산이 유입된 것이다. 이는 인류 역사상 처음으로 농업 활동보다 공업 활동을 우선하는 정치 판단이 내려진 역사적인 순간이라고 할 수 있다.[42]

이렇게 영국은 최첨단 공업 제품을 수출하는 한편 러시아를 비롯한 동유럽의 값싼 수입산 곡물에 의존했다. 그리고 이것이 다시금 공장 노동자의 증가와 농업 인구의 감소로 이어져 국내 정치는 한층 더 공업 쪽으로 기울었다.

공업 사회로의 이행은 고대부터 쭉 이어져 온 노예제까지도 뒤흔들어 놓았다. 변화는 설탕을 둘러싼 공방 끝에 일어났다. 당시 영국은 카리브해의 영국 식민지에 있는 플랜테이션에서 설탕을 공급받았다. 카리브해의 설탕 플랜테이션 경영자들은 '서인도제도파'라는 압력 단체를 조직해 영국 의회에 힘을 가했고, 수입산 설탕에 높은 관세를 매기는 데 성공했다. 그들은 이렇게 영국의 설탕 가격을 높게 유지해 막대한 이익을 거두어들였다.

한편 설탕은 산업혁명을 거치면서 이미 생필품이 되어 있었다. 원래는 귀족들의 전유물이었던 설탕이 든 홍차를 마시는 습관이 새롭게 등장한 공장 노동자들에게까지도 확대되었기 때문이다. 따라서 설탕 가격 인하는 곡물과 나란히 물가 인하를 목표로 하는 공장 경영자들의 좋은 표적이 되었다. 그들은 서인도제도파에 대항하는 세력으로 산업혁명의 중심지를 나타내는 '맨체스터파'로 불리었다.

맨체스터파의 타깃은 당시 플랜테이션 경영에 빼놓을 수 없는 노예제였다. 노예제를 공격함으로써 플랜테이션의 경영 기반을 무너뜨리려 한 것이다. 그들은 윤리적인 이유에서 노예제를 반대했던 종교계와 힘을 합쳐 강력한 노예제 반대 운동을 펼쳤다.

양측의 싸움은 결국 맨체스터파의 승리로 끝났고, 1833년에 영국 식민지의 노예제는 폐지되기에 이른다. 노예제의 금지로 서인도제도파는 이후 맨체스터파의 계획대로 빠르게 힘을 잃어 갔다. 1840년대에 들어서자 수입산 설탕에 부과되었던 관세가 점차 낮아졌고, 마침내 1852년에는 영국 식민지산 설탕과 수입산 설탕의 관세가 똑같아졌다.

곡물을 둘러싼 다툼과 마찬가지로 설탕을 사이에 둔 싸움에서도 승자는 공업 경영자들이었다. 세상은 이제 공업 이익이 농업 이익에 우선하는 시대로 변모했다. 그리고 갑작스레 대두된 공업화 사회는 급격한 부의 축적과 공업 인구의 증가에 따른 정치적 영향력의 확대로, 농경 문화의 어둠이자 문명의 탄생 이래 많은 사람을 토지에 얽매이게 한 노예제까지도 사라지게 했다.

신이 내린 형벌에서 해방되다

다만 영국의 공업화로 사라진 노예제는 영국 식민지뿐이었다. 맨체스터파와 서인도제도파의 다툼은 어디까지나 영국 국내의 정치 권력 투쟁이었던 탓에 국가의 주권이 닿지 않는 외국의 노예제는 방치되어 있었다.

맨체스터파는 수입이 늘어나 식료품을 싸게 살 수 있기만 하면 되었기 때문에 다른 해외 노예제는 오히려 남아 있는 편이 이로울 정도였다. 결과적으로 주식인 밀은 농노제가 남아 있는 러시아를 비롯한 동유럽 지역의 수입에 의존했고, 설탕은 노예제에 기반한 플랜테이션 경영을 이어 온 브라질이나 쿠바 등의 수입에 의존했다.

공업 인구가 농업 인구를 능가하고 공업의 논리로 운영되는 국가가 탄생한 반동은 컸다. 영국과 같은 공업 국가에 대항할 수 있는 기술력과 자본력이 없는 나라는 1차 산업인 농업에 한층 더 의존하게 되었기 때문이다. 오랜 세월에 걸친 러시아 농노제의 잔존은 산업혁명 이후 폭발적으로 발전한 자본주의 세계 경제의 틀에 농업 국가로 편입되어 버린 나라의 비극이라 할 수 있다. 러시아에서는 1861년에 농노 해방령이 반포되었지만 귀족 계급이 주도한 상위 계층 시점의 개혁은 있으나 마나 한 것이어서 해방령 반포 이후에도 농민의 생활은 크게 달라지지 않았다. 이것이 1917년 러시아혁명으로 이어지는 요인이 된다.

우리가 사는 21세기 현대 사회는 농노제가 금지되어 있고 농노라는 신분도 공식적으로는 더 이상 존재하지 않는다. 기본적인 인권 존중의 관점에서 노예제는 사라져야 한다는 이해가 전 세계에 널리 퍼져 있는 데다 노예와 같은 노동력에 의존하지 않고도 충분히 식량 생산이 가능하다는 점이 크게 작용했다고 할 수 있다. 신이 아담에게 내린 형벌인 농사라는 고통에서 인류는 해방되고 있다. 여기에도 에너지를 둘러싼 무척이나 흥미로운 이야기가 숨어 있다. 이 이야기야말로 현재까지의 인류사에서 내가 생각하기에 가장 새로운 에너지 혁명이 아닐까 싶다.

그러나 마지막 이야기로 넘어가기 전에 이와 거의 동시에 있었던 또 하나의 새로운 변혁을 살펴볼 필요가 있다. 그것이 다음 장의 여행 테마이자 내가 제4차 에너지 혁명이라고 생각하는 이야기다.

에너지 순례 여행 ⑤

비경으로 가는 길

장마가 한창인 시기 낮게 깔린 비구름 사이로 한 줄기 빛이 내리쬐는 날도 더러 있던 7월 초순이었다. 나는 북알프스의 산기슭 나가노현 오기사와에서 전기버스가 오기만을 기다리고 있었다. 길이 80m에 이르는 파쇄대 난공사로 알려진 전체 길이 5,400m의 간덴 터널을 지나 구로베 댐을 보러 가기 위해서였다.

구로베 댐 주위는 주부(中部) 산악 국립공원에 속해 있어서 댐에 접근하는 데는 개원 당시부터 친환경으로 알려진 전기버스가 이용되고 있었다. 가공선에서 전기를 얻는 기존의 트롤리버스를 대신해 2019년부터 새로 도입된 전기버스는 쾌적했고 16분의 승차 시간이 무척 빠르게 느껴졌다. 터널 안에서 가장 볼 만했던 파쇄대 지역은 알아보기 쉽게 푸른 조명이 설치되어 있었는데, 버스는 별다른 감속 없이 불과 몇 분 만에 터널을 지나쳤다. 파쇄대 관통에 7개월이라는 시간이 소요되었다는 점을 생각하면 너무 싱겁게 끝나 버린 게 아닌가 싶었다.

버스에서 내려 오르기 힘들다는 220개의 계단에 도전했다. 변화가 없는 단조로운 계단이어서 그런지 예상보다 훨씬 힘들고 절반도 못 가서 숨이 차기 시작했다. 계단 곳곳에 설치된 벤치에 앉아 쉬어 가는 사람도 적지 않았다. 산길을 오르듯 한 발 한 발 천천히 걸음을 옮겨 마지

● 구로베 댐

막 계단에 다다르자 간신히 전망대가 눈에 들어왔다.

그곳에는 호를 그린 거대한 콘크리트 건물이 압도적인 존재감을 뿜내고 있었다. 구로베 댐이다. 댐 주변의 깎아지른 듯한 봉우리들에는 잔설이 있고, 발밑으로 시선을 돌리자 아주 깊고 위험한 계곡이 눈에 들어왔다. 구로베 협곡은 듣던 대로 진정한 비경이라 부르기에 걸맞은 곳이었다.

구로베의 태양

북알프스 다테야마 연봉과 우시로다테야마 연봉. 일부 봉우리에서 빙하도 볼 수 있는 일본 굴지의 호우 지대에 1956년 세계에서도 전례 없는 대공사가 시작되었다. 다테야마 연봉과 우시로다테야마 연봉 사이에 낀 구로베 협곡의 가장 깊은 곳, 비경 중의 비경으로 이제껏 인간의 접근이 전혀 없었던 곳에서 수력 발전소 건설 공사가 시작된 것이다.

건설을 결정한 것은 오사카를 비롯해 간사이 지방의 전력 공급을 책임지고 있는 간사이 전력이다. 당시 간사이 지방은 심각한 전력난으로 인해 만성적인 계획 정전이 사회 문제였다. 이러한 전력난을 한 번에 해결하고자 당시 자본금의 3배에 달하는 예산을 쏟아부은 간사이 전력의 사운을 건 대규모 사업이 간사이에서도 멀리 떨어진 도야마현의 비경에서 시작되었다.

풍부한 수량과 험준한 지형을 자랑하는 구로베 강은 수력 발전에 적합해서 다이쇼(大正, 일본의 연호로 1912년 7월 30일부터 1926년 12월 25일까지를 가리킨다-옮긴이) 때부터 전기 에너지원을 개발해왔다. 구로베 강 수계에서 에너지원을 찾아 조금씩 상류 지역으로, 마침내 비경에 발을 내디딘 전기 에너지원 개발 작업은 제2차 세계대전 직전인 1940년에 해발 851m 지점까지 다다랐다. 센닌다니(仙人谷) 댐과 그보다 278m 아래에 위치한 출력 81,000킬로와트의 구로베 강 제3발전소 개발이 이에 해당한다. 구로베 강 제3발전소 건설은 엄청난 난공사로 '고열 터널'로 악명이 높았던 최고 166도에 달하는 고열 암반을 굴삭하는 터널 공사와 월동 공사로 인한 눈사태 피해 희생자를 합하면 순직자가 300명 가까이 되었다고 알려져 있다.[43]

전쟁이 끝나고 새로 시작된 구로베 강 제4발전소 계획은 해발 1,448m 지점에 댐을 건설하는 것으로 구로베 강 제3발전소를 넘어서는 난공사가 예상되었다. 그럼에도 당시 간사이 전력 사장이었던 오타가키 시로(太田垣士郎)는 구로베뿐이라며 공사를 단행한다.

구로베 강 제4발전소, 통칭 '구로4' 건설을 위해 건설지까지 자재를 운반하는 주요 루트로 새롭게 우시로다테야마 연봉의 나루사와다케(鳴沢岳) 산을 관통하는 오마치 터널(지금의 간덴 터널)을 뚫게 되었다. 이 터널은 대량의 출수가 예상되는 파쇄대에 부딪쳐 난항을 겪는다. 구로3이 열 지옥이라면 구로4는 물 지옥이었다. 그 결과 공사비가 불어나서 최종적으로 당시 간사이 전력 자본금의 5배에 해당하는 513억 엔의 거액이 들었다. 순직자도 171명에 이른다.[44] 이렇듯 수많은 노력과 희생 속에 완성된 구로베 강 제4발전소는 유효 낙차 546m, 출력 335,000킬로와트를 자랑하는데 당시 간사이 지방의 전력난을 단번에 해결했다. 사람들은 이를 두고 '구로베의 태양'이라고 불렀다.

아무리 그렇다 하더라도 간사이 전력의 오타가키 사장은 왜 간사이에서도 한참 먼 구로베를 간사이 지방의 유일한 에너지 공급원으로 낙점했을까. 이를 잘 생각해 보면 인류가 손에 넣은 전기라는 새로운 에너지의 우수성을 잘 알 수 있다.

그렇다, 전기는 공간을 초월한다. 전기 다루는 법을 익히면서 인류는 얻은 에너지를 전기로 바꿔 보내고, 다른 곳에서 다시금 필요한 에너지 형태로 변환해 사용할 수 있게 되었다. 이로 인해 에너지 이용이 한층 확대되었다. 전기의 이용, 이것이야말로 제4차 에너지 혁명이다.

전기의 이용

정전기, 레이던병, 볼타 전지

인류가 전기라는 존재를 알게 된 최초의 계기는 정전기였다. 고대 그리스 철학자 탈레스는 호박을 천으로 문지르면 실밥 같은 것이 천에 달라붙는다는 사실을 발견했다. 기원전 6세기 무렵의 일이다.

호박은 색 때문에 고대 그리스어로 '태양의 빛(엘렉트론)'으로 불렸다. 이는 나중에 전기Electricity의 어원이 된다. 전기가 에너지의 한 형태로 태양과도 밀접한 관련이 있다는 사실을 생각하면 인류가 태양의 빛을 지닌 호박에서 정전기를 발견했다는 것이 어딘가 신기하게 느껴진다.

이렇게 2300년의 세월이 지나고 그사이 이렇다 할 진보가 없었던 전기 연구가 드디어 크게 움직이기 시작한다. 1745년부터 1746년 사이에 정전기를 모은 병이 발명된 것이다. 세계 최초의 축전기다. 레이던병Leyden jar은 독일의 에발트 폰 클라이스트와 네덜란드의 피터르 반 뮈스헨브루크가 거의 동시에 발명했다. 실제로는 폰 클라이스트가 몇 개월 더 빨랐지만 발명의 영예는 세계에 먼저 성과를 발표한 뮈스헨브루크에게 돌아갔다. 그가 네덜란드 레이던 대학교 교수였다는 데서 이 축전기는 '레이던병'이라 불리게 되었다.

전기를 저장할 수 있게 되자 전기 연구에 탄력이 붙기 시작한다. 미국의 벤저민 프랭클린은 그 유명한 뇌우 속에서 연을 날려 번개가 전기임을 증명한 실험에서 연에 레이던병을 달았고, 과학자 히라가 겐나이가 복원한 '에레키테르(마찰을 이용해 정전기를 발생시키는 기전기-옮긴이)'에도 레이던병이 쓰였다.

그리고 뒤이은 발전은 이탈리아에서 이루어졌다. 바로 전지의 발명이다.

1780년에 이탈리아의 해부학자 루이지 갈바니Luigi Galvani는 두 종류의 서로 다른 금속을 개구리 다리에 대면 다리에 경련이 일어난다는 사실을 발견한다. 갈바니의 실험에서 힌트를 얻은 이탈리아의 물리학자 알레산드로 볼타Alessandro Volta는 다리 대신에 식염수를 적신 종이에 두 개의 서로 다른 금속을 갖다 대서 전류를 만드는 데 성공했다. 이후로도 다양한 금속을 가지고 실험한 결과 볼타는 구리와 아연의 조합이 가장 큰 전류를 만든다는 사실을 알았다. 이러한 연구 성과를 바탕으로 그는 구리판과 아연판 사이에 식염수를 적신 천을 깔고, 그것을 여러 개 쌓아올려 출력량을 늘리는(전지를 여러 개 직렬한 것과 마찬가지) 세계 최초의 '볼타 전지'를 완성했다. 1800년의 일이었다.

전지의 발명은 진정으로 위대했다. 레이던병은 모아놓은 전기를 방전하면 불똥이 튀며 순식간에 방전이 끝나 버렸지만, 볼타 전지는 일정한 시간을 두고 천천히 방전되므로 전기 현상을 관찰하고 실험하기가 수월해서 곧장 연구에 가속도가 붙었기 때문이다. 이렇게 전력의 시대가 들어설 수 있는 토양이 정비되었다. 훗날 볼타의 공적을 기리는 차원에서 그의 이름을 딴 전압 단위 '볼트'가 만들어졌다.[45]

발전기는 어떻게 발명되었나

전력 시대의 도래를 결정지은 사건은 발전기의 발명이다. 전기와 자기 사이에는 관련이 있다는 인류의 깨달음이 발명의 돌파구가 되었다.

1820년 덴마크의 한스 크리스티안 외르스테드가 도선에 전류를 흘려보내면 옆에 있는 나침반이 움직인다는 사실을 발견한다. 그리고 실험을 거듭한 결과 도선에 전류가 흐르면 주위에 자기장이 생기고 자기장의 크기는 전류의 크기에 비례한다는 점도 알아냈다.

같은 해 외르스테드의 발견에 자극을 받은 프랑스의 앙드레 마리 앙페르가 전류가 만드는 자기장의 방향이 항상 전류 방향을 향해 오른쪽으로 돈다는 사실을 밝혀낸다. 이 법칙은 시간이 지나 '오른나사 법칙(앙페르 법칙)'으로 불렸다.

한편 외르스테드와 앙페르의 연구 결과에서 새로운 아이디어가 탄생한다. 도선에 전기를 흘려보냈을 때 반드시 정해진 방향으로 자기력이 발생한다면 그 반대 역시 가능하지 않을까 하는 생각이다. 굉장한 발상이다. 이를 기반으로 실험을 거듭한 사람 중에 마이클 패러데이라는 영국인이 있었다.

패러데이는 자신의 가설을 입증하기 위해 실험에 몰두했고 시행착오를 거쳐 만든 실험 장치로 마침내 그날을 맞이했다. 그는 절연 피복으로 감싼 철 고리에 2개의 코일을 감고 한쪽 코일에 자침을 연결했다. 그리고 다른 쪽을 전지에 연결하고 전류를 흘려보내자 자침이 아주 조금 움직였다. 패러데이는 42년간 거의 매일 실험 일지를 작성했기 때문에 정확한 날짜까지 알려져 있다. 1831년 8월 29일의 일이었다. 이 실험으로 한쪽 코일에서 발생한 자기장이 다른 쪽 코일에 전류를 보낸다는 사실이 확인됨과 동시에 새로운 의문이 생겼다. 왜냐하면 자침은 전지를 연결하고 끊는 순간에만 움직일 뿐 전류가 흐르는 내내 지속적으로 움직이지 않았기 때문이다.

패러데이의 연구는 계속되었다. 같은 해 10월 17일에는 도선을 감은 큰 코일 안에 막대자석을 넣었다 빼는 실험을 했고, 넣다 뺐다 하는 순간 코일에 미세하게 흐르는 전류를 확인했다. 그리고 이 실험 결과에서 전류는 자기가 변할 때 발생한다는 점을 발견했다. 이러한 전기와 자기의 관계를 '전자기 유도'라고 한다. 전자기 유도의 발견은 엄청난 가능성을 내포했다. 증기기관에 이은 새로운 에너지 변환 장치의 발명을 낳은 대발견이었기 때문이다. 이는 불과 10일 만에 증명되었다.

● **패러데이 디스크(복제)** 일본 국립과학박물관 소장

이어서 패러데이는 실험 장치로 '패러데이 디스크'라고 불리는 기계를 고안한다. 10월 28일의 일이다. 이 장치는 자석 양극 사이에 구리 원판이 놓여 있는 형태로 원반을 회전시키면 구리판의 가장자리 부분이 자기장의 변화에 계속 노출되는, 다시 말해 전류를 지속적으로 만들도록 설계되어 있었다. 자기장의 변화에 노출된 구리판의 가장자리에는 도선이 닿아 있고 구리판의 중심부로 이어지는 회로가 설치되어 있다. 패러데이가 손잡이를 돌려 구리판을 회전시키자 예상대로 전자기 유도 현상으로 발생한 전류가 끊김 없이 도선을 타고 흘렀다. 세계 최초의 발전기가 탄생한 역사적인 순간이다. 이는 운동 에너지를 전기 에너지로 변환하는 새로운 에너지 변환 장치의 발명이었다.

전자기 유도 법칙을 이해하고 불과 10일 만에 이런 장치를 만들어

내는 패러데이라는 인물은 여간 비범한 재능의 소유자가 아니다. 패러데이를 역사상 최고의 실험 과학자라 칭송하는 이도 있는데 충분히 납득할 만하다.

이렇듯 전기 에너지에 관한 기초 연구 기간을 거쳐 마침내 인류가 본격적으로 전기를 에너지로 이용하는 혁명의 순간이 찾아왔다.

에너지의 이동과 변환을 자유롭게 한 것

제4차 에너지 혁명의 막이 오른 것은 순전히 우연의 산물이었다. 합스부르크가가 통치하던 시대의 오스트리아-헝가리 제국의 수도 빈. 1873년에 이곳에서 개최된 만국박람회에서 사건이 일어난다. 메이지 신정부가 일본관을 설치하고 유럽을 방문 중이던 이와쿠라 사절단이 시찰해서 일본과도 인연이 있는 만국박람회다.

화려한 박람회장의 한구석에 자신이 개발한 발전기를 전시하려고 준비하던 사람이 있었다. 벨기에 출신의 제노브 테오필 그람이라는 인물이다. 그가 개발한 발전기는 전에 없이 강력하고 안정적인 출력을 보여주는 그의 야심작이었다. 증기기관을 동력원으로 삼아 전기자라 불리는 회전축을 돌리면 안정적으로 직류 전류가 출력되는 설계 방식의 발전기였다.

그가 발전기를 증기기관 옆에 놓아두고 500m 떨어진 곳에서 구리 선을 배선하고 있는데, 직원이 실수로 구리 선을 다른 발전기와 연결해 버렸다. 이를 모르고 증기기관을 돌리자 생각지도 못한 일이 벌어졌다.

구리 선으로 연결된 발전기의 전기자가 빙글빙글 돌아가기 시작한 것이다.[46] 천재 기술자 그람은 이 현상을 보고 순식간에 모든 것을 깨달았다. 그리고 얼른 모터 대신에 회전하는 전기자를 펌프에 연결하고 물을 끌어올려 박람회장에 작은 폭포를 만들어 보였다.

그람이 단숨에 깨달은 사실은 전기를 이용하면 에너지를 쉽게 전달할 수 있다는 점이다. 증기기관은 제3차 에너지 혁명을 낳은 대발명이었으나 열에너지를 얻는 곳과 열에너지를 변환해 운동 에너지로 소비하는 곳이 같아야 했다. 하지만 전기의 이용은 에너지 변환의 자유뿐 아니라 장소의 제약까지 없애는 힘을 가지고 있었다. 이러한 그람의 깨달음은 전기 시대를 여는 결정타가 된다. 제4차 에너지 혁명의 막이 오른 순간이다.

장사 수완이 좋은 발명왕 에디슨의 등장

그람이 독자적인 발전기를 개발한 1870년 전후는 모스 부호로 유명한 전신기가 보급기에 들어서고 대서양을 횡단하는 전신 케이블이 깔렸다. 또 도시의 공원이나 광장과 같은 넓은 곳에는 가스등을 대신해 밝기가 더 밝은 아크등이 설치되는 등 전기가 사용되기 시작하는 시대였다. 이러한 시대적 배경에서 전기 시대의 도래를 상징하는 스타가 등장한다. 바로 그 유명한 발명왕 토머스 에디슨이다.

1869년 청년 에디슨은 전신 기술을 사용한 주식 시세 표시기로 특허를 얻었다. 이 특허가 4만 달러라는 고액에 팔리면서 본격적인 발명가로서의 커리어가 시작되었다. 그는 전화나 축음기 등을 상품화하고, 1879년에는 백열전구의 수명을 대폭 늘리는 데 성공한다.

전구가 내뿜는 빛의 밝은 이미지 때문인지 백열전구에 관한 연구가 발명왕이라는 에디슨의 눈부신 커리어에서도 정점에 위치한다고 생각하는 경우가 많다. 하지만 사실 백열전구의 발명자는 에디슨이 아니다. 영국의 조지프 스완이라는 인물이다. 백열전구 개발을 둘러싼 경쟁에서 에디슨이 역사에 이름을 남길 만큼 큰 빛을 발한 데는 백열전구를 등유 램프나 가스등을 대신하는 단순한 실내용 광원으로만 한정 짓지 않은 점이 크게 기여했다. 그는 백열전구를 발전소에서 시작되는 전기 사업의 밸류체인 말단에 자리한 상품으로 보고, 발전소 건설부터 전력 소비자로 이어지는 송배전, 백열전구 판매까지를 포함한 패키지 사업을 구상했다.

에디슨의 구상은 빠르게도 1882년에 현실이 되었다. 그는 월스트리트를 비롯한 오피스가의 빌딩들을 고객으로 보고, 뉴욕 맨해튼의 월스트리트와 인접한 펄스트리트에 빌딩 두 채를 구입해 발전소를 지었다. 그의 예상은 보기 좋게 들어맞는다. 사업을 시작하고 몇 개월 사이에 고객이 203명으로 늘어나 총 3,477개의 백열전구가 사용된 것이다. 1년 뒤에는 그 수가 배 이상으로 늘어났다. 지금까지 이어지고 있는 전기 사업은 이렇게 시작되었다. 이후 불과 8년 만에 전미에서 1,000곳이나 되는 발전소가 가동되기에 이르렀다.[47]

선견지명이 뛰어난 데다 장사 수완도 좋았던 에디슨은 1889년에 그때까지 하고 있던 전력 관련 사업을 통합해 '에디슨 제너럴 일렉트릭'

이라는 회사를 설립하고, 전력 사업 전반을 총괄하는 데 매진한다. 뉴저지 주 멘로파크에 있던 그의 연구소에는 전 세계의 뛰어난 기술자들이 모여들었고, 에디슨이 전력왕으로 군림하리라는 사실에는 의심의 여지가 없어 보였다.

이때 최강의 라이벌이 등장한다. 크로아티아의 천재 기술자, 니콜라 테슬라다.

테슬라 vs 에디슨

1856년 지금의 크로아티아에서 태어난 니콜라 테슬라는 젊은 시절부터 전기 기술자로서 비범한 재능을 발휘했다. 그라츠 공과 대학교에 재학하던 당시 그는 수업에서 그람 발전기를 관찰할 기회가 있었다. 발전기는 불꽃을 튀기며 회전했다. 늘 일정한 방향으로 흐르는 직류 전류를 얻기 위해 그람 발전기에는 코일이 감긴 전기자 회전에 맞춰 스위치를 바꾸는 정류자와 브러시가 장착되어 있었다. 테슬라는 이것이 불꽃을 일으키는 원인이자 큰 에너지 손실로 이어진다는 사실을 단번에 알아차렸다.

테슬라는 곧 정류자를 사용하지 않는 발전기와 모터 개발에 돌입한다. 그리고 이것이 그의 인생의 방향을 결정지은 사건이 되었다. 왜냐하면 정류자를 사용하지 않는다는 말은 자기장의 변화로 인해 바뀌는 전류 방향을 조정하지 않는 전류, 즉 교류 전류를 연구하겠다는 의미였기 때문이다.

그리고 얼마 지나지 않은 1882년 테슬라는 교류 전류를 사용한 유도 모터 개발에 성공한다. 이렇게 기술자로서의 실력을 유감없이 발휘하고, 1884년에는 미국으로 건너가 에디슨이 설립한 에디슨 기계 제작소에 전기 기술자로 입사한다.

에디슨 기계 제작소는 발전기부터 전기 모터, 백열전구를 밝히기 위한 송전망에 이르기까지 펄스트리트 발전소에서 실용화한 전력 시스템과 관련된 제품 일체를 제조하고 있었는데, 전력 붐이 일던 시기이니만큼 수백 명의 직공과 기술자가 쉼 없이 일하고 있었다.

테슬라는 에디슨 기계 제작소에서 전력 시스템 부설과 발전기 개량을 담당하고 있었는데, 일을 시작하고 불과 반년 만에 갑자기 회사를 그만둔다. 일설에 의하면 직류 전력 시스템을 고집하는 에디슨에게 교류 전력 시스템의 우수성을 주장했지만 받아들여지지 않았기 때문이라고 한다.

그 후 테슬라는 스스로 회사를 세워 교류 전류를 이용한 전력 시스템의 우위성을 널리 알리기 위해 노력했다. 일종의 거대 집단에 홀로 맞서는 고독한 천재 기술자 같은 구도인 셈이다. 참고로 지금은 세계적인 전기 자동차 브랜드가 된 테슬라사의 사명은 창업자였던 일론 머스크가 그의 영향을 받아 지은 이름이다. 그런 구도가 희대의 기업가인 일론 머스크의 마음을 움직이지 않았나 싶다. 이렇게 고군분투하는 테슬라 앞에 나타난 사람이 미국의 기술자이자 사업가였던 조지 웨스팅하우스였다.

전류 전쟁의 끝에

웨스팅하우스는 철도 브레이크 시스템 발명을 시작으로 철도와 관련된 다양한 발명을 한 뛰어난 기술자였을 뿐만 아니라, 발명을 사업으로 발전시키는 사업적 재능도 탁월한 인물이었다. 요컨대 사업적 후각이 민감한 에디슨과 똑같은 타입의 사람이었다고 할 수 있다. 그런 그가 에디슨이 발명한 전력 시스템 사업의 매력을 알지 못했을 리 없다. 그는 에디슨의 전력 시스템을 연구하면서 약점을 발견한다.

에디슨 전력 시스템은 저전압·고전류의 직류 전류를 사용하는 탓에 송전 손실이 컸고, 발전소 근처에만 전류를 공급할 수 있었다. 이렇게 해서는 대규모 전력 시스템을 구축할 수 없다.

한편 교류를 이용한 전력 시스템은 변압이 용이하고 장거리 송전 손실이 적다는 장점이 있었다. 장거리 송전은 고전압·저전류의 고압선을 사용해서 송전 손실을 줄이고, 소비 지역 근처에서 변압기를 사용해 단계적으로 변압을 낮추면 되었다.

웨스팅하우스는 이런 장점이 에디슨의 전력 시스템을 이길 수 있으리라 예상하고 교류 전류에 관한 연구를 거듭했다. 그때 테슬라가 나타난 것이다. 그는 테슬라를 컨설턴트로 영입해 특허료를 지불하고 마침내 교류 전력 시스템을 완성한다. 본격적으로 도입이 시작된 것은 1888년으로 이때부터 웨스팅하우스와 에디슨 사이에 전력 패권을 둘러싼 다툼이 과열 양상을 보인다. 세상은 이를 '전류 전쟁'이라 불렀다.[48]

에디슨은 고전압 송전은 위험하다고 비난했고, 웨스팅하우스는 관리가 가능하다고 반박했다. 과열된 논쟁은 결국 교류의 위험성을 강조한 에디슨의 입김으로 사형 집행용 전기의자에 교류가 이용되는 사태로까지 발전한다. 하지만 최종적으로 승리의 축배를 든 쪽은 웨스팅하우스가 밀어붙인 교류 전력 시스템이었다.

1893년에는 웨스팅하우스사의 교류 전력 시스템이 시카고 만국박람회장의 전력 공급을 담당해 그 기술력을 마음껏 펼치는 데 성공한다. 또 1896년에는 나이아가라 폭포에 건설된 교류 수력 발전소에서 32km 떨어진 버펄로까지 송전선을 깔아 장거리 송전 능력마저 증명하면서 대세를 결정지었다. 나이아가라 교류 발전소의 성공으로 전력 사업은 발전소와 소비 지역이 멀리 떨어져 있어도 가능해졌다. 오늘날에 이르는 전력 시스템의 완성이다.

이렇게 빈 만국박람회의 우연한 발견 이후 불과 20여 년 만에 전기는 이동과 변환이 쉽고 취급이 용이한 에너지로써 부동의 지위를 확립했다.

현재 전기는 우리 생활 곳곳에 스며들어 있다. 발전소에서 시작되는 송배전망이 매일 우리가 사는 곳까지 전기 에너지를 운반해준다. 운반된 전기 에너지는 모터를 통해 운동 에너지로, TV를 통해 빛 에너지로, 또 전기포트로 물을 끓이는 열에너지로 변환되기도 한다. 전기 제품은 생활 전반에 이용되고 있어서 우리는 이제 더 이상 전기가 없는 삶을 상상조차 하지 못한다.

전기를 확보하는 일은 인류에게 가장 중요한 과제였고, 사람들은 전원을 찾아 화석 연료를 태우고, 구로베 협곡을 헤치고 들어가고, 결국은 원자력에까지 손을 뻗었다. 이 모든 것은 그람의 우연한 발견에서 시작해 에디슨의 사업화를 거쳐 테슬라와 웨스팅하우스의 교류 전력 시스템 개발로 이어지는 제4차 에너지 혁명의 산물이다.

에너지 순례 여행 ⑥

가와나카지마 전투는 왜 다섯 차례나 반복되었을까

구로베 댐을 견학한 다음 날 나가노 시로 돌아온 나는 나가노 시 남부, 지쿠마가와(千曲川) 강과 사이가와(犀川) 강 사이에 있는 한 지역을 방문했다. 현재 백도 생산지로 잘 알려진 이곳은 명장으로 유명한 전국시대의 두 무장, 다케다 신겐과 우에스기 겐신 사이에서 다섯 번의 전투가 벌어진 가와나카지마(川中島) 전투의 무대가 된 곳이다.

그중에서도 최대 격전이었던 제4차 전투는 나가노 동계 올림픽 개폐회식장이 있던 미나미나가노(南長野) 운동 공원 근처에서 양측이 맞붙었다. 그래서 현재 이 근처에는 전투장이라는 지명도 남아 있다. 전투를 끝낸 다케다 군이 수실검(전투에서 벤 적장의 목이 누구의 것인지를 확인하는 일-옮긴이)을 했다고 알려진 곳에는 하치만(八幡) 신사가 자리해 있고, 그 주변은 현재 가와나카지마 고전장(古戰場) 사적 공원으로 정비되어 있다. 공원 안에는 말을 타고 일대일로 싸우는 다케다 신겐과 우에스기 겐신의 동상이 있는데, 주변으로 풍림화산과 비사문천 깃발이 펄럭이고 있어서인지 기분이 한층 고조된다. 또 사적 공원에서 지쿠마가와 강을 건너면 강가에 다케다 세력이 쌓아올린 전선 기지인 가이즈(海津) 성(현재의 마쓰시로 성터)과 오른쪽 뒤편으로 우에스기 세력이 포진했던 사이조(妻女) 산도 볼 수 있다. 이렇듯 옛 전투 모습을 상상하며 주변

● 가와나카지마 고전장 사적 공원 안에 있는 다케다 신겐과 우에스기 겐신의 일대일 전투 동상

을 걷는 일은 고전장 산책의 묘미라 하겠다.

전투 내용만 봐서는 고전장터와 에너지 사이에 어떤 관련도 없을 듯 보이지만, 에너지의 시점에서 다시 들여다보면 이곳 역시도 인류와 에너지의 관계를 생각하는 데 시사하는 바가 큰 '에너지 관련 사적'이라 할 수 있다. 신겐과 겐신은 왜 이 지역의 지배권을 놓고 끈질기게 싸웠을까. 여기에는 북쪽은 에치고(越後, 지금의 니가타현 일대), 남쪽은 신슈(信州, 지금의 나가노현 일대) 각 지역과 더불어 가이(甲斐, 지금의 야마나시현 일대)로 통하는 교통의 요충지를 둘러싼 양측의 전투라는 구도에는 어울리지 않는 의미가 있었다. 바로 이 땅이 주는 풍요로운 결실이다.

가와나카지마 일대는 지쿠마가와와 사이가와라는 2개의 큰 하천이 합류하는 데다가 마쓰시로(松代) 지구 뒤로 우뚝 솟은 험준한 산에서

흘러나오는 하천이 지쿠마가와 강으로 흘러드는 곳이어서 오래전부터 종종 홍수가 났다. 근세 이후에는 에도 시대인 1742년에 일어난 '임술년 만수(戌の満水)'라는 대홍수가 유명한데, 메이지에 접어든 후로도 종종 주변에 피해를 주었다. 최근에도 2019년 10월에 상륙한 태풍 하기비스에 따른 호우로 나가노 시 북부에 있는 나가노 신칸센의 차량 기지 주변이 수몰되었고, 남부 고전장 주변 역시 조신에쓰(上信越) 자동차 도로의 나가노 인터체인지를 비롯해 다케다 신겐이 입성했던 가이즈 성 부근까지 물이 흘러드는 등 치수 방재 대책이 마련된 최근에도 안타깝지만 큰 피해를 보았다.

지금은 자연재해로 보고 꺼리지만 오랜 세월을 돌아볼 때 홍수가 결코 나쁜 일만은 아니었다. 왜냐하면 상류에서 밀려 내려온 비옥한 흙이 주변 논밭에 흘러든다는 장점이 있었기 때문이다. 종종 발생한 홍수 덕에 가와나카지마 지역 일대는 늘 비옥했다. 실제로 1602년에 실시된 토지 조사에 따르면 가와나카지마 4군(지금의 나가노현에 해당하는 당시 시나노국 북부의 다카이, 미노치, 사라시나, 하니시나의 4군-옮긴이)의 쌀 수확량은 19만 1,522석 남짓으로, 1596년경에 끝난 태합검지(太閤検地, 도요토미 히데요시가 조세 확보를 위해 일본 전역에서 실시한 토지 조사-옮긴이)에서 22만 7,616석을 기록한 가이 한 곳의 수확량과 비슷하다. 마찬가지로 태합검지에서 39만 770석의 에치고의 수확량과 비교해도 그 크기를 짐작할 수 있다.[49] 즉 가와나카지마를 지배하면 지역 교통뿐만 아니라 생산성이 높은 곡창 지대를 소유하게 된다는 뜻이다. 특히 배수가 잘되는 선상지인 탓에 벼농사에 적합하지 않은 가이 지역을 본거지로 하는 다케다 신겐에게는 어떻게든 손에 넣고 싶은 아주 매력적인 땅이었다. 이것이 바로 전쟁의 신인 두 사람이 집요하리만치 이 지역의 국지전에 힘을 쏟은 이유다.

비옥한 토지에 있고 척박한 토지에 없는 것

농경 사회에서 전쟁이 발발하는 원인 중에는 토양의 비옥도 문제가 있다. 농경이 확대되면서 같은 지역의 토지라도 장소에 따라 수확량이 크게 달라질 수 있다는 사실을 배웠기 때문이다. 내리쬐는 태양 에너지는 같아도 에너지를 받아들이는 대지는 다르다. 농사일에 똑같은 노력이 요구된다면 더 많은 수확을 할 수 있는 토지에 큰 가치가 있다. 우리의 뇌는 그렇게 판단한다. 그리고 무력 행사와 같은 방법일지라도 노력에 걸맞은 보상이 주어진다고 판단되면 전쟁이 일어난다.

구약성서에서 '젖과 꿀이 흐르는 땅'으로 기록된 가나안 땅은 그 비옥함 때문에 과거부터 전쟁이 끊이질 않았고, 아메리카 원주민은 유럽에서 온 이민자들에게 비옥한 토지를 빼앗긴 채 불모의 땅으로 밀려났다. 하지만 약탈에 온 힘을 쏟는다고 해서 늘 성공하지는 않는다. 같은 문명 수준에 있는 집단끼리의 싸움은 특히 그렇다. 다섯 번에 걸친 전쟁을 치르고도 승부가 나지 않은 가와나카지마 전투가 그 전형이라고 할 수 있다. 이길 수 있다고 판단하고 공격을 시작해도 적의 저항이 강해서 상상 이상의 소모전이 되거나 생각지도 못한 반격을 당하고 철퇴하는 경우도 있다. 일시적으로 점거했다 한들 게릴라성 저항이 계속될

지도 모른다.

전쟁을 대신하면서도 보상이 확실한 방법은 없을까. 우리의 뇌는 여기까지 생각할 수 있을 만큼 높은 지능을 가졌다. 그래서 비옥한 땅과 척박한 땅의 차이를 보며 척박한 땅에 없는 무언가가 비옥한 땅에는 있으리라고 생각했다.

유일무이한 두뇌를 가진 인류는 머지않아 그 답을 얻었고, 인류와 식량의 관계를 지금까지와는 전혀 다른 차원으로 보게 되었다. 그리고 우리는 마침내 아담에게 주어진 모진 고통에서 해방되었다. 에너지의 대량 투입과 맞바꾼 결과였다.

그럼 인류 역사의 가장 새로운 에너지 혁명의 문을 여는 여행을 시작해 보자.

비료와 에너지

인류가 제로섬 게임에 빠지지 않고 발전할 수 있었던 이유

만약 여러분이 척박한 땅에 살고 있고, 늘어난 가족이나 친척을 부양하는 데 필요한 식량을 확보하는 일에 어려움을 겪고 있다면 어떻게 하겠는가. 크게 3가지 방법을 떠올릴 수 있겠다. 첫째는 새로운 땅을 개간해서 경작 면적을 넓힌다. 개간할 여지가 남은 주변 땅이 있다면 괜찮은 방법이다. 둘째는 비료가 될 만한 영양소를 외부에서 조달해 땅을 개량하는 방법도 있다. 땅을 넓힐 수 없다면 단위 면적당 수확량을 늘리기 위해 비료를 효과적으로 사용해야 한다. 셋째는 폭력적이긴 하나 타인의 땅에 쳐들어가서 비옥한 땅을 빼앗는 방법이다. 이는 매우 손쉬운 수단이지만 여러분이 빼앗으려는 땅은 다른 사람이 보기에도 매력적이다. 그러므로 비옥한 땅은 다툼을 부르고 빼앗은 날부터 빼앗기지는 않을까를 걱정하며 살아야 한다.

농경 사회가 성립된 이후의 인류사를 돌아보면 결국 사람들은 이 3가지 선택지에서 벗어나지 않았음을 알 수 있다. 인류는 개간한 땅을 확장하고 개량하면서 인구를 서서히 늘려 나갔다. 그 과정에서 비옥한 토지를 사이에 두고 셀 수 없이 많은 싸움이 일어났다. 하지만 싸움을 피하는 수단으로 개간이나 비료 기술이 발달하면서 비옥한 토지 쟁탈전만이 거듭되는 제로섬 게임에 빠지지 않고 인류는 느리지만 발전을 거듭할 수 있었다.

에도 시대의 태평성대는 유기 비료 덕이었다?

에도 시대 일본은 인구가 배로 늘었음에도 265년에 걸쳐 태평성대를 구가한 세계적으로도 매우 우수한 사회였다. 활발한 신전(新田) 개발과 더불어 견고한 비료 공급 체제, 농작물 수확량의 꾸준한 증가가 사회 안정에 크게 기여했다.

사람들은 촌락과 가까운 마을 산에서 정기적으로 낙엽이나 잡초를 베어 퇴비로 사용했다. 에도나 오사카와 같은 도시에는 근교 농가가 채소를 팔러 도시에 와서 돌아가는 길에 비료로 쓸 인분을 받아 가는 제도가 구축되어 있었다. 심지어 인분은 무료 회수가 아니라 쓸모 있는 것으로써 대가도 받을 수 있었다. 에도 시대 장편 소설인 난소사토미핫

켄덴(南総里見八犬伝)의 저자 교쿠테이 바킨(曲亭馬琴, 다키자와 바킨)은 성인 한 사람당 여름에는 가지 50개, 겨울에는 말린 무 50개를 받았다고 일기에 기록하고 있다.[50] 또 도로 연변에 떨어져 있는 말똥은 근처 농가가 앞다투어 가지고 가는 탓에 길이 늘 깨끗했다. 5대 장군 도쿠가와 쓰나요시가 통치하던 시대에 나가사키에 있는 네덜란드 상관에 체류하며 상관장의 에도 참부(에도 시대에 나가사키의 네덜란드 동인도 회사 상관장이 에도에 와서 쇼군을 알현하는 행사-옮긴이)를 두 번이나 수행한 독일인 의사 엥겔베르트 켐퍼가 기록한 바에 따르면, 말똥은 물론이거니와 여행자가 버리고 간 오래된 짚신이나 말에게 신기던 짚신까지 모아서 퇴비로 썼다고 한다.[51] 에도 시대는 궁극적인 순환형 사회였다.

에도 중기 이후는 인분보다 가볍고 영양가도 높은 생선거름이 널리 보급되었고, 생선거름을 취급하는 전문 도매상이 번창한다. 지바현의 보소(房総) 반도는 정어리를 말리고 빻아서 가루로 만든 호시카(干鰯)라 불리는 생선거름의 일대 산지가 되었고, 에도 시대 상인 다카다야 가헤이의 활약으로도 유명한 에조치(蝦夷地, 아이누족의 거주지로 홋카이도와 사할린 섬, 쿠릴 열도를 비롯한 주변 섬들을 가리킨다-옮긴이)와의 교역에서도 화물선을 장사의 길로 이끈 원동력은 북쪽에서 많이 잡히는 청어로 만든 생선거름 매매였다. 이렇게 비료가 전국적인 물류망에 오르자 인구 밀도가 낮고 인분이나 말똥 공급이 적은 지역에서도 토지 생산성이 향상되어 늘어나는 인구를 지탱할 수 있었다.

궁극적인 순환형 사회의 완성

에도 시대의 비료는 주로 분뇨와 생선거름으로, 이들 모두 동시대를 사는 생물에게서 얻을 수 있는 유기화합물이다. 화석화한 것은 쓰이지 않았다. 또 에도 시대 일본은 쇄국 정책으로 외국과의 교역이 한정되어 있던 탓에 해외에서 식량을 조달하는 일도 거의 없었다. 이는 에도 시대의 일본이 매일 대지로 쏟아지는 태양 에너지만을 에너지원으로 사용한 완벽한 순환 사회였음을 보여준다. 당시 일본인은 철저한 재활용으로 현대 사회가 목표하는 지속 가능한 순환 사회를 구축했다.

에도 시대의 순환형 사회는 일본인의 정신성도 길렀다. 바로 근면 성실이다. 에도 시대를 거치면서 개간할 수 있는 땅은 거의 다 개간되었고, 분뇨와 생선거름이 보급되어 토지 비료도 충분히 확보한 상황에서 생산성을 한층 더 높이려면 무엇을 해야 할까. 답은 나와 있었다. 무조건 열심히 일하는 것이다. 에도 시대에는 많은 농서가 출간되었는데 책에는 언제나 근면함을 길러야 한다고 쓰여 있었다.[52] 에도 시대 후기의 사가미노쿠니(相模国), 지금의 가나가와현에서 활약한 농업 행정 전문가 니노미야 손토쿠의 가르침은 그 대표 사례라고 할 수 있다.

자기 땅을 꼼꼼히 확인해 개간하고, 비료를 정성껏 모아 모자람 없이 뿌려 주고 열심히 일하는 것. 이러한 활동을 통해 비옥한 땅을 두고 서로 뺏고 뺏기는 제로섬 게임에 빠지는 일 없이 공존공영할 수 있는 궁극적인 사회가 완성되었다. 이는 전국 시대에 다섯 번이나 반복된 가와나카지마 전투처럼 비옥한 토지 쟁탈전을 벌인 민족이 전투 이후 200년에 걸쳐 다다른 경지였다. 에도 시대의 평화와 번영은 이러한 근면

성실이 바탕이 되었다.

왜 일본의 인구는 4배로 늘었을까

한편 에도 시대 후기 인구는 대략 3천만 명으로 추산된다.[53] 이 말은 완전한 순환형 사회에서 일본의 토지가 거둘 수 있는 인구가 3천만 명 정도였다는 뜻이다. 순환형 사회를 구축하면서도 인구 증가라는 성장을 거듭한 에도 시대도 후기에 들어서자 삼림 감소가 두드러지며 성장에 끝이 보이고 있었다.[54] 궁극적인 순환 사회에도 한계가 찾아온 것이다. 따라서 설령 에도 시대가 계속 이어졌다 하더라도 비슷한 속도로 꾸준히 인구가 증가하기는 어려웠을 것이다.

반면에 현재 일본 인구는 대략 1억 2천만 명으로 에도 시대의 4배 규모를 자랑한다. 메이지 이후에 늘어난 9천만 명은 어떻게 생겨났을까.

가장 먼저 떠오르는 요인은 해외 무역에 따른 식량 수입의 영향이다. 사실상 현재 일본은 식량의 많은 부분을 수입에 의존하고 있다. 특히 제2차 세계대전 이후 먹거리가 빠르게 다양화하면서 쌀밥 중심의 식사가 줄어든 탓에 일본의 식량 자급률이 현저히 떨어졌다. 열량을 기준으로 한 식량 자급률은 1989년 처음으로 50%를 찍었고, 2018년에는 37%까지 떨어졌다.[55] 대략 인구의 절반 이상이 해외 수입으로 일상의 에너지원인 식량을 확보하고 있다는 말이다. 이로써 현재 일본 인구의 절반에 해당하는 6천만 명분의 식량이 어디서 왔는지가 설명된다. 또 수입 식량에 의존하지 않는 남은 6천만 명은 일본 땅에서 난 식량에 의존하고 있음을 알 수 있다. 궁극적인 순환형 사회를 구현하고 극한까지 개간한 에도 시대의 일본 땅이 거둘 수 있었던 인구가 3천만 명이었으니 현재 6천만 명이라는 말은 수치가 두 배로 증가했다는 뜻이다. 메이지 이후 새롭게 개간한 땅으로는 홋카이도가 있는데, 홋카이도 하나로 두 배나 늘어난 인구를 설명하기란 쉽지 않다. 메이지 이후 일본 땅은 어떻게 배 가까이 생산성을 향상시킬 수 있었을까.

그 이유를 알기 위해서는 바다 건너에서 발전을 이룬 또 다른 사회의 이야기를 찾아볼 필요가 있다. 이것이야말로 제5차 에너지 혁명으로 가는 길이다.[56]

새똥 화석을 향한 뜨거운 관심

일본이 도쿠가와 막부의 지배하에 태평성대를 누리고 있을 때 바다 건너 미국에서는 계속된 식민지 개척으로 이주가 오래된 지역의 토지가 서서히 황폐화하기 시작했다. 어디든 늘어나는 인구를 지탱하려면 새로운 토지 개척과 개량이 불가피하다. 그때 나타난 것이 마법의 비료 구아노였다.

케추아어로 똥이라는 뜻의 구아노는 남미 페루 앞바다 20km 거리에 솟은 암초인 친차 제도에서 얻을 수 있는 조분석, 즉 새똥이 오랜 세월에 걸쳐 퇴적되어 화석화한 것이다. 그곳에 살면서 훗날 잉카 제국을 건설한 것으로 알려진 케추아족은 구아노를 땅에 뿌리면 옥수수 수확량이 늘어난다는 사실을 오래전부터 알고 있었고, 구아노와 금을 신에게 받은 가장 귀한 선물로 여겼다. 한정된 경작지에 조금씩 밭을 만들며 생활한 케추아족에게 구아노는 식량 생산에 꼭 필요한 것이었고, 그래서 잉카 제국 시대에는 구아노가 있는 섬에 정부의 검사관이 주재하며 새를 죽이는 일을 엄격히 금했다.

16세기에 잉카 제국을 멸망시킨 스페인인은 처음에는 구아노의 가치를 알지 못했다. 그들은 한결같이 금은보화만을 원했다. 하지만 19세기가 되자 구아노의 효과가 서구 사회에도 널리 알려지게 되었다. 시험 삼아 밭에 뿌린 구아노가 어떤 비료보다도 효과가 좋았다는 보고가 잇따른 것이다. 면과 담배 재배로 인해 많은 밭이 황폐화한 미국의 플랜테이션은 구아노 덕분에 다시 비옥해졌다. 영국이나 프랑스 토양도 마찬가지였다. 서구 국가들의 구아노 쟁탈전은 이렇게 시작되었다. 덕분에 페루의 국가 재정은 아주 넉넉해졌는데, 전성기에는 국가 예산의 4분의 3이 구아노 판매 수입일 정도였다. 나중에는 친차 제도의 영유권을 둘러싸고 과거 종주국이었던 스페인과 페루, 칠레 사이에서 구아노 전쟁이라 불리는 작은 분쟁까지 일어났다. 그야말로 구아노 대소동이다.

그러나 이 열기는 오래갈 수 없었다. 조분석은 새똥이 오랜 세월을 거쳐 퇴적되어 화석화한 것이어서 과도하게 채취하면 고갈되기 때문이다. 서구 국가가 본격적으로 구아노 사재기에 나서자 불과 20년 만에 친차 제도의 조분석이 씨가 말랐다.

다음 방법은 친차 제도와 같은 섬을 새롭게 발견하는 일이었다. 그중에서도 당시 페루산 조분석에 크게 의존했던 미국의 움직임은 특필할 만하다. 비슷한 암초를 찾아 세계로 나가야 한다는 이유로 미국 의회는

1856년에 구아노 제도법을 만들었다. 이 법은 미국 국민이라면 누구든지 어느 나라에도 속하지 않은 섬을 발견하면 소유권을 주장해서 미국 영토로 만들 수 있다는 내용으로, 해당 섬은 미국 해군의 비호하에 놓인다. 미국은 이 법률로 100여 곳 가까운 섬을 자국의 영토로 편입시켰다. 참고로 이 법률로 미국령이 된 섬 중에는 나중에 비행장이 지어지고 태평양 전쟁에서 중요한 역할을 한 미드웨이 제도도 포함되어 있다.

이러한 노력에도 불구하고 친차 제도에서 얻을 수 있는 구아노 양에 필적할 만한 곳은 끝내 발견하지 못했다. 조분석이라는 화석 자원에 의존한 사회가 직면한 위기였다.

불모의 황야에서 비료의 주역이 나타나다

하지만 그리 걱정할 필요는 없었다. 구아노만큼 효과가 좋지는 않아도 충분히 비료 가치가 있는 광물 자원이 남미에는 구아노 이외에도 심지어 대량으로 존재한다는 사실이 밝혀졌기 때문이다.

남미 안데스 산맥과 태평양 사이에 낀 동서 160km, 남북 1,000km에 이르는 띠 모양의 분지에는 아타카마 사막이라 불리는 불모의 황야가 펼쳐져 있다. 비글호를 타고 항해하다 들른 찰스 다윈이 '진짜 사막을 보았다'라고 일기에 적은 이곳은 비가 거의 내리지 않는, 세계에서 가장 건조한 사막으로 알려져 있다. 평균 해발도 2,000m로 높은 데다 건조한 공기까지 더해져 대기의 영향이 적은 까닭에 현재는 천체 관측의 메카로써 전 세계 고성능 천체 망원경이 모여드는 천문대 인기 지역이라는 지역적 특색을 가지고 있다.

19세기 중반 아직 볼리비아가 내륙에 갇히지 않고 태평양 연안에 접근할 수 있었던 시기, 남북으로 길쭉하게 생긴 아타카마 사막은 페루, 볼리비아, 칠레 3국에 걸쳐져 있었다. 오랜 세월 불모의 황야로 아무도 관심이 없는 곳이었지만 이 땅에서 쉽게 볼 수 있는 칼리치라는 하얀 돌에는 비료에 쓰이는 질산염, 소위 칠레 초석이 대량으로 포함되어 있었다. 이 사실이 서서히 알려지자 칼리치를 채취하고 정제하는 사람들이 하나둘 나타나기 시작했다. 특히 구아노 부족 현상이 심해진 19세기 중반 이후에는 무한하다고 여길 만큼 풍부한 매장량 때문에 칠레 초석이 구아노의 대체품으로 주목을 받았다.

이리하여 과거에는 돌아보지도 않던 황야에 무수한 정제 공장이 들어서고 생산량이 급격히 증가했다. 20세기를 코앞에 둔 1900년에는 전 세계에서 쓰이는 비료의 3분의 2가 칠레에서 생산되기에 이르러 칠레 초석은 일약 비료의 주역으로 떠올랐다.

초석 전쟁

그러나 칠레 초석의 생산량이 급격하게 늘어난 이유는 구아노를 대신할 비료 용도 때문만이 아니었다. 같은 시기에 발달한 화학 합성 기술로 인해 폭약의 원료로도 용도가 빠르게 확대되었다. 2020년 8월 베이루트의 항만 창고에서 발생한 대량의 비료 폭발 사고에서도 알 수 있듯이 비료와 폭약은 형제와 같다. 좋고 나쁨을 떠나서 군사 기술에 활용할 수 있다는 사실이 기술 혁신의 중대한 요인이라는 점은 인류가 금속제 무기를 만들기 시작한 때부터 현대에 이르기까지 인류사 도처에서 볼 수 있는 보편적 사실 중 하나라고 하겠다.

칠레 초석은 그 자체로도 폭약의 원료가 되지만 질이 낮았다. 그러나 칠레 초석(질산나트륨: $NaNO_3$)을 구성하는 나트륨 Na를 칼륨 K로 바꾸고 폭발 반응성이 훨씬 좋은 초석(질산칼륨: KNO_3)을 화학 합성하는 기술이 개발되자 폭약으로써의 가치가 단숨에 높아지면서 갑작스레 큰 주목을 끌었다.

더 강력한 폭약을 만들기 위한 기술 혁신은 계속되었다. 이어서 초석(질산칼륨: KNO_3)에서 칼륨을 빼고 수소를 결합한 질산(HNO_3)이 만들어진다. 질산은 나이트로글리세린이라는 질 좋은 폭약의 원료가 되었다. 나이트로글리세린은 작은 충격에도 폭발하기 때문에 매우 강력하지만 제어가 어렵다는 단점이 있었는데, 폭약을 효과적으로 제어하는 기술이 개발되면서 개발자가 막대한 부를 쌓았다. 그 개발자가 바로 알프레드 노벨이다. 그가 1867년에 특허를 취득한 상품은 '힘'을 뜻하는 그리스어 dynamis에서 따와 다이너마이트라고 이름 붙었다. 다이너마이트 판매로 얻은 막대한 이익으로 훗날 노벨상이 만들어졌다는 사실은 익히 알려진 대로다.

특정한 토지가 돈이 된다는 사실에 토지 소유권을 둘러싸고 다툼을 벌이는 것은 역사가 거듭 보여준 인류의 슬픈 본성이라고 할 수 있다. 1879년 아타카마 사막의 영유권을 놓고 페루·볼리비아 연합과 칠레가 전쟁을 일으킨다. 소위 초석 전쟁의 시작이다. 과거에는 누구 하나

관심도 없던 불모의 아타카마 사막이 시대가 바뀌면서 국가 간 전쟁의 원인이 된다는 점을 보면 세상은 참 알 수 없는 곳이다.

5년에 걸친 초석 전쟁에 승리한 칠레는 아타카마 사막 전역을 획득하는 데 성공한다. 페루와 볼리비아는 저마다 영토 일부를 잃었는데, 특히 볼리비아는 전쟁에 패배하면서 태평양으로 가는 출구가 막혀 내륙에 갇히는 결과를 맞았다.

크룩스 경의 역사적인 연설

식량 생산을 늘려주는 비료와 전쟁 수행에 꼭 필요한 폭약의 원료, 이 두 가지 모두에 해당하는 칠레 초석은 제국주의 전성기인 19세기 후반부터 20세기 초반에 걸쳐 패권을 다투는 서구 열강에 꼭 필요한 전략 물자였다. 초석의 일대 산지인 인도를 지배하고 이제껏 견고한 공급 체제를 자랑하던 영국까지도 그 무렵에는 칠레 초석에 크게 의존했다. 하지만 마르지 않는 우물 같던 칠레 초석도 천연 광물 자원인 이상 채굴을 계속하면 언젠가 고갈을 피할 수 없다. 구아노를 고갈시킨 사회는 또 같은 전철을 밟으려는 것일까.

19세기 말 이러한 상황에 경종을 울리는 자가 나타난다. 바로 이제 막 영국과학진흥협회 회장에 취임한 윌리엄 크룩스 경이다. 그는 탈륨 원소를 발견하고 음극선을 연구한 것으로 유명한 당대 일류 과학자였다. 1898년 크룩스 경은 영국과학진흥협회 회장에 취임하는 기회를 이용해 오늘날 역사적인 연설로 남은 회장 취임사를 한다. 그는 이 연설에서 지구에는 더 이상 농업에 적합한 미개척지가 남아 있지 않다는 사실을 지적했고, 늘어나는 인구를 지탱하기 위해서는 대량의 비료 공급이 불가피하다고 주장했다. 그리고 칠레 초석과 같은 천연 광물 자원의 공급만으로는 20세기의 수요를 맞출 수 없다고 경고했다. 그의 계산대로라면 빠르면 1920년대, 늦어도 1940년대에는 칠레 초석이 고갈되고 말 것이었다. 그럼 어떻게 해야 할까. 크룩스 경은 앞으로 과학이 풀어야 할 가장 중요한 과제로 그 답도 준비해두고 있었다.

그의 답은 '공기에서 질소를 고정하는 기술을 개발하면 된다'였다.

비료의 정체

19세기 초반 유럽은 화학 분석 기법의 발명으로 다양한 물질과 원소가 발견되었다. 비료로 유명한 구아노도 분석 대상이었기 때문에 요산, 인산, 질산, 칼륨이 포함되어 있다는 사실이 밝혀졌다.

식물의 영양 성분을 밝혀내는 일은 독일의 화학자 유스투스 폰 리비히가 맡았다. 당시 독일은 화학을 견인하는 위치인 데다 유럽에서도 척박한 토양을 가진 나라여서 비료에 관심이 높았고, 바로 이 점이 독일을 비료 분석 분야의 선두 주자로 이끌었다.

리비히는 화학 분석 기법을 통해 비료의 주성분이 질소, 인, 칼륨이라는 사실을 알아냈다. 마침내 영양 성분의 정체가 원소 수준으로까지 밝혀진 것이다. 하지만 그는 여기서 그치지 않고 유기물을 퇴비로 쓰지 않고도 질소, 인, 칼륨을 직접 투여하면 효과를 높일 수 있다고 주장했다. 이처럼 생물에서 나오지 않은 물질을 무기물이라고 한다. 그는 흙을 사용하지 않는 수경 재배를 성공시켜 자신의 주장을 입증했다.

이러한 화학 분석을 통해 밝혀진 영양 성분은 미량만 사용하는 금속 원소까지 포함하면 일반적으로 전부 14종류가 있다. 그중에서도 리비히가 비료를 분석해서 찾아낸 질소, 인, 칼륨이라는 세 가지 원소는 필요량이 많고 식물의 생장에 지대한 영향을 주는 중요한 원소로 널리 알려져 있으며, 오늘날 비료의 3요소라고도 불린다. 따라서 땅이 척박하다는 말은 이 세 가지 원소가 토양에 충분하지 않아서 식물이 자라는데 필요한 영양을 제대로 공급받을 수 없음을 뜻한다.

또 비료의 3요소 중 칼륨은 식물의 직접적인 구성 성분이 아니다. 칼륨은 물에 녹아서 쉽게 이온이 되는 전해질의 특성을 지녀 세포액 속에 칼륨 이온으로 존재하며 식물 내에서 다양한 화학 반응을 돕는다. 이 역할은 동물도 마찬가지다.

에너지의 관점에서 질소와 인은 탄소, 산소, 수소와 함께 동식물 할 것 없이 모든 생물에게 매우 중요한 원소다. 지구상에 존재하는 생물은 하나같이 ATP(아데노신삼인산)라고 불리는 물질을 매개로 에너지를 얻는데, ATP가 바로 이들 5가지 원소로 구성되어 있기 때문이다. 내연기관을 가진 자동차가 가솔린으로 움직이듯 생물은 ATP를 가수 분해해서 일상생활에 필요한 에너지를 얻는다.

참고로 생물에게 중요하다는 점에서 유전 정보를 관장하는 DNA도 똑같이 이들 5가지 원소로 구성되어 있다. 장기나 근육을 만드는 단백질, 대부분의 아미노산도 마찬가지다. 이러한 점에서도 지구 생물이 이들 5가지 원소에 얼마나 크게 의존하고 있는가를 알 수 있다.

공기로 비료를 만들 수 있다면

주요 영양 성분을 원소 수준으로 특정할 수 있게 되자 인류의 두뇌는 새로운 도전을 꿈꾼다. 화학 합성 기술로 인공 비료를 만들 순 없을까 하고 말이다.

비료의 3요소 중 화학 합성을 시도할 타깃이 된 것은 질소다. 인과 칼륨은 계속 광물 자원에 의존할 수밖에 없지만, 질소만큼은 칠레 초석과 같은 광물 자원에 의존하지 않고도 무한한 자원이 모든 사람 앞에 평등하게 존재했기 때문이다. 그렇다, 바로 공기다. 공기의 5분의 4는 질소로 이루어져 있다. 그야말로 무궁무진해서 마음껏 써도 좋다. 1898년 크룩스 경이 연설에서 지적한 내용은 바로 이것이었다.

공기에서 질소를 고정하는 기술을 개발해 공업화를 실현하면 비료나 폭약 제조에 이용할 수 있어 엄청난 부를 쌓을 수 있다. 그렇게 치열한 기술 개발 경쟁의 막이 올랐다.

하지만 질소 고정 기술은 개발이 쉽지 않았다. 질소 원자 N은 대기 중에 두 원자가 결합한 질소 분자 N_2의 형태로 존재한다. 질소 원자에는 3개의 전자가 있는데, 두 개의 질소 원자는 세 전자가 각각 쌍을 이뤄 삼중 결합이라고 불리는 단단한 결합을 만든다. 자연에서 볼 수 있는 결합 중에서도 최강의 결합이다. 이 결합을 끊어내지 못하면 생물은 질소를 체내에 흡수할 수 없다. 다시 말해 비료가 될 수 없다는 뜻이다.

왜 이산화탄소는 줄어들고 질소는 남았을까

여기서 잠시 멈춰 생각해 보자. 원래 원시 대기의 대부분은 이산화탄소로 이루어져 있었다고 앞서 설명했다. 당시 대기의 80%나 될 정도로 압도적인 양을 차지했던 이산화탄소는 이제 공기 중에 0.04%밖에 없다. 대신 현재 대기의 80%를 차지하고 있는 것은 질소다. 왜 대기 중 이산화탄소는 이렇게나 줄어들고 반대로 질소는 대량으로 남았을까. 이 사실은 질소가 얼마나 다루기 어려운 물질인지를 단적으로 보여준다.

질소는 이산화탄소와 비교해 물에 잘 녹지 않고 반응성도 낮다는 특징이 있다. 그래서 40억 년 전 원시 지구에 처음 바다가 생겼을 때 대기 중의 이산화탄소는 바다에 녹아서 크게 감소했지만 질소는 대기 중에 남아 있었다. 이산화탄소는 이후 육지와 해저의 화학 반응으로 석회암과 같은 탄산염암이 되어 지각에 대량으로 고정되었다. 또 여전히 대기에 남은 이산화탄소는 광합성을 하는 생물이 출현하면서 남김없이 제거되었다. 반면 질소는 대기 중에 가득했음에도 생물의 광합성 상대로 이용되는 일도 없이 대부분이 계속 대기에 남게 되었다.

진화 과정을 통해 광합성 기술이 식물에까지 널리 확대되면서 지구상의 생물 설계도는 탄소를 중심으로 구성되었다. 한편 질소를 고정하는 기술은 40억 년 생명의 역사를 통틀어서도 뿌리혹 세균과 같은 극히 일부의 세균만이 가능할 뿐 널리 확대되지는 않았다. 그만큼 기술의 장벽이 높다고 할 수 있겠다. 이리하여 대기에는 많은 질소가 남았다. 그런데 자연에는 대기 중 질소 분자의 삼중 결합을 직접 끊을 만큼 강력한 힘을 가진 자연 현상이 딱 하나 존재한다. 바로 번개다. 번개가 치면 강력한 공중 방전 에너지로 인해 질소 분자의 삼중 결합이 끊어지고, 그것이 비에 녹아 지상에 유입되어 식물이 질소를 흡수할 수 있다. 이는 번개에 식물의 생장을 촉진하는 효과가 있음을 보여준다.

번개가 식물의 생장과 관련이 있다는 사실은 오랜 세월 자연과 동떨어진 생활을 한 현대인에게는 언뜻 불가사의한 일처럼 느껴질지 모른다. 하지만 자연을 유심히 관찰했던 고대인에게는 당연한 일이었다. 번개는 일본 고유어로 이나즈마(稲妻) 또는 이나비카리(稲光)로 표현한다. 직역하면 벼의 아내, 벼의 빛이라는 뜻으로 벼가 여무는 시기에 번개가 많았던 탓에 번갯불이 벼를 열매 맺게 한다고 믿었던 데서 유래했다고 한다. 고대인은 번개가 치면 근방의 벼가 크게 자란다는 사실을 경험으로 알고 있었던 것이다. 불의 본질을 정확히 간파했듯 그들은 번개가 가져다주는 비료 효과도 정확히 알고 있었다. 섬세한 관찰로 사물의 본질을 꿰뚫은 고대인의 깊은 통찰력에 감탄하지 않을 수 없다.

물과 석탄과 공기로 빵을 만드는 기술

질소 분자 N_2의 삼중 결합을 끊고 질소를 고정하려면 질소 원자 N이 가진 3개의 전자에 수소 원자 H를 각각 결합해서 암모니아(NH_3)를 만들어야 했다.

크룩스 경이 연설했던 19세기 말부터 20세기 초에 걸쳐 인류가 가진 화학 지식은 날로 진보해서 반응 용기에 수소와 질소를 넣고 온도를 낮추고 압력을 높이면 암모니아를 합성할 수 있다는 사실이 이미 알려져 있었다. 그러나 온도를 과하게 낮추면 반응 자체를 하지 않고, 압력을 너무 높이면 반응 용기가 압력을 견디지 못하고 폭발해 버렸다. 따라서 이 둘의 최적의 균형을 찾기 위한 실험이 계속되었다. 또 좀 더 효과적인 반응을 위한 촉매 연구도 함께 진행되었다.

이러한 기술 개발 전쟁에 승리한 사람은 독일의 화학자 프리츠 하버다. 그가 개발한 실험 장치의 반응 용기는 200기압이라는 혹독한 조건에도 견딜 수 있게 설계되었고, 생성된 암모니아를 곧장 분리하는 시스템에도 지혜가 모였다. 그는 이런 노력 끝에 만든 실험 장치를 가지고 여러 차례의 촉매 실험을 했고, 마침내 오스뮴이라는 귀금속을 촉매제로 사용해 공업화를 기대할 수 있을 만한 양의 암모니아를 만드는 데 성공했다.

하버의 실험이 성공하자 공업 규모의 대량 생산에 필요한 기술은 독일 BASF사의 카를 보슈가 이끄는 BASF 팀이 담당했다. 보슈는 야금학과 기계공학을 배운 경험이 있는 화학자로 공장 설계에 뛰어난 능력을 발휘했다. 장치 대형화 연구 과정에서 장치 2대를 폭발로 잃는 등 고생을 거듭했지만, 실패를 교훈 삼아 설계 아이디어를 고민한 끝에 마침내 장치 대형화를 실현했다. 또 산출량이 적은 오스뮴을 대신할 촉매 연구도 거듭하여 스웨덴산 자철석에 포함된 철, 알루미늄, 칼륨 성분의 혼합물이 촉매로써 가장 효과적이라는 결론에 다다랐다.

보슈가 이끄는 BASF 팀은 1911년에 임시 공장에서 하루 2톤 이상의 암모니아를 생산할 수 있게 되었고, 2년 뒤에는 독일 남서부 마을 오파우Oppauer에 공장을 건설하기에 이르렀다. 그리하여 크룩스 경의 연설이 있고 불과 15년 만에 인류는 질소를 고정하는 기술을 손에 넣었다.

그들의 노력으로 완성된 질소 고정 기술, 이른바 하버-보슈법은 당시 '물과 석탄과 공기로 빵을 만드는 기술'이라 불리며 엄청난 찬사를 받았다. 이렇게 대량의 에너지를 투입해서 식량을 증산하는 제5차 에너지 혁명이 막을 올렸다.

프리츠 하버는 1918년, 보슈는 1931년에 각자의 분야에서 질소 고정 기술 발명의 공로를 인정받아 노벨화학상을 받았다.[57] 그리고 한 세기의 세월이 지난 지금까지도 하버-보슈법은 질소 고정의 주력 기술이 되고 있다.

하버-보슈법의 성과

인공 비료 개발을 둘러싼 이야기는 언뜻 에너지의 역사와는 전혀 무관한 이야기처럼 들릴지 모른다. 하지만 식량 증산에 얼마나 많은 에너지가 투입되는가를 안다면 생각을 달리할 것이다.

하버-보슈법을 이용해 질소를 고정하는 공정은 상상을 초월하는 에너지가 든다. 비활성 질소 분자의 삼중 결합을 강제로 끊어야 하므로 대량의 에너지가 필요한 것이다. 이 과정은 일반적으로 대략 450~580도, 200~300기압이라는 혹독한 조건 속에서 이루어진다. 게다가 질소 분자를 반응시키기 위해 사용하는 수소는 현재 천연가스에서 분리 생성하는 것이 일반적인데, 분리하는 데도 대략 800도, 약 25기압이라

는 조건이 필요하다.[58]

이렇게 만들어진 인공 비료가 가져다준 것은 인구의 폭발적인 증가다. 하버-보슈법이 발명되기 전 동식물이 질소를 고정하는 방법은 콩류 식물의 뿌리에 공생하는 뿌리혹 세균처럼 극히 일부 세균의 작용이나 번개가 가진 에너지로 공기 중의 질소 분자가 분리되어 비에 녹아 지상으로 떨어지는 두 가지 방법뿐이었다. 다시 말해 자연에서 질소를 고정할 수 있는 양에는 어느 정도 한계가 있었다는 뜻이다. 이는 결국 인류를 포함해 지구상에 생존 가능한 생물의 총량에 제한을 두었다는 말과 같다. 이것이 자연에 존재하는 암묵적인 질서였다.

그런데 하버-보슈법이 이러한 자연의 한계를 뛰어넘은 것이다. 하버-보슈법은 대량의 에너지를 투입해 공기 중의 질소를 고정함으로써 인류를 포함한 지구 생물의 총량을 비약적으로 증가시켰다. 이 혜택을 가장 많이 받은 것은 물론 인간과 인간의 식량인 옥수수, 밀, 쌀과 같은 곡물이었다.

20세기 중반이 되자 풍부한 비료 공급을 기반으로 수확량이 월등한 품종이 개발되고 보급되면서 농지의 곡물 수확량이 대대적으로 늘어났다. '녹색혁명'으로 불리는 성과다. 이것이 폭발적인 인구 증가를 뒷받침했다. 20세기 초반 16억 명에 지나지 않던 세계 인구는 1950년에 25억 명을 넘어, 20세기 말에는 60억 명을 돌파하기에 이른다.[59] 이 100년간, 특히 제2차 세계대전 이후 반세기 동안 세계 인구의 증가 추세는 경이롭다.

에도 시대에 극한까지 순환형 사회를 밀어붙인 일본이 메이지 이후에 꾸준히 인구가 늘어난 이유도 여기 있다. 메이지 이후 일본은 신기술을 적극적으로 도입했고, 농업 중심의 전통적인 순환형 사회에서 서구식 공업 중심의 자원 대량 소비 사회로 전환했다. 이로써 공업 제품을 수출해 얻은 이익으로 식량을 수입할 수 있었고, 인공 비료의 사용으로 시작된 농업의 공업화로 국내 농산물 수확량이 늘면서 다시금 인구가 증가할 수 있었다.

이렇게 증가한 인구 대부분은 농업으로 대표되는 제1차 산업이 아닌 제2차 산업인 공업, 나아가 제3차 산업인 서비스업에 종사했다. 인공 비료와 더불어 경운기, 살충제 등의 개발로 농업이 공업화하면서 적은 일손으로도 많은 농산물을 생산할 수 있게 된 까닭이다. 농산물 수확량은 계속 느는 한편 노동 시간은 대폭 줄어서 마침내 인류는 아담이 짊어진 고통에서 해방되었다. 인류가 농경에 발을 담근 이래 1만 년이라는 긴 여정 끝에 얻은 자유였다.

먼 옛날 인류의 조상이 불을 얻으면서 시작된 에너지의 '양의 역사를 찾아 떠나는 여행'. 여행의 마지막을 장식하는 다음 장에서는 농업의 공업화가 가져다준 식량 에너지 의존 실태를 자세히 들여다보고 제5차 에너지 혁명의 파급력이 어느 정도였는지를 살펴본다.

에너지 순례 여행 ⑦

대곡창 지대의 추억

1999년의 초여름 당시 27세였던 나는 일리노이 주 시카고에 있는 오헤어 국제공항에서 탑승구가 열리기를 기다리고 있었다. 일리노이 대학교 어바나 샴페인 캠퍼스 MBA 프로그램에 입학하게 되어 처음으로 해외 생활을 시작하려던 때였다. 게이트가 열리고 탑승한 프로펠러기는 생각보다 훨씬 작았지만 이제 곧 시작될 학교 생활의 기대와 불안을 함께 싣고 하늘 높이 날아올랐다. 1시간 정도의 비행 끝에 착륙 태세를 갖춘 비행기 창문 너머로 끝없이 펼쳐진 옥수수밭과 콩밭이 한눈에 들어왔다.

당시 인구가 10만 명 정도였던 어바나 샴페인 시는 인구 절반이 학생과 교직원으로 이루어진 미국 시골의 전형적인 대학촌이었다. 도착한 공항에는 탑승구가 2개뿐이었고, 공항 입국장에는 대학 로고와 함께 'Welcome to the University of Illinois at Urbana-Champaign'이라는 문구가 큼직하게 쓰여 있었다. 대학이 중심인 마을답게 공항 역시 대학 소유였다.

어바나 샴페인의 생활은 미국 곡창 지대의 광활함을 느끼게 해주었다. 마을 변두리에 빌린 아파트 창밖으로는 광활한 옥수수밭이 보였고, 저녁이 되면 지평선 너머로 석양이 저물었다. 푸르게 잘 자란 옥수수가 곧게 우뚝 선 모습에서는 어딘지 모르게 강한 의지 같은 것이 감춰져 있는 듯했고, 그것이 새로운 생활의 불안감을 얼마간 해소해주었다.

낯선 환경에서 학업에 전념하며 하루하루를 보내는 동안에도 옥수수는 쑥쑥 자라서 어느샌가 내 키를 능가하는 높이까지 자라났다. 수확기는 아주 짧았는데 어디선가 대형 콤바인이 나타나서는 며칠 만에 수확을 끝내 버렸다. 옥수수 수확이 끝나고 겨울을 맞이한 대지는 북풍을 방해하는 것도 거의 없어서 지평선이 한층 넓어진 듯했다.

미국 중서부에 펼쳐진 대곡창 지대. 이곳에서 생산되는 옥수수 양은 전 세계 옥수수 생산량의 4분의 1을 넘고, 옥수수로 소비될 뿐만 아니라 다양한 가공식품의 원료와 사료가 되어 전 세계의 위장을 채워주고 있다.[60] 생산 공정의 기계화로 이제는 농업이 아니라 공업이라고 불러야 할 수준에 이르렀다.

7장에서는 하버-보슈법의 발명을 기점으로 공업화가 진행된 식량 생산의 현실을 에너지의 관점에서 들여다본다.

식량 생산의 공업화와 에너지

볏과의 한해살이풀과 인류의 공생

세계 3대 곡물인 밀, 벼, 옥수수. 이들은 전부 볏과 한해살이풀이다. 밀은 코카서스에서 메소포타미아에 걸친 지역, 벼는 중국 남부 장강 유역, 옥수수는 멕시코 서부가 원산지로 알려져 있다. 저마다 원산지가 전혀 다른 볏과의 한해살이풀들은 재배가 용이하고 수확물인 종자의 열량이 높으며 보존성이 우수하다는 공통점이 있다. 이러한 장점은 훗날 저마다 각 지역에 사는 사람들의 관심을 끌어모으며 인류가 농경에 발을 들이는 계기로 작용했다.

인류의 농경 파트너가 되는 일은 다른 초본 식물과의 경쟁에서 어디로 보나 유리했다. 자연에서는 같은 지역에 자생하는 다른 초본 식물과 경쟁해 살아남으려면 줄기를 더 높이 뻗어 잎을 펼쳐야 한다. 땅으로 쏟아지는 태양 에너지를 조금이라도 더 많이 확보하기 위해서다. 그런데 인간이 파트너로 점찍은 결과 그들에게 놀라운 일이 일어났다. 인간들이 부지런히 경쟁 상대인 다른 초본 식물을 제거해준 것이다. 토지에 얽매여 경쟁해야만 했던 초본 식물에 이만큼 든든한 일은 없었다. 이리하여 밀, 벼, 옥수수로 대표되는 볏과 식물 일부와 인류는 진딧물과 개미처럼 공생 관계를 맺었다.

인류와의 공생에서 가치를 발견한 일부 볏과 식물은 인류에게 더 많은 사랑을 받고자 점차 스스로 변이를 일으킨다. 줄기를 뻗는 데 할애하는 에너지를 줄이고 그만큼 종자를 열매 맺는 데 에너지를 투자하는 형태의 변이다. 키가 작아도 걱정 없이 태양 에너지를 얻을 수 있는 환경을 인간을 통해 얻은 대신 이제껏 키를 늘리는 데 사용한 에너지를 종자를 늘리는 데 써서 돌봐준 인류에게 은혜를 갚은 것이다. 이렇게 인류와의 돈독한 공생의 길을 택한 볏과 식물의 종자량은 서서히 늘기 시작해 벼 이삭이 고개를 숙이기에 이른다.

이러한 변이 방향성은 현대에 접어들어서도 변함이 없다. 20세기 중반에 이루어진 녹색혁명이라 불린 식량의 대량 증산은 단간종이라는 줄기가 짧은 품종이 개발되어 가능해진 일이다. 단간종을 개발하고 하버-보슈법으로 생산된 인공 비료를 대량 사용한 것이 현대 사회의 인구 증가를 지탱한 힘이었다.

옥수수는 어떻게 식량 작물의 제왕이 되었나

세계 3대 식량 작물 중에서도 생산량이 단연 으뜸인 것은 옥수수다. 2019년도 전 세계 생산량은 밀이 7억 6,400만 톤, 쌀이 4억 9,800만 톤인 데 반해 옥수수는 11억 1,700만 톤이나 생산되고 있다.[61] 옥수수는 어떻게 세계 식량 작물의 패권을 차지하게 되었을까. 그 이유는 밀이나 벼에는 없는 옥수수의 장점을 조사하면 알 수 있다. 옥수수의 특징에는 크게 두 가지가 있다.

옥수수 고유의 특징 첫 번째는 외양을 비교하면 알 수 있다. 포인트는 종자가 붙어 있는 자리다. 옥수수 열매는 줄기 중간 부근에서 자란다. 한편 밀이나 벼는 열매가 꼭대기에 있다. 이러한 구조적 차이는 매우 크다. 꼭대기보다 줄기 중간 부근에 열매를 맺으면 줄기의 강도가 같다는 전제하에 맺을 수 있는 열매의 양이 더 많아지기 때문이다. 즉 옥수수는 인류에게 가장 많은 이익을 가져다주는 볏과 식물인 것이다.

실제로 북미 대륙으로 이주한 유럽인이 가져간 밀이 한 알의 종자에서 많아 봐야 50알 정도밖에 열매를 맺지 못할 때 옥수수는 150~300알이나 되는 열매를 맺을 수 있었다고 한다.[62] 영국의 탄압을 피해 매사추세츠로 이주한 소위 필그림 파더스Pilgrim Fathers가 아니더라도 옥수수가 준 풍요로움에는 감사했을 것이다.

참고로 옥수수가 가진 장점은 우연이 만든 돌연변이의 산물로 알려져 있다. 사실 옥수수의 조상 격인 테오신트teosinte는 다른 볏과 식물과 마찬가지로 작은 종자를 줄기 중간이 아니라 꼭대기에 가지고 있다. 멕시코 서부 들판에서 먹을거리를 찾아다니던 사람들의 눈에 특이하게도 줄기 중간에 많은 종자를 가진 옥수수는 분명 이제껏 본 적이 없는 신의 선물 같았을 것이다. 이후 찾아온 옥수수의 대번영은 이때 우연히 인류를 만난 덕에 가능해졌다. 옥수수에 눈이나 마음이 있었다면 그들에게도 그때 만난 인류는 신처럼 보였을지 모른다.

옥수수 고유의 특징 두 번째는 내부 기능에 있다. 바로 광합성 방식이다. 식물이 에너지를 흡수하고 탄소를 고정하는 방법인 광합성에는 크게 두 종류가 있다고 알려져 있다. C_3와 C_4다.[63]

C_3, C_4란 광합성으로 만들어지는 최초 유기화합물에 들어 있는 탄소 수를 나타낸다. 즉 C_4 광합성이 C_3 광합성보다 하나 더 많은 탄소를 고정할 수 있다는 뜻이다. 결과적으로 C_4 광합성을 하는 식물은 C_3 식물보다 성장 속도가 빠르고 단위 면적당 수확량도 많은 경향이 있다. 세계 3대 식량 작물 중에서도 C_4 광합성을 하는 유일한 작물이 바로 옥수수다.

식물이 터득한 광합성 시스템은 발견자인 멜빈 캘빈Melvin Calvin과 앤드류 벤슨Andrew Benson의 이름을 따와 캘빈-벤슨이라 명명된 회로로 탄소를 고정한다. 광합성으로 얻어진 에너지로 회로를 한 번 돌 때마다 탄소가 포도당으로 고정되는 방식이다.

캘빈-벤슨 회로는 복잡한 반응 과정 속에서 수십 가지 효소가 사용되는데, 그중에서도 핵심이 되는 효소가 바로 루비스코다. 루비스코는 캘빈-벤슨 회로 초반에 이산화탄소에서 탄소를 분리하는 반응에 관여한다. 다시 말해 회로 전체의 생산성을 결정짓는 중요한 역할을 담당한다고 할 수 있다.

그러나 루비스코는 자연이 선택한 효소 치고는 그다지 성능이 좋다고 할 수 없다. 일반적인 효소와 비교해 활성이 너무 낮기 때문이다. 일반적인 효소가 1초에 100~1,000번의 반응을 촉진하는 데 반해 루비스코는 1초에 3번 정도만 반응을 촉진한다.[64] 게다가 이산화탄소가 충분한 환경에서는 문제없이 탄소를 고정하지만, 한번 이산화탄소가 부족한 환경에 놓이면 산소와도 반응해서 산소를 흡수하고 이산화탄소를 방출하는 광호흡이라 불리는 현상을 일으킨다. 이는 탄소 고정이 목적인 광합성의 효과를 상쇄하는 반응으로 탄소 고정을 촉진해야 하는 입장에서는 바람직하지 않다. 루비스코가 식물에 이용되기 시작한 원시 지구의 대기는 이산화탄소가 대부분이었기 때문에 이러한 특징이 문제가 되지 않았다. 하지만 오랜 세월을 거쳐 탄소 고정이 시작되고 이산화탄소 농도가 예상외로 크게 감소하면서 새롭게 과제로 떠오른 것이 아닌가 추측되고 있다. 일각에서는 태양 에너지의 과잉 흡수를 방지하는 역할을 맡고 있다는 이야기도 있으나 광호흡에 숨겨진 의미가 있는지는 현재까지도 알려진 바가 없다.

C_4 광합성 시스템은 이산화탄소뿐만 아니라 산소와도 반응하는 루비스코의 약점을 보완하는 형태로 설계되어 있다. 구체적으로는 루비스코가 기체 중 이산화탄소와만 반응하도록 캘빈-벤슨 회로 입구에 이산화탄소를 농축하는 펌프 기능이 추가되었다. 이러한 개선으로 이산화탄소 농도가 낮은 대기 환경에서도 효율적인 광합성이 가능해졌다.

이산화탄소를 농축하는 펌프 기능은 다른 부차적인 효과까지 가져왔다. 이산화탄소를 효과적으로 흡수할 수 있게 되면서 C_3와 비교해 기공을 거의 열지 않고도 광합성이 가능해진 것이다. 이 효과 덕분에 열린 기공으로 체내 수분이 증발해 버리는 위험을 줄일 수 있어서 수분이 적은 건조한 조건의 내성이 강화되었다.

C_4 광합성을 하는 식물은 성장이 빠르고 수확량도 많다. 또 건조한 지대에서도 잘 버티기 때문에 재배지의 제약도 비교적 적다.(옥수수 이외에도 사탕수수, 피, 조 등이 C_4 광합성을 한다) 이렇게 농경에 적합하다는 장점이 옥수수를 식량 작물의 제왕, 즉 식물계의 패자로 만든 원동력이 되었다.

공업 제품으로 변모한 옥수수

식량 작물 중에서도 최고의 장점을 두루 갖춘 옥수수는 가장 효율적으로 태양 에너지를 식량화하는 식물로써 오늘날 인류에게 사랑받고 있다. 그 용도는 인간을 위한 식용의 영역을 넘어섰다. 현재 첫 번째 소비자는 소, 돼지, 닭 등의 가축이다. 통계 데이터가 전부 갖춰진 세계 최대의 옥수수 생산국인 미국의 2019년 데이터를 보면 수출을 뺀 미국 내 소비량의 절반에 가까운 45%가 가축의 사료로 쓰이고 있음을 알 수 있다. 게다가 바이오에탄올 연료로 34%, 옥수수 전분이나 물엿 등의 제조에 쓰이는 공업용이 11%이다. 따라서 순수하게 미국인이 옥수수로 먹는 양은 이제 미국 내 소비량의 불과 10%에 지나지 않는다.[65]

왜 옥수수는 이렇게까지 생산량이 늘고 용도가 확장되었을까. 이는 옥수수가 20세기 이후 급속히 발전한 값싼 화석 연료 공급을 기반으로 구축된 농업의 공업화 흐름에 매우 적합했기 때문이다.

공업화의 첫 번째 흐름은 인공 비료의 활용이다. 옥수수는 성장이 빠르고 수확량도 많은 만큼 최대한의 효과를 보려면 대량의 비료가 필요하다. 이를 가능케 한 것이 많은 에너지를 투입해 하버-보슈법으로 대량 생산한 인공 비료였다.

두 번째 흐름은 기계화 대응이다. 옥수수는 품종 개량을 통해 단위 면적당 수확량이 많은 교잡종이 만들어졌다. 이것을 F1 작물이라고 한다. 제1세대 교잡종이라는 의미다. F1 작물은 똑같은 유전적 성질을 갖도록 교배하기 때문에 똑같은 모양으로 자라서 기계를 이용한 파종과 수확에 적합하다.

세 번째 흐름은 제초제나 살충제와의 조합이 가져온 공업화다. 유전자 조작 기술이 발전하면서 특정 제초제나 살충제에 내성을 가진 품종이 생겨났다. 이러한 품종은 제초제와 살충제로 잡초와 해충을 없애면서도 해당 약에 내성을 지니고 있어서 작물에는 영향이 없다. 그야말로 꿈의 농작물이다. 이로써 종자를 제초제나 살충제와 끼워팔 수 있게 되었다.

네 번째 흐름은 종묘 회사의 종자 판매 지배다. 이것이 옥수수 생산의 공업화 과정을 완성했다. 원래 옥수수는 F1 종자를 구입해서 심어야 하는데 F1을 심어 얻어진 F2 종자, 다시 말해 제2세대 교잡종을 다음 해에 심을 수도 있다. 하지만 2세대는 1세대와 닮은 점이 없고, 특히 수확량이 30%나 적다고 알려져 있다. 그 결과 종묘 회사가 농업을 지배하게 되었다. 높은 수확량을 유지하기 위해 옥수수 농가들이 매년 종묘 회사로부터 종자를 구입해야 했기 때문이다. 이리하여 옥수수 재배는 완전한 공업 과정의 지배하에 놓였다. 인공 비료의 투입, 제초제 제조 및 살포, 대형 농업용 트랙터 운전 등 값싼 화석 연료 자원의 대량 소비를 전제로 한 공업형 농업이 이렇게 완성되었다.

공업 제품으로 변모한 옥수수는 수확량이 급격히 늘면서 가격이 내렸고 잉여 생산량을 상시 떠안게 되었다. 화석 연료가 저렴한 20세기 이후에 처음으로 나타난 상황이다. 남아도는 옥수수는 처음에는 소 사료로 쓰였고, 이후 물엿이 발명되었으며, 가장 최근에는 바이오에탄올로 이용되고 있다.

잉여 옥수수가 소고기마저 공업 제품으로 만들다

먼저 소 사료부터 살펴보자. 원래 소는 풀을 먹는 동물로 잡식인 돼지나 닭처럼 곡물인 옥수수를 먹일 수 없다. 4개의 위장을 가지고 소화하기 힘든 목초를 몇 번에 걸쳐 반추해 몸에 흡수하도록 만들어져 있기 때문이다. 목초는 영양가가 낮아서 충분한 양을 얻으려면 광활한 토지가 필요하다. 반면 생산량이 넘쳐나는 옥수수는 영양가가 높고 저렴하게 얻을 수 있다. 즉 옥수수를 소 사료로 쓸 수 있다면 넓은 목초지가 아니라 협소한 사육장에서 키울 수 있다는 의미다.

이때부터 잉여 옥수수를 소에게 먹이기 위한 연구가 시작되었다. 사료를 잘 배합하면 소가 좁은 땅에서 더 빨리 자라게 되므로 생산성이 향상된다. 말하자면 소고기 생산의 공업화다. 이렇게 일단 공업 과정을 검토하기 시작하면 더 이상 되돌아갈 수 없다. 첫 번째 위장에서 반추가 제대로 이뤄지지 않아 호흡 곤란에 빠지는 고창증이나 원래 중성인 소의 첫 번째 위장이 산성화되면서 일어나는 산독증 등 옥수수를 소에게 먹이면 일어날 수 있는 갖가지 질병을 예방하기 위해 항생 물질이 차례대로 개발되었고, 축산 농가 대부분이 점차 소에게 옥수수를 먹이게 되었다.

그 결과 이제껏 출하까지 5년 정도 걸리던 사육 기간이 점점 짧아져 이제는 옥수수 사료가 가장 많이 보급된 미국산 소의 경우 생후 14개월에서 16개월 정도에 출하되기에 이른다.[66] 이렇게 소고기는 대량 생산의 길로 들어섰다. 소고기 가격이 하락한 근원을 따라가면 저렴한 옥수수 사료가 큰 역할을 했고, 이는 바꿔 말해 에너지를 대량 투입해 얻은 산물이라 할 수 있다.

참고로 소는 음식에서 흡수한 에너지의 10%만이 살로 간다. 나머지 90%는 생명 유지에 꼭 필요한 심장 등의 장기 운동이나 체온 유지와 같은 대사 활동에 쓰인다. 인류는 옥수수를 소에게 먹임으로써 결국 스스로 직접 옥수수를 먹는 것과 비교해 10배 가까운 에너지를 낭비하게 되었다.

우리 인류가 70억 넘는 인구를 유지하면서도 소고기를 일상적으로 먹는 사치를 부릴 수 있는 이유는 에너지를 쏟아부어 공업 과정으로 생산한 대량의 옥수수를 소에게 억지로 먹이고 있기 때문이다. 이 사실만으로도 우리의 식생활이 얼마나 많은 에너지 소비를 전제로 하는지를 가늠할 수 있다.

그렇다고 스테이크를 먹지 마라는 말을 할 생각은 전혀 없다. 다만 스테이크를 먹을 때는 아낌없이 내어준 생명에 대한 고마움뿐 아니라 소비된 에너지에도 감사하는 마음을 가졌으면 좋겠다. 아낌없이 내어진 소의 생명도, 대량 소비한 에너지도 모두 두 번 다시 돌아오지 않기 때문이다.

우리의 식탁은 옥수수로 가득하다

옥수수 소비를 목적으로 시작된 공업 과정은 소 사료를 만드는 것에 그치지 않는다. 지금 이 세상에 넘쳐나는 가공식품이나 청량음료에는 옥수수로 만든 공업 제품인 옥수수 전분이나 물엿이 대량으로 함유되어 있다. 특히 콜라나 사이다 같은 청량음료를 마시는 것은 옥수수를 짜내고 남은 찌꺼기를 마시는 것이나 다름없을 정도다. 패스트푸드 역시 옥수수가 전혀 들어 있지 않은 음식을 찾기가 어렵다. 소고기나 닭고기는 옥수수를 주 사료로 먹고 자라고, 패티를 만들 때는 옥수수 전분이 사용되는 경우가 많으며 케첩에는 보통 물엿이 들어간다.

캘리포니아 대학교 버클리 캠퍼스의 생물학자 토드 도슨Todd Dawson이 질량 분석계를 이용해 맥도날드 메뉴를 분석한 결과에 따르면 메뉴에 함유된 탄소가 옥수수에서 비롯되었다고 판단되는 경우는 음료가 100%, 치즈버거는 52%, 맥너겟은 56%, 감자튀김은 23%였다.[67] 이 말은 우리가 거의 옥수수만 먹고 있다는 뜻이다. 우리의 식생활 대부분이 어느샌가 옥수수에 의해 잠식되고 있다.

이렇듯 옥수수로 만든 공업 제품 역시 정제하는 데는 대량의 에너지가 필요하다. 옥수수알을 옥수수 전분, 프로틴, 옥수수기름과 섬유질로 분리하는 습식 제분 과정에는 제품 1칼로리당 10칼로리의 화석 연료가 소비된다고 한다.[68] 물엿은 옥수수 전분에 추가 가공을 한다. 옥수수는 생산부터 소비까지 그야말로 모든 과정에 대량의 에너지가 사용되고 있다.

옥수수로 만든 바이오에탄올

옥수수 소비 방법 중에서도 단연 에너지 낭비라고 할 수 있는 것이 바이오에탄올 생산이다. 소 사육이나 가공식품 제조에 들어가는 에너지는 에너지 면에서 효율이 낮을지언정 음식의 선택지를 늘리기 위해서는 필요한 투자라고 볼 수도 있다. 그러나 바이오에탄올 생산은 결과물이 액체 연료 에너지이기 때문에 단순히 에너지의 비용 대비 효과만으로도 그 필요성을 판단할 수 있다.

에너지의 비용 대비 효과는 얻어진 에너지와 그것을 얻기 위해 투입된 에너지의 비율을 생각하는 일이다. 이를 에너지 수지비Energy Profit Ratio: EPR라고 한다. 옥수수로 만든 바이오에탄올은 EPR이 0.8 정도로 1에 못 미친다고 알려져 있다.[69] 즉 제조에 투입된 에너지가 얻어지는 에너지보다 크다는 뜻이다. 이는 에너지 낭비일 뿐이다.

화석 연료를 바이오에탄올의 정제 과정에 이용할 바에야 그대로 연료로 쓰는 편이 어디로 보나 효율적이다. 옥수수도 그냥 식량으로 활용하는 편이 낫다. 2000년대 미국에서는 바이오에탄올의 수요 급증으로 옥수수 가격이 폭등하는 사태까지 벌어졌다. 애초에 귀중한 식량 자원을 자동차 연료로 쓰는 바람에 옥수수 가격이 폭등하고 가난한 사람들이 식량난에 허덕이는 일은 해결해야 할 문제의 순서가 뒤바뀐 듯한 느낌을 준다.

바이오에탄올 등 바이오 액체 연료를 제조한다면 식용으로 쓸 수 없는 자원을 원료로 하는 것이 바람직하다. 옥수수라면 줄기나 잎 부분을 활용하는 식이다. 최근에는 스위치그래스라고 불리는 여러해살이풀을 이용한 연구도 이루어지고 있다. 스위치그래스는 옥수수와 똑같은 볏과의 C_4 식물이라서 어느 정도 기대는 가능하나 인류가 최고의 파트너로 선택하고 공업 생산에 알맞게 개량을 거듭한 식량 작물의 제왕 옥수수를 웃도는 효과를 내기란 쉽지 않을 듯하다. 그러므로 바이오 액체 연료 제조라면 오히려 번식 속도가 빠른 해조류를 이용하는 등 다른 방법을 검토하는 편이 나을지도 모른다.

어찌 됐건 최종 결과물이 액체 연료 등의 에너지원일 경우 EPR이 1에 못 미치는 활동은 전부 귀중한 에너지 자원을 낭비하는 쓸모없는 일이다. 식물로 만들었다고 해서 반드시 친환경은 아니라는 점을 명심할 필요가 있겠다.

식량 생산 공업화의 미래

세계 인구는 꾸준히 증가하고 있다. 그중에서도 중국을 비롯한 아시아

나라들은 경제 규모가 크게 성장하고 중산층으로의 진입에 성공한 사람들이 늘고 있다. 삶이 윤택해진 사람들은 식사의 선택지가 늘고 육식의 빈도도 대체로 높아진다. 이런 연유로 미래 식량 위기를 걱정하는 사람이 많다. 실제로 농림수산성의 시산에 따르면 소고기 1kg을 생산하는 데 11kg이나 되는 옥수수가 필요하다고 한다. 같은 양의 고기를 얻는 데 소비량이 더 적은 돼지고기도 7kg, 그보다 더 적은 닭고기조차도 4kg의 옥수수가 필요하다.[70]

늘어나는 위장의 수와 까다로워진 사람들의 혀를 만족시키기 위해 식량 생산 과정의 공업화는 앞으로도 전 세계적으로 발달할 것이다. 일부 채소 재배의 경우 인공 조명과 수경 재배를 조합한 공업화도 시작되고 있다. 이렇듯 식량 생산을 위해 쓰이는 에너지 양은 계속 늘어날 것이다.

만약 고기와 비슷한 식품을 개발할 수 있다면 이러한 흐름을 바꿀 가능성이 있다. 콩고기로 만든 햄버거는 반복된 개량으로 최근에는 진짜와 구분이 되지 않는 수준에 이르렀다고 한다. 사실 이런 대체육 식품은 섭취 칼로리를 낮추기 위한 건강 지향적인 목적으로 개발되었지만, 앞으로 고기 생산량을 억제하고 에너지 효율을 높이기 위해서라도 개발의 필요성이 늘어날 듯하다.

곤충식의 대중화도 효과적이다. 겉보기에 혐오스럽다는 이유로 보급이 늦어지고 있는 면이 있으나 귀뚜라미는 체중 1kg에 사료는 고작 2kg이 전부다. 곤충은 태어나서 성체가 되기까지 걸리는 시간이 한두 달 정도로 짧을 뿐만 아니라 대개 통째로 먹을 수 있기 때문에 에너지 효율이 월등히 좋다.[71] 혐오스러운 문제는 분말로 만들면 해결할 수 있다. 빨간 식품첨가물로 자주 사용되는 코치닐 색소와 락 색소는 실제로 먹고도 곤충인지 알지 못하는 사람이 제법 되는데, 암컷 연지벌레를 건조해 체내에 있는 색소를 추출해낸 것이다. 이처럼 곤충을 분말로 만들어 프로틴바 등의 가공식품 일부에 섞어 사용하는 것은 충분히 고려할 만하다.

공업화를 통해 대량 생산으로 가는 식량 생산의 세계는 자본주의 시장 경제의 논리가 침투한 세상이기도 하다. 애초에 인간이 먹을 수 있는 식사량에는 한계가 있기 때문에 필요한 식량의 총량은 인구수에 따라 정해진다. 이러한 제약 속에서 인구 증가가 정체된 선진국의 식품회사나 패스트푸드 체인이 자본주의 금융 시장이 원하는 높은 이익률을 달성하려면 과점을 통해 경쟁 우위를 확보하거나 가공 정도를 높여 부가가치를 창출하는 방법밖에 없다. 그리고 이런 상황에서는 대부분의 식품 회사나 패스트푸드 체인이 가공으로 부가가치를 더하는 방법에 사활을 건다. 일례로 이미 출시되어 있는 칼슘 첨가 가공유, 비타민이나 식물 섬유 함유량을 높인 시리얼 등이 그것이다. 곤충을 빻아서 배합한 프로틴바나 콩고기 패티 등은 같은 맥락에서 앞으로 큰 기대를 걸 수 있는 가공식품이 될 것이다.

물론 부가가치를 낳는 방법 중에는 유기 재배처럼 인공 비료를 사용하지 않는 방법도 있는데, 그 정도로는 현재의 세계 인구를 지탱할 수 없기 때문에 큰 동력이 되지 못한다. 따라서 식량 생산의 공업화는 양을 공급하는 농업 생산 분야와 부가가치를 창출하는 식품 가공 분야를 중심으로 꾸준히 발달해 나가리라 생각한다.

이로 인해 결국 우리는 태양 에너지 혹은 화석 연료나 원자력 등에서 얻은 에너지를 섭취하는지, 애초에 무엇을 먹고 살아가는지가 점점 더 불명확해질 것이다. 하지만 그런 시대에도 절대 변하지 않는 사실이 있다. 바로 음식에 대한 감사함을 잊지 않는 자세다. 음식을 소중히 여기고 함부로 버리지 않으려는 노력이 과도한 에너지 낭비와 인공 비료로 인한 토지 황폐화를 억제하는 데 도움이 된다. 특히 육류, 그중에서도 소고기를 남기는 일은 부디 없어야겠다. 이것이 아낌없이 내어준 생명에 대한 최소한의 예의일 뿐 아니라 돌고 돌아 우리 사회를 보호하는 일이기도 하다.

에너지로 뒤덮인 인류

19세기까지 인류는 태양 에너지와 자연의 질소 고정 능력의 범위 안에서 생산된 식량을 소비하며 삶을 영위해왔다. 그 속에는 자연이 정한 넘을 수 없는 벽이 있었다. 하지만 20세기 이후 하버-보슈법이라는 기술이 탄생하면서 인류는 자연의 한계를 너무도 쉽게 뛰어넘었고, 유한한 화석 연료를 간접적으로 섭취해 살아가는 형태로 이렇게까지 인구를 늘려 왔다.

캐나다 매니토바 대학교의 바츨라프 스밀 명예교수에 따르면 하버-보슈법이 발명되지 않았다면 현재 이 세상에 사는 인구의 5명 중 2명은 존재하지 않았을 것이라고 한다.[72] 달리 말하면 현재 살아 있는 모든 인류는 몸의 40%를 하버-보슈법으로 고정된 질소 원자에 의존하고 있다고도 할 수 있다. 요컨대 현재를 사는 우리는 누구나 하버-보슈법의 혜택을 받고 있다.

지금까지 다섯 차례에 걸친 에너지 혁명의 역사를 살펴보았다.

제1차 에너지 혁명에서 불을 사용하는 법을 익히며 시작된 인류의 에너지 획득의 역사는 불 조리를 통해 뇌가 비대해지면서 속도가 빨라졌다.

이어서 농경 생활을 하게 되는 제2차 에너지 혁명이 일어났고, 대지로 쏟아진 태양 에너지를 독점해 잉여 식량을 안정적으로 확보했으며 도시를 만들고 문명을 탄생시켰다.

그리고 증기기관이라는 에너지 변환 기계의 발명으로 제3차 에너지 혁명이 일어나 육체가 가진 한계를 극복했다. 화석 연료를 태워 대량의 에너지를 흡수함으로써 거대한 구조물을 만들거나 움직일 수 있게 된 것이다.

또 전기의 체계를 찾아내 사용법을 익히면서 제4차 에너지 혁명에 접어들었고, 에너지 변환의 자유와 더불어 에너지를 사용하는 장소의 제약까지 극복했다. 또 발전소와 송배전망의 정비로 에너지 접근성이 좋아졌으며, 일상적인 에너지 변환 기계로 다양한 전자제품을 흔히 접할 수 있게 되었다.

마지막으로 하버-보슈법이 발명되면서 인공 비료가 탄생하는 제5차 에너지 혁명이 일어났고, 인공적인 에너지로 농작물을 기르는 농업의 공업화를 추진해 압도적인 양의 에너지를 공급함으로써 식량 생산이 가진 자연의 한계를 뛰어넘기에 이르렀다.

인류는 5번의 에너지 혁명을 통해 놀라운 규모의 에너지를 자유롭게 사용하는 존재가 되었다. 인간의 완력이나 각력을 대신하는 동력은 현격한 차이의 힘을 장시간 안정적으로 뽑아내는 기계가 대신했다. 내로라할 두뇌마저도 전기를 이용한 정보 처리 기술의 힘으로 처리 능력이나 기억력이 대폭 보강되었다. 이렇듯 외부 육체와 외부 두뇌의 도움을 받고 사는 우리는 이제 인간을 초월한 존재, 즉 초인이라 할 수 있다.

인간의 뇌는 성장 과정부터가 에너지를 얻는 데 무척이나 탐욕스러웠다. 탐욕은 종 보존에 필요한 식량을 훨씬 웃도는 에너지를 얻은 오늘날에도 전혀 쇠퇴하지 않았다. 더 똑똑해지기 위해서 끊임없이 에너지를 요구하고 있다. 이는 모든 생물 중 인간에게서만 볼 수 있는 특징이다.

"더 많은 에너지를"

우리의 뇌가 가진 욕구는 동력 기계나 정보 기술과 같은 외부 육체, 외부 두뇌를 만들어냈을 뿐만 아니라 자연이 정한 질소 고정량의 한계를 벗어나 대사 활동을 유지하는 식량까지도 에너지로 뒤덮어 버렸다.

현대 사회를 사는 우리는 이제 자신의 존재까지도 에너지의 대량 소비에 의존하고 있다는 사실을 제대로 인식할 필요가 있다. 기후 변화나 원자력 발전과 같은 에너지 문제를 생각하는 것은 스스로를 반성하고 존재 의의를 고찰하는 일이기도 하다. 어찌 됐건 하버-보슈법이 없었다면 나나 여러분이라는 실체가 이 세상에 존재하지 않았을지도 모르니 말이다.

에너지 문제는 깊이 파헤치고 들어가면 이렇게나 철학적이다.

Part 2

지식을 찾아 떠나는 여행

과학이 밝혀낸 에너지의 본질

에너지 문제가 까다로워진 이유 중 하나는 애초에 에너지가 무엇인지 그 실상을 정확히 알기 어렵다는 데 있다. 인류는 유일무이한 두뇌를 가진 덕에 눈에 보이지 않고 만질 수 없는 것까지도 상상할 수 있지만 이를 말로 하려면 추상적인 표현을 쓸 수밖에 없다.

과학적인 에너지 연구의 개척자인 갈릴레오 갈릴레이는 운동 법칙 연구에서 운동하는 힘을 어떻게 표현할지 고민했고 임페투스, 모멘트, 포스 등 힘과 관련된 유사 표현을 여럿 사용했다.[1] 이후로도 에너지는 과학의 발달에 따라 의미하는 바가 점차 확대되었기 때문에 이를 정확하게 표현할 말이 만들어지지 못했다.

현재도 과학의 세계에서 운동 에너지, 위치 에너지, 열에너지, 전기 에너지, 빛 에너지, 원자핵 에너지, 화학 에너지와 같은 다양한 표현이 있고, 관련된 계량 단위도 줄, 칼로리, 에르그부터 전기 분야에서 자주 사용되는 킬로와트시나 석유의 배럴, 천연가스의 BTU(영국 열량 단위)까지 열거하자면 끝이 없다. 이러한 현상이 일어나는 이유는 에너지가 다양한 형태를 취할 수 있는 존재이기 때문이다. 각각의 에너지 형태에 알맞은 계측 방법이 고안되면서 에너지를 측정하는 단위가 늘어났다.

2부에서는 에너지라는 보이지 않는 존재와 싸워 본질을 파헤치려 노력했던 인류의 지식 추구의 역사를 따라간다. 우리의 조상은 어떤 방법으로 에너지에 관한 지식을 쌓고 본질에 다가갔을까

에너지란 무엇인가

우리가 아득히 먼 저편을 내다볼 수 있었던 것은 거인들의
어깨 위에 서 있었기 때문이다.

-아이작 뉴턴

에너지의 어원

에너지에 관한 지식을 축적한 인류의 여정을 따라가는 지식 여행. 여행의 시작에 앞서 에너지라는 말의 유래부터 생각해 보고자 한다. 우리가 평소에 아무 생각 없이 쓰는 말 속에는 조상들의 깊은 통찰이 담

겨 있는 경우가 많다.

에너지라는 말은 그리스어로 '일'을 뜻하는 ergon(에르곤)에서 유래했다. ergon에 접두어 en을 붙여 '활동하는 상태'를 의미하는 energos(에네르고스)라는 말이 생겨났고, 나아가 '활동'을 의미하는 energeia(에네르게이아)라는 말이 만들어졌다.[2] 이를 바탕으로 19세기 과학 용어로 영어 energy(에너지)라는 말이 탄생했다. 일본의 경우 energy는 최첨단 과학기술과 함께 과학 용어의 하나로 메이지 시대 때 독일에서 들어왔다. 영어식 발음인 '에너지'가 아니라 독일식 발음인 '에네르기'가 일본에 정착한 까닭은 이 때문이다.

메이지 초기에 일본에 들어온 외국어 중에는 후쿠자와 유키치를 비롯해 많은 지식인의 활약으로 훌륭한 역어(譯語)가 탄생한 단어가 아주 많다. 사회, 헌법, 과학 모두 메이지 초기에 만들어진 역어다. 하지만 마찬가지로 메이지 초기에 전해졌음에도 에너지는 마지막까지 역어가 만들어지지 않았다.[3]

정체를 알 수 없는 에너지라는 존재와 긴 시간 씨름해온 내게 energy는 왜 일본어로 번역되지 않고 그냥 그대로 불리는가는 오랜 의문이었다. 메이지 초기에는 이미 증기기관의 이론 연구를 바탕으로 열역학이 대두되었고, 에너지의 적용 범위가 역학적인 운동 에너지에서 열에너지로 확대되었다. 그러므로 분명 번역이 어려운 말이었을 것이다. 하지만 일본어로 사고하는 내 머리는 에너지라는 외국어에 익숙해지지 않았고, 나는 이 사실이 에너지의 본질을 깊이 이해하는 데 방해가 된다는 생각을 떨칠 수 없었다. 이과 출신인 사람에게 수학은 하나의 독립된 언어라서 어떤 의미에서 언어 이상으로 효과적인 기능을 하는데, 나는 수학이라는 언어도 썩 능통하지 못했기 때문에 일본어 단어의 의미에 매달렸다. 그런 연유로 적절한 역어를 찾는 일은 오랫동안 내게 에너지 문제를 생각하는 데 중요한 과제 중 하나였다.

그래서 참고가 되지 않을까 하고 기대한 언어가 중국어다. 외래어 표기에 쓰이는 가타카나로 번역을 회피할 수 있는 일본어와 다르게 중국어는 외래어를 전부 한자로 표현해야 한다는 제약이 있기 때문이다. 찾아보니 중국에서는 에너지를 '능(能)'이라고 옮기고 있었다. 무언가를 해내는 능력을 갖췄다는 의미일 것이다. 또 에너지원은 '능원(能源)', 열에너지는 '열능(热能)'과 같은 식으로 썼다.[4] 고개가 끄덕여지면서도 여전히 아리송한 부분이 남았다.

이렇게 오랜 시간 에너지를 대신할 말을 찾아 헤맨 내가 마침내 다다른 하나의 표현이 있다. 그것은 '치카라'(힘이라는 뜻으로 한자로는 力이라고 적는다-옮긴이)라는 말이다. 과학 용어에 쓰이는 한자 '력(力)'이 아니라 일본 고유의 히라가나로 쓰인 치카라다. 일설에는 치카라의 어원이 영혼을 나타내는 '치(霊)'와 껍질을 나타내는 '카라(殼)'에서 왔다는 설도 있다.[5] 치(霊)란 구쿠노치(나무의 정령), 가구쓰치(불의 정령), 오로치(이무기) 등의 '치'로, 자연에 존재하며 활동한 격렬한 원시 세력이나 활력을 일컫는다.[6] 치(霊)라는 에너지가 카라(殼)로 둘러싸여 있는 모습을 우리 조상들은 치카라라고 불렀다.

고대 일본인은 모든 사물에서 치카라를 느꼈다. 사실 모노(物)라는 말 역시 원래는 영혼을 나타내는 말로 쓰였다. 미야자키 하야오 감독의

〈모노노케 히메〉라는 영화 제목 속 '모노노케'는 일본어로 '物の怪'(한자의 의미를 그대로 옮기면 '사물의 불가사의'라는 뜻이다-옮긴이)라고 쓴다. 원령이나 사령을 의미하는 '物の怪'는 헤이안 시대 때 처음 쓰인 말이지만, 사물에서 영성을 발견했던 그보다 앞선 시대를 산 고대인이 남긴 말의 흔적을 볼 수 있다.[7]

현대를 사는 우리는 에너지라는 말을 처음 배운 메이지 초기의 일본인이 알지 못한 사실을 알고 있다. 질량과 에너지가 등가라는 점, 즉 물체는 에너지 덩어리라는 사실 말이다. 이는 아인슈타인의 특수 상대성 이론을 통해 밝혀진 사실로 가장 유명한 물리 공식 $E=mc^2$로 잘 알려져 있다. 이 공식은 메이지 40년, 1907년에 발표되었다. 따라서 고대 일본인이 사물에 영성을 느끼고 에너지를 내포한 존재를 '치카라'라고 부른 것은 이치에 맞는 표현이었다고 할 수 있다.

인류가 오랜 세월을 거쳐 만들어낸 말 중에는 비록 그것이 추상적인 존재를 가리킬지언정 사물의 본질을 제대로 파악한 말들이 있다. '치카라'는 그런 사례 중 하나라고 하겠다. 관찰을 통해 번개에 비료 효과가 있다는 사실을 알고, 사물에서 치카라의 존재를 발견한 것도 고대 일본인이 자연 현상을 유심히 관찰해 사물의 본질을 깨우칠 수 있는 예리한 감성을 지녔기 때문이었다.

아리스토텔레스의 디나미스와 에네르게이아

물론 예리한 감성이 고대 일본인에게만 있었던 것은 아니다. 과학을 크게 발전시킨 서양인도 갈릴레오나 뉴턴이 나타나기 이전에는 일본인이 그랬듯 감각을 이용했다. 고대 그리스에는 디나미스dynamis라는 말이 있었다. 잠재력, 기량이라는 뜻이다. 이 말에 주목한 사람이 기원전 4세기에 활동했던 지식의 거인 아리스토텔레스다.

그의 사상적 뿌리에는 자연의 모든 운동과 변화의 체계적인 정리가 자리해 있었다. 먼저 그는 운동이나 변화에는 시작과 끝이 있다는 사실에 주목했고, 특히 끝에 관심을 가졌다. 그리고 끝이란 사물이 운동이나 변화를 통해 목적을 달성한 상태라고 해석했다. 예를 들면 식물의 종자가 발아해 꽃을 피우는 변화를 보고 그는 이렇게 생각했다. '종자가 내재한 힘을 발현하고 그 목적을 달성했구나.'

아리스토텔레스는 이렇듯 종자가 가진 잠재력을 디나미스, 또 목적을 달성해서 꽃이 된 모습을, 일하는 상태를 나타내는 에네르고스energos에서 따 에네르게이아energeia라고 불렀다. 이러한 생각은 일본어의 '치카라'가 가진 어감과도 많이 닮았다. 디나미스는 사물에 에너지가 축적되어 있음을 의미하기 때문이다.

디나미스는 마침내 영어 dynamic의 어원이 되어 역동적인 상태를 나타낸다. dynamo(발전기)나 dynamite(다이너마이트) 등의 단어도 이렇게 만들어졌다. 이러한 용법은 영어의 power(힘)에 가까운 표현이다. 일본어에서는 출력, 동력, 추진력 등 한자의 '력'을 사용하는 용법이 이와 비슷하다고 할 수 있는데, 존재 자체가 에너지를 내포한다고 생각했던 고대인의 에너지 본질에서는 조금 멀어진 듯한 느낌도 있다.

에네르게이아도 마찬가지다. 에네르게이아는 아리스토텔레스가 '일하는 상태'를 의미하는 에네르고스에서 따 만든 철학 용어였지만 시대가 흘러 '활동'을 뜻하는 일반 용어로 정착했다. 그것이 나중에 만들어진 과학 용어인 에너지의 어원이 되면서 현재는 전혀 다른 의미가 되었다.

사실 과학적 사고에서 확립된 표현인 에너지보다도 철학적인 사고에서 탄생한 에네르게이아가 일반인에게는 훨씬 이해하기 쉬운 개념이다. 왜냐하면 아리스토텔레스의 에네르게이아는 자칫 과학계의 문제로 해결책을 논의해 버리기 쉬운 에너지 관련 논의를 보다 폭넓은 사회 문제로 볼 수 있게 해주기 때문이다.

누군가가 여행을 한다고 가정해 보자.

물리학에서는 여행자가 사용한 에너지를 단순히 A지점에서 B지점까지 이동했으므로 운동 에너지(물리학에서 말하는 일의 양)라고 본다. 이는 무미건조한 세계관이다.

그러나 아리스토텔레스의 에네르게이아식 사고에 따르면 여행하는 목적이나 여행하게 되는 과정까지가 여행자가 쓴 에너지의 일부다. 즉 당사자가 가진 여행의 열정이나 의미까지도 에너지의 구성 요소에 포함되는 것이다.

7세기에 불전을 찾아 중국에서 멀리 떨어진 인도의 날란다까지 간 현장 스님이나 8세기에 바다를 건너려다 다섯 번 실패하고 실명의 고통에도 아랑곳없이 포교를 위해 일본으로 건너온 감진화상, 13~14세기에 세계를 여행한 이탈리아의 마르코 폴로나 모로코의 이븐바투타, 15~16세기의 대항해 시대를 산 바스쿠 다가마와 크리스토퍼 콜럼버스, 16세기에 포교를 위해 아시아 각지를 돌아다닌 스페인의 선교사 프란치스코 하비에르와 같은 역사적 인물들의 위업을 뒷받침한 요인은 미지의 세계에 용감히 도전하는 여행의 열정과 의의이며, 이 모든 것이 발현되어 맺어진 그들의 결실이 바로 에네르게이아다.

내가 에너지에 관한 이야기를 여러 시대와 장소를 여행하는 식으로 집필하려는 이유에는 이러한 에네르게이아의 시점을 조금이라도 적용해 보고 싶다는 마음도 있다. 인류가 이룩한 사회는 인간의 의지력, 즉 에네르게이아가 어느 정도 반영되어 있다. 에너지 문제의 고찰은 결코 과학 분야에만 한정되어서는 안 된다. 현대를 사는 우리 인류 전체가 앞으로 어떤 사회를 구축하고 싶은가 하는 목표와 그 과정까지를 생각해야만 비로소 문제를 제대로 파악할 수 있고 해결책 역시 발현될 수 있지 않을까.

아리스토텔레스는 만학의 아버지라 불릴 만큼 물리학, 천문학, 동물학, 식물학, 철학, 윤리학, 정치학 등 다양한 학문에 많은 공적을 남겼는데, 그중에서도 생물학자로서 특히 뛰어났다. 그는 자연을 주의 깊게 관찰하고, 자연이란 만물이 서로 목적을 가지고 관계를 만들어 나가는 하나의 큰 질서이자 생태계라고 생각했다. 그런 까닭에 각각의 사물이 가진 내재적인 힘을 잘 표현할 수 있었을 것이다.

하지만 만학의 아버지인 그도 2000년 후에 이뤄진 갈릴레오의 낙하 실험으로 운동 법칙에 관한 오류를 지적받는다. 게다가 그의 천문학적 지견의 중심에 있던 천동설이 뒤집히면서 권위가 크게 실추되었다. 그럼에도 그의 자연관은 지금도 유효하다. 최근 들어 자연 현상을 작게 쪼개 메커니즘으로 해석하며 발전해온 과학의 한계를 지적하는 목소리가 높은데, 자연을 하나의 질서로 보았던 아리스토텔레스의 자세를 다시 생각해 보면 어떨까.

자연의 풍경이 아름다운 이유는 자연이 전체적으로 조화를 이루고 있기 때문이다. 모든 논의를 작게 나누면 각각의 문제가 간단해지기는 하나 그 결과가 전체를 설명해주지 못할 수도 있다. 기후 변화와 같은 오늘날의 에너지 문제는 바로 지구 전체의 문제이며 지역별로 나누어 이야기해서는 답을 얻을 수 없다.

뜻을 가지고 원하는 미래를 그리지 못하면 디나미스가 축적되지 않고 에네르게이아는 발현되지 않는다. 아리스토텔레스의 철학은 지금도 결코 빛바래는 법 없이 현대를 사는 우리에게 실로 많은 깨달음을 준다.

갈릴레오의 과학 혁명

아리스토텔레스가 활약한 기원전 4세기 그리스에서 2000년 가까이 지난 16세기. 이탈리아에 갈릴레오 갈릴레이가 등장한다. 그는 같은 크기의 무게가 다른 공을 경사면에 굴리는 실험을 해서 물체의 무게와 상관없이 공이 구르는 속도는 같다는 사실을 발견한다. 그때까지 일반적으로 통용되던 아리스토텔레스의 운동 법칙은 물체가 무거울수록 빨리 낙하한다고 보았기 때문에 이 발견은 아리스토텔레스의 견고한 권위에 타격을 주었다.

갈릴레오의 발견은 통설을 의심하고 실험에서 나타난 현상을 거듭 관찰하며 수학 지식을 활용해 계산하고 분석한 결과였다. 그리하여 실험과 관찰을 바탕으로 하는 근대 과학이 탄생했다.

근대 과학이 목표했던 바는 자연 현상의 수식화로, 여기에는 에네르게이아를 구성하는 중요한 요소인 사물의 존재 의의나 목적 등이 끼어들 틈이 없었다. 오히려 근대 과학은 이러한 요소를 철저히 배제함으로써 자연의 섭리를 밝히고자 했다. 이러한 과학의 세계에서 아리스토텔레스의 에네르게이아는 사라지고 에너지의 본질을 찾는 새로운 여정이 시작되었다.

뉴턴(역학)에서 줄과 켈빈 남작(열역학)으로

갈릴레오의 실험으로 대표되듯 근대 과학은 원래 역학적인 운동 에너지만을 관찰 대상으로 삼았다. 그 최대 성과가 아이작 뉴턴이 발견한 운동의 3법칙과 고전 역학의 최고봉이라 할 수 있는 만유인력의 법칙이다. 이들 물리 방정식의 좌변은 전부 Force(힘)를 나타내는 F다. 뉴턴이 활약했던 17세기는 아직 에너지라는 말이 물리학 용어로 정착되지 않은 시대였다.

에너지라는 말이 처음 사용된 것은 19세기에 들어서였다. 에너지는 빛의 간섭 실험으로 유명한 영국의 물리학자 토머스 영이 처음 사용했는데, 1807년에 출판된 그의 왕립학회 강의록에 내용이 남아 있다.[8] 하지만 그의 용법은 여전히 역학적인 현상을 설명하는 데 머물렀다.

에너지라는 말이 역학적인 현상 이외의 설명에 사용된 것은 19세기 중반 이후의 일이다. 줄의 법칙으로 유명한 제임스 줄이나 원자나 분자가 운동을 정지하는 온도(마이너스 273도)를 기준으로 한 절대온도 K(켈빈 온도)에 이름을 남긴 켈빈 남작이 활약한 시대다. 이 시대에 들어서야 간신히 에너지를 둘러싼 논의가 역학에서 열을 포함한 세계로 확대되었다. 그리고 이 무렵 확립된 열역학 제1법칙, 소위 '에너지 보존 법칙'에 의해 마침내 에너지라는 말은 현대적인 의미로 역사에 모습을 드러냈다.

1818년 영국의 부유한 양조장에서 태어난 제임스 줄은 성인이 되자 가업을 잇는 한편 사비를 털어 물리 연구에 매진했다. 일가가 경영하는 양조장을 위해 볼타 전지와 모터로 증기기관을 대신하는 값싼 동력 장치를 만들고자 한 것이다. 아쉽게도 줄의 시도는 실패로 끝났지만 그의 본성은 사업가라기보다 천성이 실험을 좋아하는 연구자였다. 어느덧 줄의 관심은 전류가 흐르면 발생하는 열로 옮겨 갔고 그는 둘 사이의 관계를 밝히는 일에 주력했다.

줄은 물에 담근 도선에 전류를 흘려보내고 수온의 변화를 측정하는 실험을 반복했는데, 전류로 발생한 단위 시간당 열량 Q는 흘린 전류 I의 2승과 도체의 전기 저항 R에 비례함을 발견한다. 이것이 바로 사람들이 말하는 줄의 법칙이다.

전류와 열량 사이의 관계가 증명되자 그는 다음으로 열이 어디서 오는가에 관심을 가졌다. 당시에는 열에 관한 이해가 정립되지 않아서 열을 질량이 없는 유체로 보는 열소설과 운동으로 보는 열운동론이 있었다. 역사적으로는 열소설이 주류를 이루었지만 줄은 열운동론이 맞지

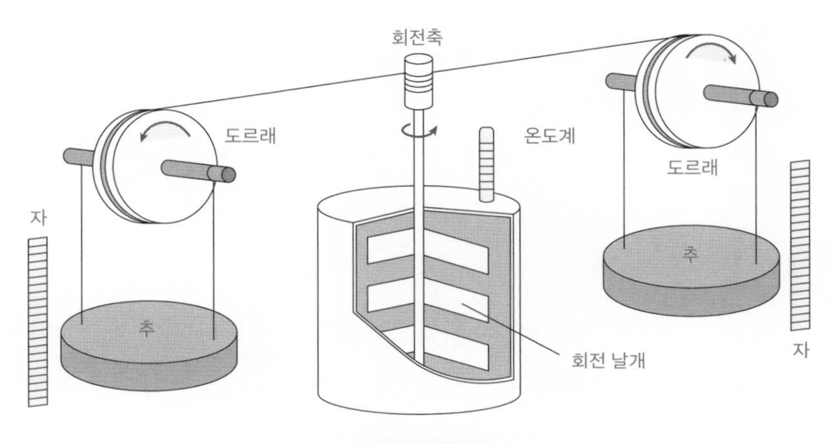

| 열의 일당량 실험 |

않을까 생각했다. 이를 검증하기 위해 줄은 추의 무게로 물속의 날개를 회전시켜 운동에 따른 수온 상승을 정밀 측정하는 실험을 했다. 날개 회전으로 얻어진 수온 변화는 아주 미미했다. 처음에는 실험을 할 때마다 다른 수치가 나왔지만 실험에 대한 줄의 열의는 모든 것을 뛰어넘었다. 그는 끈기 있게 실험을 반복해 일정한 운동량이 일정한 열량으로 변환된다는 사실을 증명할 만큼의 실험 결과를 모았다. 1847년경의 일이다.

이렇게 줄은 열이 물질이 아닌 운동이라고 결론짓고 열과 운동의 등가성을 주장한다. 이는 열과 운동이 각각 에너지의 한 형태이며 서로 변환 가능하다는 뜻이었다. 그리하여 '에너지 보존 법칙'의 뼈대가 만들어짐과 동시에 에너지라는 말이 역학적 용법을 넘어 사용될 수 있는 기틀이 마련되었다.

열을 에너지의 한 형태로 보는 새로운 학문 분야는 줄의 실험 결과의 가치를 가장 먼저 알아본 영국의 물리학자 윌리엄 톰슨, 즉 미래의 켈빈 남작에 의해 '열역학'이라고 이름 지어졌다.

맥스웰(전자기력)에서 아인슈타인(원자력)으로

같은 시대, 마이클 패러데이의 활약으로 전자기 유도 법칙이 발견되어 운동 에너지를 전기 에너지로 바꿀 수 있다는 사실이 확인되었다. 이렇게 전기 역시 에너지의 한 형태임이 밝혀졌다.

여기서 스코틀랜드 에든버러 출신의 천재 물리학자 제임스 맥스웰이 등장한다. 맥스웰은 아인슈타인에도 전혀 뒤지지 않을 만큼 대단한 업적을 남긴 인물이다. 1864년에 발표된 전자기에 관한 방정식은 현재 맥스웰 방정식으로 불린다. 이는 19세기 최대의 과학적 업적이라고 해도 과언이 아니다. 노벨상 수상자인 미국의 물리학자 리처드 파인만은 19세기 최대의 역사적 업적이라고까지 단언했다. 그의 말을 빌리자면 동시대에 미국에서 일어난 남북전쟁 등은 특정 지역에서만 일어난 소소한 사건에 불과하다고 할 수 있다.[9]

수학을 잘했던 맥스웰은 패러데이가 실험을 통해 쌓은 전자기장에 관한 기초 이론을 수식으로 만들어 패러데이의 이론을 수학적으로 뒷받침했다. 그리고 자기장이 전기장을 낳고, 전기장이 자기장을 낳는 순환을 통해 공간 자체가 진동하고 전자파가 형성되어 에너지가 전달된다는 사실을 보여주었다. 게다가 계산을 통해 얻은 전자파의 속도가 빛의 속도와 거의 일치한다는 점을 들어 빛이 전자파의 일종임을 예언하기에 이른다. 이는 훗날 주파수 단위에 자신의 이름을 남기는 독일의 물리학자 하인리히 헤르츠가 실험으로 검증하여 빛 역시도 에너지의 한 형태라는 사실이 확인되었다.

빛과 열을 동시에 발산하는 태양이나 불의 존재를 통해 빛이 어떤 에너지를 가졌으리라는 점은 경험적으로 예상 가능했지만 이를 증명한 사람은 아무도 없었다. 그러나 맥스웰은 천재적인 수학 능력으로 이를 증명했다. 그야말로 기적에 가까운 성과가 아닐 수 없다. 이리하여 마침내 20세기에 알베르트 아인슈타인이 등장할 수 있는 밑바탕이 만들어졌다.

아인슈타인이 활약한 20세기 초반 물리학의 최대 과제는 물체의 움직임을 나타내는 뉴턴 역학과 전자파의 움직임을 나타내는 맥스웰 방정식의 관계를 어떻게 절충할 것인가에 있었다. 맥스웰 방정식에 따르면 빛을 포함한 모든 전자파의 속도는 진공 상태에서 초속 약 30만km로 일정하다. 하지만 뉴턴 역학에 근거한다면 물체의 속도에는 한계가 없다. 이 모순에 답을 찾은 사람이 천재 아인슈타인이다.

그는 일정한 광속을 계속 유지하기 위해 시간과 공간이 변할 수 있다고 판단했다. 그리고 발표한 것이 특수 상대성 이론이다. 1905년의 일이었다. 사실 이 이론에는 엄청난 부산물이 있었다. 그것이 바로 $E=mc^2$(E: 에너지, m: 질량, c: 광속도)의 발견이다. 그는 정지해 있는 물체에 좌우에서 빛이 들어오는 모습을 정지한 상태와 이동한 상태에서 각각 관찰하는 사고 실험을 했고, 물체가 에너지를 흡수하면 질량이 늘어나야 한다는 사실을 깨달았다. 이러한 대발견으로 놀랍게도 질량 역시 에너지의 한 형태라는 점이 밝혀졌다.

어쩌면 직감적으로 이해하기 힘들 수도 있다. 질량은 사물이 얼마나 움직이기 어려운가를 나타내고, 보통 '무게'라고 표현되는 경우가 많은 개념이다.(엄밀히 말해 이 둘은 다르다) 그런 까닭에 무게가 에너지라고 해도 확 와닿지 않는 이가 많지 않을까 싶다. 하지만 과학적 사실로써 에너지는 물체의 운동이나 열과 같은 동적인 형태뿐만 아니라 질량처럼 정적인 형태를 띨 때도 있다.

이 지점에서 에너지는 기존 역학의 틀을 완전히 넘어섰다. 에너지란 무엇인가를 찾는 여정은 마침내 과학의 승리라고 해도 좋을, 극히 심플하고 아름다운 $E=mc^2$이라는 공식에 도달했다. 반면 에너지라는 단어는 구체적인 근거가 될 만한 것을 조금씩 상실하며 변화무쌍하고 이해하기 어려운 개념이 되었다.

에너지를 둘러싼 논쟁이 까다로운 이유는 과학적 용법이 일반인의 이해를 한참 넘어 버린 데 있다. 어쩌면 그래서 에너지에 관해 이야기할 때 추상적이고 합치되지 않은 논의에 곧잘 빠지는 것은 아닐까. 요즘 에너지 관련 문제를 듣고 있다 보면 에너지를 저마다 자신에게 유리하게 정의하는 경향이 있다. 에너지는 그만큼 우리와 가까우면서도 제대로 이해하기 어려운 말이다.

에너지의 특징

나는 전통문화에 대한 교양은 잘 갖추었으면서 과학자의 무지에 대해서는 아주 즐거운 듯 “믿을 수가 없군요.”와 같은 말을 하는 이들의 모임에 여러 차례 참여한 적이 있는데, 두어 번 화가 나서 이렇게 질문했습니다. “여러분 중에 열역학 제2법칙을 설명할 수 있는 사람이 얼마나 되나요?” 하고 말이죠. 그들의 반응은 냉담함을 넘어 부정적이었습니다. 하지만 나는 “셰익스피어의 작품을 읽은 적이 있습니까?” 하는 수준의 과학적 질문을 했을 뿐입니다.

-찰스 퍼시 스노(영국의 물리학자이자 소설가)

과학의 세계가 밝힌 것. 이를 굳이 설명하자면 세상 모든 것은 에너지로 되어 있다는 사실이다. 물체도 빛도 열도 모든 것이 에너지의 한 형태다. 우리 주위에는 에너지가 넘쳐흐르고 있다. 실제로 지구에 쏟아지는 태양 에너지만도 인류가 사용하는 에너지 총량의 1만 배 이상이라고 하며, 멀리 갈 것도 없이 우리를 비롯한 주변 사물 전체가 에너지 덩어리다.

이렇게 생각하면 에너지를 확보하지 못하는 일 따윈 절대 일어나지 않을 듯하다. 적절한 형태로 기술 혁신만 일으킬 수 있다면 무한한 에너지를 얻을 수 있을 테고, 안정성 문제와 고수준의 방사성 폐기물 취급 문제가 있는 원자력이나 이산화탄소를 배출하는 화석 연료에 의존하지 않고도 언젠가 친환경 에너지가 개발될 것이다. 똑똑한 인간의 두뇌만 있다면야 해결은 시간문제다.

그러나 기술 혁신에 대한 과도한 낙관론은 인간의 사고 회로를 멈추게 할 뿐이다. 에너지 문제를 제대로 직시하고 진지하게 임하기 위해서는 에너지가 가진 물리학적 특징을 이해하고 그 한계를 알 필요가 있다. 이를 알려주는 것이 열역학 연구가 가져온 성과다.[10]

윌리엄 톰슨의 고민

에너지가 역학 문제에 한정되어 있던 시절부터 에너지는 전환된다는 사실이 인식되어 있었다. 진자를 들었다 놓으면 일정한 간격으로 왕복운동을 한다. 들었을 때 얻은 중력에서 오는 위치 에너지가 서서히 운

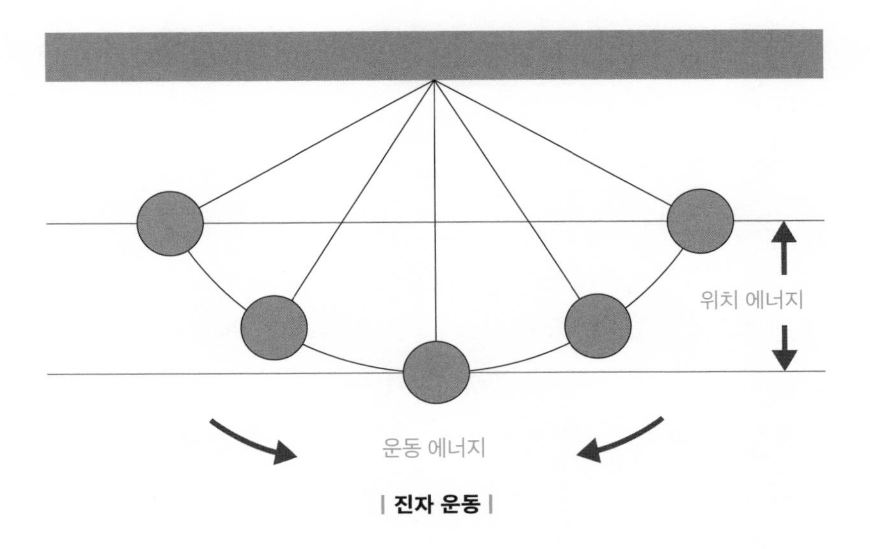

| 진자 운동 |

동 에너지로 바뀌고, 진자가 가장 낮은 곳에 도달하면 모든 위치 에너지가 운동 에너지로 바뀐다. 진자가 반대로 움직이면 이번에는 운동 에너지가 서서히 줄어들다가 다시 위치 에너지로 바뀌고, 들었을 때의 높이와 같은 곳에 도달하면 모든 운동 에너지가 위치 에너지로 바뀐다. 이러한 점에서 운동 에너지와 위치 에너지는 서로 전환될 수 있고 총량이 보존된다는 사실을 알 수 있다.

그러나 역학적 에너지가 보존된다는 생각에는 한 가지 문제가 있었다. 실제 진자 운동은 마찰이 발생해 서서히 줄어들다가 얼마 안 가 정지한다는 점이다. 이 문제는 줄의 오랜 노력으로 운동 에너지가 열에너지로 변환됨을 증명한 실험 결과가 많이 모인 덕에 해결을 도모할 수 있었다.

줄은 실험 결과를 바탕으로 한층 더 나아가 열에너지와 운동 에너지는 서로 전환 가능하고 총량이 보존된다고 주장했지만, 현실에서는 이러한 사실을 설명해줄 실험 결과를 얻지 못했다. 줄의 실험은 추의 운동 에너지가 열에너지로 전환됨을 보여주었을 뿐 그 반대를 증명하는 근거는 아니었다.

훗날 '열역학'이라는 말을 만든 윌리엄 톰슨, 즉 켈빈 남작은 줄의 실험 결과를 높이 평가하면서도 열에너지가 운동 에너지로 바뀐다는 주장에는 말을 아꼈다. 왜냐하면 증기기관과 같은 열기관의 구동 원리에 관한 동시대의 이론 연구는 열에서 운동 에너지를 끄집어내는 데 한계가 있음을 보여주고 있었기 때문이다.

요절한 거성 사디 카르노

이야기는 19세기 초반 프랑스로 거슬러 올라간다. 당시 산업혁명을 바탕으로 빠르게 국력을 기른 영국을 냉정하게 분석하고 모국 프랑스와의 차이를 느낀 인물이 있었다. 그의 이름은 사디 카르노Sadi Carnot. 프랑스 혁명 전쟁에서 남다른 활약을 보여준 군인이자 일류 과학자이기도 했던 라자르 카르노Lazare Carnot의 장남으로 1796년에 태어난 인물이다.

사디 카르노는 아버지가 설립에 관여한 이공계 학교 에콜 폴리테크니크에서 영재 교육을 받았다. 그가 학교생활을 보낼 당시 에콜 폴리테크니크는 나폴레옹 보나파르트에 의해 기술 장교를 양성하는 군사 학교로 개편되어 기술자이면서도 국가 문제에 관심이 있는 카르노와 같은 인물이 육성되었다.

영국과 프랑스를 비교한 카르노는 국력의 차이가 증기기관의 효율적인 활용 여부에 달려 있다고 분석했다. 그리고 더 효율적인 증기기관을 개발하면 산업과 군사력으로 세계를 지배할 수 있음을 꿰뚫어 보았다. 보통 사람이었다면 거기서 끝났을 테지만 그렇게 끝나지 않았다는 점이 카르노가 가진 대단한 면모다. 그는 아버지에게서 물려받은 과학자의 안목을 발휘해 효율적인 증기기관 개발이라는 목표 아래 증기기관의 구조 분석에 돌입한다.

그리고 1824년 카르노는 〈불의 동력에 관한 고찰〉이라는 논문에 연구 내용을 정리했다. 그의 고찰은 당시 잘못된 지식이었던 열소설에 근거하긴 했지만, 증기기관과 같은 열기관의 구동 원리와 그 한계를 이론적으로 설명하는 데 성공했고 열역학의 완성에 크게 기여했다.

카르노는 단순하게 나눈 4가지 과정을 반복, 순환하는 운동을 열기관 운동이라고 정리했다. 그가 단순화한 4가지 과정은 ①등온 팽창, ②단열 팽창, ③등온 압축, ④단열 압축이다. 등온 팽창 과정에서는 고열원과 접촉해 열에너지를 받은 실린더로 인해 실린더 내부 기체가 온도를 유지한 상태로 팽창한다. 단열 팽창 과정에서는 고열원과 분리된 상태에서 기체 팽창이 서서히 잦아들고 온도도 낮아진다. 등온 압축 과정에서는 저열원과 접촉해 열에너지를 외부에 방출하고 온도는 변하지 않은 상태로 기체가 수축한다. 단열 압축 과정에서는 저열원과 분리된 상태로 기체 수축이 서서히 잦아드는 한편 온도가 상승해 초기 온도로 돌아간다. 이러한 순환을 반복하면서 피스톤이 운동하는 것이 열기관의 원리다.

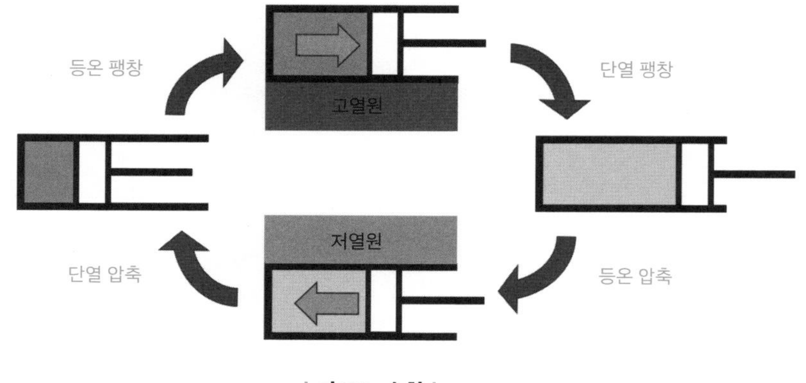

| 카르노 순환 |

카르노 순환이라 불리는 이 순환 운동에서 주목할 만한 점은 저열원의 필요성이다. 순환을 계속하기 위해서는 일정량의 열에너지를 반드시 외부로 내보내야 한다. 다시 말해 카르노 순환은 열에너지에서 운동 에너지를 얻으려면 반드시 열에너지 일부를 외부에 버려야 한다는 사실을 보여주었다.

또 카르노가 가장 많은 관심을 쏟은 열기관의 최대 효율은 고열원과 저열원의 온도 차로만 정해진다는 사실도 밝혀졌다. 이것이 오늘날 '카르노의 정리'라고 불리는 내용이다.

카르노 순환은 피스톤 운동으로 발생하는 마찰이나 대기압의 영향을 무시한 이상적인 순환 운동이기 때문에 실제 열기관 효율이 카르노 순환의 효율을 웃도는 일은 결코 없다. 따라서 그가 발견한 정리는 열기관 효율의 한계를 과학적으로 보여준 첫 번째 사례다.

영국과 프랑스의 국력을 비교 분석해 열기관의 최대 효율을 이론적으로 설명해 내기까지 이 전부를 오롯이 혼자 해낸 카르노는 놀랄 만한 재능으로 가득한 인물이었다. 하지만 안타깝게도 서른여섯 살의 젊은 나이로 콜레라에 걸려 1832년에 요절하고 만다. 유품 대부분이 콜레라 감염 방지를 위해 소각 처리된 탓에 그의 업적이 사라질 위기에 놓이기도 했으나 역사의 신은 그를 외면하지 않았다. 훗날 카르노의 위대한 족적이 빛을 보게 되기 때문이다.

카르노와 같은 시기에 에콜 폴리테크니크에 다니며 그의 업적을 알게 된 프랑스의 에밀 클라페롱이 그가 세운 이론을 정리해 1834년에 새로운 논문을 쓴 것이다. 그리고 이것이 열 문제에 지대한 관심이 있던 윌리엄 톰슨(켈빈 남작)의 눈에 띄면서 카르노의 업적이 널리 알려졌다.

클라우지우스의 아이디어

열에너지와 운동 에너지는 서로 전환될 수 있을까. 윌리엄 톰슨이 답을 얻지 못하고 있을 때 그를 앞서 나간 인물이 독일의 물리학자 루돌프 클라우지우스Rudolf Clausius였다.

클라우지우스는 톰슨 덕에 빛을 본 줄의 논문과 카르노의 논문을 읽고 둘 사이에 모순이 없는 설명법을 깊이 고민했다. 그 결과 열에너지의 특수성을 인정하는 일이 모순을 푸는 열쇠임을 깨닫는다. 클라우지우스는 1850년에 발표한 논문에서 열도 운동과 마찬가지로 에너지의 한 형태이며 그 총량은 보존된다는 점을 밝히고, 에너지에는 그것과는 별도로 질적인 문제가 있다고 보았다. 그리고 질이 높은 운동 에너지에서 질이 낮은 열에너지로의 전환은 100% 가능하지만, 질이 낮은 열에너지에서 질이 높은 운동 에너지로의 전환에는 일정량의 손실이 발생한다고 주장했다.

즉 하나의 통일된 이론을 세우지 않고 총량 보존과 질적 차이라는 두 가지 서로 다른 법칙을 동시에 수립해서 문제를 해결하려 한 것이다. 클라우지우스의 유연한 발상에 혀를 내두르지 않을 수 없다. 이 생각이 나중에 정리되어 열역학 제1법칙과 제2법칙으로 정착된다.

열역학 제1법칙: 에너지는 줄지도 늘지도 않는다

열역학 제1법칙은 에너지 보존 법칙이라고도 불린다. 에너지는 다른 에너지로 전환될 뿐 총량이 줄거나 늘지 않는다는 뜻이다.

열역학 제1법칙은 무에서 유를 창조할 수 없음을 보여준다. 아무리 인류가 지혜를 짜 모아도 에너지를 창조할 순 없다. 기술 혁신을 통해서 인류가 할 수 있는 일이란 그저 에너지원에서 인간이 사용 가능한 형태로 에너지를 얻는 일뿐이다. 이렇게 무에서 에너지를 창조하는 영구기관은 실현 불가능하다는 사실이 이론적으로 증명되었다.

하지만 여기서 한 가지 궁금증이 생긴다. 에너지 보존 법칙이 작용하는 세계에서는 새로운 에너지를 창조할 수 없지만, 한번 사용한 에너지는 결코 소멸되지 않고 그대로 보존된다. 그렇다면 사용한 에너지를 다시 쓸 수 있지 않을까 하는 의문이다. 이는 영원히 구동하는 영구기관이 구현되어야만 가능한 이야기처럼 여겨졌다.

영구기관은 중세 이래 다수의 아이디어를 바탕으로 설계도가 그려졌지만 어느 하나 실현되지 못했다. 왜 영구기관은 만들 수 없을까. 영구기관의 탄생을 바라는 인류의 꿈에 종지부를 찍은 것이 열역학 제2법칙의 완성이다.

참고로 나는 열역학 제2법칙만큼 시사하는 바가 큰 법칙을 달리 알지 못한다. 제2법칙은 열역학상의 명제에서 처음 탄생했는데 점차 그 응용 범위가 눈에 띄게 늘었다. 누군가 반드시 알아야 할 물리 법칙을 하나만 고르라고 한다면 나는 단연 열역학 제2법칙을 꼽는다. 적어도 에너지 문제에 관심이 있는 사람이라면 반드시 알아야 할 중요한 법칙이다.

열역학 제 2 법칙 : 에너지는 자연에 산일된다

열역학 제2법칙이란 누구나 경험적으로 알고 있는 현상을 나타낸 법칙이다. 뜨거운 물이 점차 차가워질 수는 있어도 차가운 물이 자연스레 뜨거워지지 않는 현상이다. 당연한 일이다. 이렇듯 당연한 일의 중요성을 처음으로 깨달은 이가 클라우지우스다. 그는 열에너지에는 한 방향으로만 진행하는 비가역적인 방향성이 있다는 사실에 주목했다.

좀 더 구체적인 사례를 가지고 생각해 보면 어떨까. 강변을 산책하다가 발밑에 있는 돌멩이를 가볍게 찼다고 하자. 돌멩이는 힘차게 굴러가겠지만 얼마 안 가 멈추게 된다. 구르는 과정에서 지면이나 공기와의 접촉으로 마찰이 일어나면서 서서히 추진력을 잃는 탓이다. 마찰은 열을 발생시킨다. 돌멩이가 가다가 멈추는 이유는 가지고 있던 운동 에너지가 최종적으로 마찰을 통해 전부 열에너지로 전환되었기 때문이다. 열역학 제1법칙에 근거해 에너지의 총량은 보존된다고 했다. 그러므로 운동 에너지는 100% 낭비 없이 열에너지로 전환된다. 여기서 보존되지 않는 것이 바로 에너지의 질이다. 운동 에너지가 열에너지로 형태가 바뀌면서 대기 중으로 널리 산일되어 버렸기 때문이다.

앞서 다룬 카르노의 발견으로 증기기관과 같은 열기관의 최대 효율은 고열원과 저열원의 온도 차만으로 결정된다는 사실이 이미 알려져 있었다. 대기 중에 산일된 열에너지는 곧바로 새로운 평형 상태에 도달해 일정한 온도가 되기 때문에 열기관 운전에 필요한 온도 차를 만들어낼 수 없다. 따라서 대기에 일단 방출되어 버린 열에너지는 운동 에너지로 다시 전환할 수 없으므로 에너지의 질이 낮아졌다고 보는 것이다.

우리는 마찰이나 저항이 존재하는 세계에 살고 있다. 그 안에서는 열에너지로의 전환을 막을 수 없다. 즉 우리가 사는 세상에서 에너지는 자연히 산일되어 가는 하나의 방향성을 지닌다는 뜻이다. 열역학 제2법칙은 이렇듯 보편적인 사실을 말해준다. 열역학 제2법칙의 확립으로 인류는 활용 가능한 에너지원이 유한하다는 점을 과학적 차원에서 이해할 수 있게 되었다. 모든 것은 결국 열로 산일된다.

에어컨이나 냉장고는 어떻게 돌아갈까

한편 세상이 늘 산일하는 열역학 제2법칙의 지배를 받고 있다면 왜 에어컨이나 냉장고와 같은 온도를 낮추는 기계가 발명되었을까. 이는 제2법칙을 거스르는 인간 두뇌의 승리가 아닐까?

에어컨처럼 전기 에너지를 이용해 방 안의 열에너지 일부를 방 밖으로 옮기는 시스템을 히트 펌프라고 한다. 이는 외부에서 에너지를 받아 열을 얻는 방식으로, 외부 열로 운동 에너지를 얻는 열기관과는 반대되는 과정이다.

에어컨을 켜고 방을 시원하게 하면 방 온도가 내려가지만, 그러기 위해서는 에어컨에 내장된 송풍기와 열교환기를 가동해야 하므로 전기 에너지가 필요하다. 이때 방에서 제거된 열과 에어컨 가동으로 발생한 마찰열이 외부 온도를 상승시킨다.

냉장고도 마찬가지로 히트 펌프의 한 종류다. 냉장고는 실외기가 없어서 제거된 열이 곧바로 실내 온도를 상승시킨다. 따라서 에어컨이 고장 났다고 해서 냉장고 문을 활짝 열어 방을 시원하게 하려는 생각은 하지 않는 게 좋다. 물론 냉기가 흘러나오긴 하겠지만 냉장고 상부나 측면에 달린 방열판에서 더 많은 열이 나오기 때문에 결과적으로 방 온도가 더 올라간다. 에어컨과 냉장고의 차이는 간단히 말하면 열을 방 밖으로 보내느냐 방 안으로 보내느냐의 차이 정도로, 전체적으로 더 많은 열을 낸다는 점에는 변함이 없다.

이렇듯 돌멩이를 차든, 에어컨과 냉장고를 사용하든 사용한 에너지는 최종적으로 질이 낮은 열에너지로 모습을 바꿔 산일된다. 우리는 열역학 제2법칙에서 자유로울 수 없는 운명이다.

밤거리를 수놓은 가로등과 전광판, 요란하게 돌아가는 공장 컴프레서, 열을 내며 작동하는 컴퓨터, 짐을 나르는 트럭 행렬 등 이 모든 것은 한 번밖에 쓸 수 없는 에너지로 만들어져 있다. 우리는 일기일회의 세상을 산다. 에너지 문제를 직시하기 위해서는 이 점을 깊이 이해하는 자세가 무엇보다도 중요하다.

인류에게 쓸모 있는 에너지는 유한하고 귀하기 때문에 아껴 써야 한다. 이것이 열역학 제2법칙이 가르쳐주는 가장 단순한 메시지다. 이러한 사실 하나만으로도 에너지 문제를 생각할 때 제2법칙의 이해가 얼마나 중요한가를 알 수 있지 않을까. 하지만 가르침은 여기서 끝나지 않는다. 열역학 제2법칙이 보여주는 다양한 교훈은 우리 생활 곳곳에 영향을 미치고 있다.

엔트로피의 등장

열에너지의 특수성을 설명하기 위해 탄생한 열역학 제2법칙은 마침내 새로운 말을 만들어내기에 이른다. 바로 엔트로피다. 엔트로피라는 말을 듣는 순간 에너지 이상으로 이해하기 힘든 과학 개념이라는 인상을 받을지도 모른다. 그러나 실제로는 엔트로피가 에너지보다도 우리에게 훨씬 친근하다. 따라서 이 이야기는 부디 피하지 말고 따라와 주길 바란다.

엔트로피란 카르노 순환의 열에너지가 운동 에너지로 바뀌는 과정에서 발생하는 에너지 손실을 설명하기 위해 클라우지우스가 1865년에 생각해낸 개념이다. 그는 열기관의 최대 효율이 고열원과 저열원의 온도 차로만 정해진다는 카르노의 정리가 의미하는 바를 철저히 고찰했다. 그리고 10년이 넘는 노력 끝에 고열원에서 흡수한 열량과 운동 에너지로 변환되지 못하고 저열원에 버려지는 열량을 각각의 열원 온도로 나눠 둘의 관계를 부등식으로 나타낼 수 있다는 사실을 깨닫는다. 저열원의 수치는 고열원 수치보다도 항상 큰 값을 갖는다. 이는 열에너지가 가진 비가역성을 수치화해서 명시할 수 있음을 의미한다. 클라우지우스는 정리를 통해 운동 에너지로 변환되지 못하고 버려지는 열에너지를 수용하는 저열원의 수치를 양수로 보고, 열에너지를 흡수하는 고열원의 수치를 음수로 하여 계 전체에 해당하는 양자의 합계가 반드시 양수가 되는, 즉 항상 늘어나는 방향으로 가게 했다. 이렇게 열에너지가 가진 비가역성을 수치화함으로써 에너지의 질적 문제를 취급하는 열역학 제2법칙이 하나의 완성을 보게 되었다. 이동한 열량을 열원

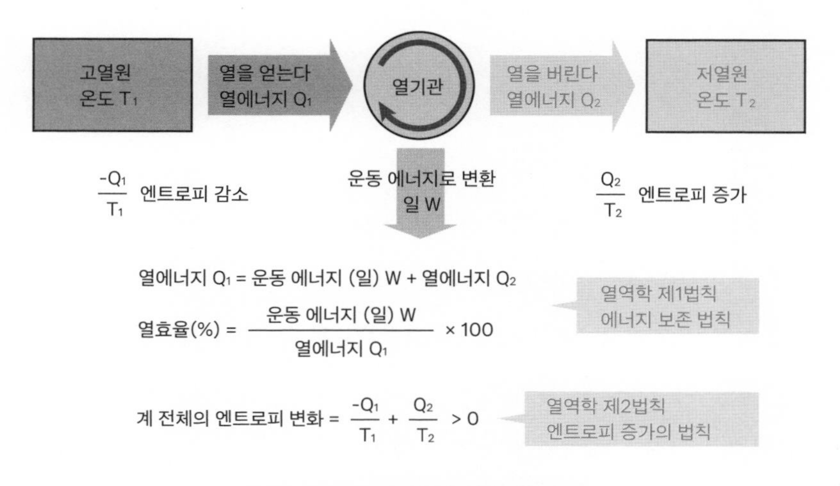

| 열기관의 에너지 전환과 엔트로피 변화 |

의 온도로 나눠 얻어진 새로운 물리량은 운동 에너지와 열에너지의 변환과 관련이 있다는 점에서 그리스어의 '변환'을 의미하는 단어 trope에서 영감을 얻어 엔트로피라고 이름 붙였다.

한편 엔트로피라는 말이 똑같이 그리스어를 어원으로 한 에너지와 비슷하게 들린다고 느끼는 사람도 제법 있을 듯한데 당연하다. 이름을 지은 클라우지우스는 에너지라는 말과 비슷해 보이게 하려고 엔트로피라는 말을 만들었다고 했기 때문이다. 그는 물리학적으로 둘의 의미에 밀접한 연관이 있다는 점이 그 이유라고 설명했다.[11]

의미를 제대로 이해하기 위해 말의 탄생 과정에 관심을 쏟는 나로서는 이런 식의 명명법이 조금 아쉽게 느껴진다. 다만 그 책임을 클라우지우스에게 떠넘기는 것은 가혹하다. 훗날 엔트로피가 열역학을 넘어 널리 응용 가능하다는 사실이 밝혀지면서 결과적으로 그가 생각해낸 정의를 훌쩍 뛰어넘는 영역으로까지 의미가 확대되었기 때문이다.

엎지른 물: 엔트로피의 뜻

엔트로피는 열에너지가 가진 비가역성을 표현하는 수단으로 클라우지우스의 머릿속에서 탄생했다. 비가역적인 방향성은 항상 계 전체의 엔트로피가 양수이고 늘어나는 방향으로 진행한다고 전제한다. 다만 엔트로피는 비가역성을 설명하는 데는 도움이 되지만 애초에 열에너지가 왜 비가역의 방향성을 갖느냐는 질문을 설명해주지는 못한다. 요컨대 엔트로피라는 물리량이 무엇을 의미하는가는 여전히 수수께끼였다.

엔트로피의 진정한 의미를 밝혀낸 사람은 1844년에 태어난 오스트리아의 물리학자 루트비히 볼츠만이다. 기체 분자 운동과 열에너지의 관계를 연구한 볼츠만은 열에너지를 극소 입자인 원자나 분자에 의한 랜덤 운동의 집합체라고 생각했다. 온도가 높아지면 높아질수록 원자나 분자가 격렬하게 운동하고 열을 가진다고 해석한 것이다.

마침내 그는 미시적 현상인 기체 분자 운동과 거시적 현상인 열에너지의 관계를 통합하기 위해 확률과 통계 등을 도입해 엔트로피란 원자나 분자의 랜덤 운동이 초래하는 '무질서'의 척도임을 논증하는 논문을 쓴다. 1877년의 일이다. 이 논문은 모든 원자와 분자가 랜덤으로 운동한다면 개개의 운동은 작고 복잡해서 해석할 수 없지만, 전체 상태는 통계를 통해 높은 확률로 예측 가능함을 보여준 획기적인 내용이었다.

당시는 아직 실재 여부가 확인되지 않은 원자나 분자의 존재를 전제로 새로운 학문인 확률과 통계 지식을 활용해 수립한 그의 이론은 너무도 참신했던 탓에 철저한 비판에 직면했다. 과도한 비판에 시달리던 볼츠만은 정신병을 앓다가 결국 자살로 생을 마감했다. 하지만 그가 죽고 얼마 지나지 않아 원자와 분자의 존재가 증명되었고, 확률과 통계를 활용한 그의 이론의 타당성도 입증되었다. 그가 개척한 학문은 훗날 통계역학으로 불리었다.

통계역학이 새롭게 정의한 엔트로피는 '무질서도'를 나타내는 물리량이다. 값이 커지면 커질수록 무질서도가 증가한다는, 즉 산일된다는 뜻이다. 엔트로피는 클라우지우스가 열에너지와 운동 에너지의 변환과 관련해 만든 말이지만 볼츠만의 노력으로 '혼잡도', '무질서도', '어질러진 정도'와 같은 표현이 더 적절하다는 사실이 밝혀졌다.

에너지는 실상을 정확히 파악하기 어렵고, 일본어의 경우 번역하려 해도 관념적으로 '치카라(힘)'라고 옮기는 정도가 최선이었다. 하지만 엔트로피는 한 방향으로 가는 비가역 과정을 '혼잡도'나 '어질러진 정도'라는 표현으로 꽤 정확히 의미하는 바를 번역할 수 있다. 이는 엔트로피가 에너지보다 훨씬 이해하기 쉬운 개념임을 시사한다. 중요한 내용이니 구체적인 예를 들어 살펴보자.

유리컵을 바닥에 떨어트렸다고 하자. 컵은 깨져서 산산조각이 날 것이다. 여기서 설사 깨진 파편을 모았다 한들 컵은 두 번 다시 원래 모습으로 돌아가지 않는다. 이는 유리가 깨져서 흩어짐으로써 엔트로피가 증가했기 때문이라고 설명할 수 있다. 애초에 일부러 바닥에 떨어트리지 않더라도 계속 사용하는 과정에서 서서히 마모되거나 어쩌다 금이 갈 수도 있다. 이러한 현상도 일방통행의 비가역 과정이며 엔트로피의 증가를 보여준다.

또 '엎지른 물'이라는 말이 있다. 쟁반에 있던 물이 쏟아져서 사방으로 흩어지면 원래대로 되돌릴 수 없음을 가리키는 말이다. 이 역시도 한 방향의 비가역 과정을 나타낸다는 점에서 엔트로피의 의미를 잘 보여준다. 즉 쟁반의 물이 쏟아져서 엔트로피 양이 늘었다고 설명할 수 있는 것이다.

또 하나 우리 주위에서 많이 볼 수 있는 사례로는 '시간'이 있다. 시간이란 말하자면 과거에서 현재, 미래로 가는 한 방향의 비가역 과정이다. 따라서 시간과 엔트로피 사이에는 밀접한 관련이 있음을 유추해 볼 수 있다. 시간은 무척 흥미로운 이야기이므로 다음 장에서 좀 더 자세히 다루려 한다.

요컨대 엔트로피는 우리가 사는 이 세상에서 쉽게 관찰되는 비가역 과정 전반을 설명해준다. 이렇듯 엔트로피의 적용 범위가 열역학의 틀을 넘어 확대되면서 현재는 열역학 제2법칙을 간단히 '엔트로피 증가의 법칙'이라고 부르는 경우도 많다. 실제로 엔트로피만큼 우리가 사는 세상의 진리를 단적으로 나타내 주는 물리 개념도 없다. 이는 결국 엔트로피가 확률이나 통계의 세계에서 탄생한 거시적인 환경 분석에 대응하는 개념이기 때문이라고 할 수 있다.

우리가 사는 세상은 분자나 원자 수준의 활동이 중심인 미시적 세계가 아니라 훨씬 더 큰 크기로 우리의 오감을 사용해서 보고 만질 수 있는 사물로 이루어진 거시적인 세계다. 그 안에서 보이는 풍경은 당연히 거시적인 것들이고, 그 안에서 일어나는 현상은 확률이나 통계 이론의 도움을 받아 엔트로피 양으로 가시화된다. 과학의 발전에 따라 점차 미시적인 논의로 이어지면서 잘 모르는 사람은 이해할 수 없는 것이 되어 버린 에너지와는 달리 엔트로피는 이를 거시적인 논의로 끌어오는 역할을 한다고도 볼 수 있다. 그러므로 에너지를 우리 생활과 연결 지어서 이해하고자 한다면 엔트로피를 배우는 것이 확실한 이해의 지름길이다.

그리고 엔트로피를 배워서 얻을 수 있는 가장 큰 깨달음은 자원의 유한성을 알게 된다는 점이다. 에너지는 열역학 제1법칙에 따라 보존되고 있을 텐데 왜 유한하다는 것일까. 그 이유는 에너지에는 질적 문제가 있고, 우리에게 진짜 필요한 것은 에너지 자원 중에서도 질이 높은 자원, 즉 낮은 엔트로피를 가진 자원이기 때문이다. 그래서 자원은 유한하다.

엔트로피로 열기관의 효율을 이해하다

에너지 문제를 이야기할 때는 기본적으로 에너지 이용 효율과 한계가 어떻게 정해지는지를 알고 있어야 한다. 이는 엔트로피를 이해하면 크게 도움이 된다. 여기서는 엔트로피를 가지고 열기관의 효율 문제를 생각해 보려 한다.

가장 먼저 물리량으로써 엔트로피의 설계 원리를 쉽게 이해할 수 있도록 100%에 못 미치는 열기관의 효율을 엔트로피가 어떻게 설명하는지 보고자 한다. 실제로 존재하진 않으나 효율이 100%인 열기관이 있다고 가정해 보자. 즉 저열원으로 내보내지 않고 모든 열에너지를 운동 에너지로 변환하는 열기관이다. 이 경우 열기관의 엔트로피는 어떻게 될까.

이 열기관에서는 저열원으로 흐르는 열량이 제로이므로 저열원의 엔트로피 양에는 변함이 없다. 열역학에서의 엔트로피 공식은 이동한 열량을 열원의 온도로 나누기 때문에 열량에 증감이 없다면 계산식의 분자가 0이 되어 저열원의 엔트로피 양에 변화가 없다는 뜻이다. 한편 고열원은 흡수한 열량을 고열원 온도로 나눈 만큼 엔트로피 양이 감소한다. 그 결과 고열원과 저열원의 엔트로피 변화량을 합한 엔트로피 변화 총량은 마이너스가 되어 엔트로피 증가의 법칙에 반하게 된다.

고열원과 저열원으로 이루어진 열기관의 계 전체에서 엔트로피를 증가시키려면 반드시 열에너지 일부를 저열원으로 보내고, 고열원이 감소시킨 양을 웃도는 엔트로피를 저열원에서 발생시켜야 한다. 이렇듯 열기관을 가동하는 데는 열에너지 일부를 저열원에 방출할 필요가 있다는 점, 즉 100%의 에너지 변환은 불가능함을 엔트로피가 매끄럽게 설명해준다.

이제부터가 본론이다. 열기관의 효율을 엔트로피의 관점에서 생각해 보는 것이다. 앞서 제시한 효율 100%의 열기관이 보여주었듯 열기관을 순환시켜 열에너지에서 운동 에너지를 얻으려면 열에너지를 흡수한 고열원이 감소시킨 양보다 더 많은 양의 엔트로피를 저열원에서 발생시키도록 열기관을 설계해야 한다.

이때 고열원에서 흡수하는 열에너지는 최대한 운동 에너지로 변환시켜야 하니 저열원에 방출하는 열량은 가능한 한 적은 편이 좋다. 그렇다면 적은 양의 폐기 열로 고열원이 감소시키는 엔트로피 양을 웃돌기 위해서는 어떻게 해야 할까.

고열원과 저열원을 합해서 엔트로피 총량이 늘어나면 되므로 고열원이 감소시킨 엔트로피 양은 가능한 한 적게, 저열원이 증가시키는 엔트로피 양은 최대한 크게 만드는 방법을 생각하면 된다. 엔트로피는 에너지 양을 온도로 나눠 얻어지는 값이므로 고열원 온도는 높을수록 좋고, 저열원 온도는 낮을수록 좋다는 사실을 알 수 있다.

여기서 저열원 온도는 실질적인 지구의 대기 온도로 간주한다. 지구상에 대기 온도 이하의 온도를 만들려면 별도의 에너지가 필요하기 때문이다. 그래서 저열원, 즉 대기 중으로 방출되는 열량을 줄이기 위해서는 고열원 온도를 가능한 한 높이 끌어올릴 필요가 있다. 고열원의 온도가 높아지면 높아질수록 대기 중으로 방출되는 열량이 줄어들고 훨씬 더 효율적으로 열에너지를 운동 에너지로 바꿀 수 있기 때문이다. 이는 열기관 효율이 고열원과 저열원의 온도 차만으로 결정된다는 카르노의 정리를 모순 없이 설명해준다.

카르노의 정리를 이해하면 기술의 미래가 보인다

카르노의 정리는 에너지 문제를 이야기할 때 알아두면 무척 편리한 과학 개념이다. 왜냐하면 카르노의 정리만 알아도 열기관을 이용한 발전 방식의 미래를 과학적인 시각에서 손쉽게 분석할 수 있기 때문이다.

열기관의 효율 개선을 둘러싼 과제는 지금도 변함이 없다. 카르노의 정리처럼 고열원과 저열원의 온도 차를 얼마만큼 크게 만드는가가 관건이다. 화력 발전은 온도 차를 최대한 크게 해서 전기를 생산하는 시스템이다. 최신형 화력 발전소의 증기 터빈과 같은 고열원은 600도의 증기를 가둘 수 있는 정도여서 저열원인 대기 온도와의 차이가 500도를 넘는다. 최고 열효율은 43%에 달한다.[12] 게다가 최근에는 가스 터빈과 증기 터빈을 조합해서 열효율을 한층 더 높여주는 복합 화력 발전이 등장했다. 복합 발전 방식을 사용하면 열효율이 최대 60% 이상까지 늘어난다.[13] 최신 가스 터빈을 가동하는 데는 1,600도를 넘는 열에

견딜 수 있는 구조가 필요한데 이를 가능케 하는 야금술이 실용화되면서 열효율이 크게 개선되었다.

이러한 기술 혁신의 역사에는 열기관 효율 개선의 한계도 존재한다. 야금술 발달의 역사에서도 보았듯이 양이 풍부하고 질도 좋아 널리 전 세계에 유통되고 있는 철은 1,538도에서 녹는다. 그래서 최신형 가스 터빈은 니켈을 베이스로 철뿐만 아니라 융점이 더 높은 크롬이나 몰리브덴 등의 귀금속을 배합해 내열성을 한층 강화한 합금을 개발해 사용한다.[14] 현재 일본에서는 1,700도 가동을 목표로 기술이 개발되고 있는데, 소재 개발의 관점에서 거의 한계에 다다랐음을 부정하기 어렵다. 제임스 와트와 제철 기술자 존 윌킨슨의 협력 관계에서 시작된 열기관의 개량과 제철 기술의 혁신이 만들어낸 이인삼각 구도도 이제 대단원의 막을 내릴 날이 다가오고 있다. 이 같은 과학적 상상을 할 수 있게 되는 것이 카르노의 정리의 이해가 주는 효과다.

한편 이러한 한계에도 불구하고 문명의 이기로 50%를 크게 웃도는 수준까지 열효율을 올릴 수 있게 된 것은 충분히 위대한 일이다. 세계 첫 실용적인 증기기관이라 불리는 뉴커먼의 증기기관의 열효율은 0.5%였고, 산업혁명을 견인한 와트의 증기기관조차도 2~5%에 불과했기 때문이다.[15] 사디 카르노가 고열원의 고온 유지가 중요함을 간파한 것이 오늘날까지 이어진 열기관 기술 혁신의 길을 열어준 요인이라 하겠다.

다음으로 원자력 발전을 보자. 원자력 발전은 핵분열 반응으로 생긴 열을 이용해 증기 터빈을 돌려 전기를 만드는 방식으로, 발전 원리 자체는 화력 발전과 같다. 하지만 핵연료봉의 피복에 쓰이는 지르코늄이 고온에 약한 탓에 고열원과 저열원의 온도 차를 화력 발전만큼 크게 만들 수 없다. 고열원의 온도는 280도 정도다. 따라서 열효율은 30%대로 화력 발전과 비교하면 낮은 수치다.[16]

다만 열효율만을 단순 비교해서 원자력 발전이 화력 발전보다 효율이 떨어진다고 결론 내릴 수는 없다. 열효율은 비교해야 할 여러 조건 중 하나에 지나지 않기 때문이다. 원자력 발전의 에너지원인 우라늄 광물과 화력 발전의 에너지원인 화석 연료를 채굴하고 수송하는 데 드는 에너지, 또 각각의 연료에서 얻어진 에너지 양의 크기 등도 포함해 종합적으로 판단해야만 제대로 비교했다고 할 수 있다. 에너지를 둘러싼 논의가 어려운 까닭은 이 때문이다.

그렇다면 이산화탄소를 배출하지 않는 에너지원으로 최근 기대를 모으고 있는 지열 발전의 미래는 어떨까. 현재 가동 중인 지열 발전에서 사용되는 증기와 열수는 200도에서 350도 정도다.[17] 화력에는 미치지 않지만 원자력과 동등한 수준의 고열원 온도를 만들어낸다.

그러나 이러한 고온 증기나 열수를 얻을 수 있는 지역은 상승한 마그마로 데워진 지하수 저류층이 있는 장소에 한정된다. 화산의 나라 일본에는 이러한 곳이 비교적 많으나 온천으로 개발 중이거나 국립공원으로 지정된 곳이 많아서 자유로운 개발을 하려면 해결해야 할 과제가 있다.

물론 지구 내부는 중심으로 갈수록 온도가 높아지기 때문에 화산대처럼 특수한 장소가 아니더라도 우물을 깊게 파 내려가기만 한다면 자연히 고열원을 높은 온도로 유지할 수 있다. 지하의 온도 구배(임의의 두 지점 간 온도 변화량. 여기서는 지하 깊이에 따른 온도 변화를 가리킨다)는 1km당 약 30도이므로 지열 발전을 위해 필요한 200도 이상의 온도를 얻으려면 단순 계산으로 6km 이상을 굴삭하면 된다. 이는 현재 기술 수준으로 보면 물리적으로 가능하지만 채산성이 떨어진다.

최근에는 바이너리 방식이라고 해서 80도~150도의 열수나 증기에서도 발전이 가능한 방식이 개발되어 발전 온도 조건이 완화되었으나 고열원의 온도가 낮아지면 열효율도 낮아지므로 대규모 발전에는 적합하지 않다. 따라서 미래의 지열 발전은 대형 전기 에너지원보다 오히려 에너지를 채굴한 곳에서 바로 소비하는 소규모 발전이 주가 되리라 예상된다. 카르노의 정리 하나만으로도 이러한 상상이 가능해진다.

열기관에 관한 이야기를 접한다면 일단 고열원과 저열원의 온도 차에 주목하자. 카르노의 정리에서 얻어지는 이 착안점 하나만 가지고도 보이는 세계가 완전히 달라진다.

에너지 흐름이 만들어내는 것

자네, 시간이란 각자가 각자의 속도로 달리는 거라네.

-셰익스피어, 〈뜻대로 하세요〉

인류가 만든 시간

근대 과학의 발전으로 탄생한 많은 법칙 중에서도 열역학 제2법칙, 즉 엔트로피 증가의 법칙만큼 시사하는 바가 큰 법칙은 존재하지 않는다. 이는 아무리 강조해도 지나치지 않다. 이러한 사실을 잘 보여주는 대표적인 사례가 일상에 깊게 뿌리내린 '시간'과 엔트로피의 관계다.

우리가 생각하는 시간이란 과거에서 현재, 미래로 가는 한 방향의 비가역적인 과정이다. 20세기 초반에 활약한 영국의 천문학자 아서 에딩턴은 이를 두고 '시간의 화살'이라고 했다.[18] 우리가 시간의 흐름을 느낄 수 있는 이유는 다름 아닌 열역학 제2법칙이 존재하고 사물이 산일되면서 세상이 한 방향으로 흐르기 때문이다.

하지만 이렇듯 분명하게 인식되는 비가역적 흐름은 거시적 세계에 한정된 이야기로 원자 수준의 미시적 세계에서는 그 존재가 갑자기 모호해진다. 열에너지의 구체적인 실태를 가지고 생각해 보자.

에너지의 산일과 열화를 결정짓는 존재는 열에너지다. 열에너지란 다량의 원자와 분자가 무질서하게 움직여 생겨나는 운동 에너지의 집합체다. 그럼 이 운동이 하나의 원자만으로 이루어질 경우 어떤 일이 일어날까. 어느 방향으로 가건 하나의 원자는 한 방향으로만 간다. 종잡을 수 없는 움직임은 나타날 수 없다. 원자 하나로만 된 운동은 운동 에너지이지 열에너지는 아니다. 그러므로 하나의 원자나 분자만을 다루는 미시적 세계에서 열에너지는 존재하지 않는다는 말이 된다.

사실 운동 에너지를 기술한 뉴턴 역학이나 상대성 이론의 물리 공식에는 시간이 한 방향으로만 간다는 식의 제약이 없다. 왜냐하면 시간을 반대로 해도 식이 성립하기 때문이다. 다시 말해 미시적 세계에서는 과거, 현재, 미래로 가는 '시간의 화살'의 존재 여부를 모른다는 뜻이다. 현대 물리학의 최첨단 지식으로도 시간에 관한 문제는 답이 도출되지 못하고 있는 것이 현실이다. 우리에게 익숙한 시간이라는 존재를 제대로 확인할 수 있는 곳이 사실상 거시적 세계밖에 없다는 점이 놀라울 따름이다.

이 문제에 관해 좀 더 대담하게 이야기해 보자면 애초에 시간의 흐름이란 거시적 세계를 사는 생물, 특히 인류가 독자적으로 창조한 것이라고도 할 수 있다. 외부로부터 자극을 받은 생물은 해당 자극에 대해 자신에게 허락된 자유 안에서 의사 결정을 하고 반응한다. 자극을 받고 반응을 하기까지 일련의 순서가 있다는 점이야말로 생물이 시간의 존재를 느낄 수 있는 이유다. 그중에서도 인류는 스스로가 내린 과거의 의사 결정을 오래 기억할 수 있어서 외부 세계의 자극에 대응하는 일련의 의사 결정이 하나의 큰 흐름으로 이어진다. 그리하여 인간은 탄생부터 죽음까지의 시간성(時間性) 속에서 자기 존재까지도 확립할 수 있는 것이다. '인생은 여행이다'라고 느끼는 우리의 감각 역시 이렇듯 시간을 인식하는 데서 기인한다.

즉 인류는 불을 얻어 진화를 거듭해온 유일무이한 두뇌의 힘으로 때의 흐름을 기억하고 '시간'을 창조해냈기 때문에 자신의 존재를 믿게 되었다고도 할 수 있다. 데카르트가 언급한 '나는 생각한다, 고로 존재한다'는 바로 이 사실을 가리키는 것이 아닐까. 또 과거, 현재, 미래라는 시간의 흐름을 인식하게 되면서 우리는 자신의 미래를 자기 의지로 개척할 수 있음을 배웠다. 시간을 창조함으로써 미래를 창조할 힘까지 얻은 것이다.

이렇게 생각하면 시간이란 가까우면서도 실로 심오한 존재라는 점을 알 수 있다.[19] 이 존재를 뒷받침하는 것도 열역학 제2법칙, 즉 엔트로피 증가의 법칙이다.

지구 환경과 열에너지의 관계

지금까지 다룬 열역학 제2법칙에 관한 이야기에서는 열에너지가 대기로 산일된다는 사실을 확인했다. 그렇다면 인간의 활동으로 발생하는 열이 지구 온도를 상승시키지는 않을까. 이것이 최근 문제시되고 있는 기후 변화와 지구 온난화의 원인은 아닐까. 이렇게 걱정하는 사람이 있을지도 모른다.

인류의 에너지 대량 소비로 대기 중에 방출되는 인위적인 폐기 열이 기하급수적으로 늘고 있는 것도 분명 사실이다. 실제로 인구가 집중된 도시는 그 영향이 현저하고 인공 구조물로 인한 영향까지 더해져 소위 '열섬 현상'으로 불리는 고온화 현상이 일어나고 있다.

하지만 지구 차원의 온난화는 이야기가 다르다. 지상에는 인류가 사용하는 에너지의 1만 배를 넘는 규모의 태양 에너지가 쏟아지고 있다. 따라서 인간의 활동으로 인해 배출된 열에너지가 지구 환경 전체에 주는 영향은 아주 미미하다. 기후 변화와 지구 온난화는 이산화탄소나 메탄가스처럼 온실가스의 증가로 발생한 온실 효과의 영향이 압도적으로 크다. 이는 지구가 태양 에너지를 받아서 다시 우주로 방출하는 에너지의 거대한 흐름을 온실가스가 방해하기 때문이다.

열을 전달하는 방법에는 세 가지가 있다. 전도, 복사, 대류다. 온실 효과는 열복사와 연관이 있다. 열복사란 한 물체에서 나온 전자파를 다른 물체가 흡수해서 열을 전달하는 현상을 가리킨다. 전자파를 이용해 열을 전달하므로 진공 상태에서도 전달할 수 있는 특징이 있고, 그 혜택을 가장 많이 받는 존재가 지구에 사는 우리 생물이다.

우리의 눈에 보이는 가시광선과 더불어 자외선과 적외선처럼 눈에 보이지 않는 빛을 포함한 다양한 파장의 전자파로 이루어진 태양광은 진공 상태인 우주 공간을 거침없이 나아간다. 태양광이 지구에 도달하면 일부는 대기와 구름에 의해 반사되거나 흡수되고 절반 이상이 지구 표면까지 다다른다. 그중 극히 일부가 광합성의 에너지원이 되고, 대부분은 땅이나 바다에 열로 흡수되어 물의 순환과 대기의 대류를 일으키는 에너지가 된다.

지구에 온실 효과를 발생시키는 대기가 없다면 어떻게 될까. 아마도 낮 동안 땅이나 바다를 데운 열이 밤이 되면 지구 표면의 열복사로 인해 순식간에 극한의 우주로 빠져나가 버릴 것이다. 대기가 거의 없는 달의 밤낮의 온도 차가 200도를 넘는 이유는 이 때문이다. 하지만 지구에는 수증기, 이산화탄소, 메탄과 같은 온실가스를 포함한 대기가 충분히 존재한다. 덕분에 일정량의 열이 머무를 수 있어서 지구 환경은 생물의 생존에 적정한 온도를 안정적으로 유지한다.

이렇듯 온실가스는 우리 생물에게 절대 없어서는 안 되는 존재지만, 쏟아지는 태양 에너지 양이 막대하므로 조금이라도 균형이 깨지면 지구에서 우주로 방출되는 에너지의 흐름이 막히면서 온난화가 빠르게 진행된다. 온실가스 중 하나인 이산화탄소의 인위적인 증가를 우려하는 데는 이러한 이유가 있다.

다만 실제 지구의 기후 환경은 대기 성분의 구성만으로 결정되지 않는다. 태양 자체의 활동 상태나 대규모 화산의 분화, 지축의 경사나 지구 공전 궤도의 미세한 변화로도 달라질 수 있다. 애초에 복잡한 지구 기후를 모델로 미래를 예측하는 작업은 극강의 난도를 자랑한다. 따라서 인위적인 기후 변화 문제에는 언제나 회의론이 따라다닌다.

나는 인위적인 요인으로 기후 변화가 일어나고 있다고 본다. 하지만 그렇다고 이 책에서 그런 것들을 상세히 따질 생각은 없다. 그러한 이야기에 구애되는 것이야말로 에너지 문제의 본질에서 사람들의 눈을 돌리게 만드는 일이라고 생각하기 때문이다.

그렇다면 무엇에 주목해야 할까. 지구의 기후 환경은 태양 에너지의 거대한 흐름으로 이루어져 있다. 그러므로 태양 에너지의 흐름에 관심을 가져야 한다. 지구에 존재하는 에너지의 흐름은 우리가 세상에 존재하는 이유와도 밀접한 연관이 있다.

산일 구조의 불가사의

우리의 존재는 하나의 기적이다. 열역학 제2법칙에 따라 세상이 혼잡해지고 무질서해지는 방향으로 가고 있다면 어떻게 질서 그 자체인 생물이라는 존재가 탄생하고 진화할 수 있었을까. 이 질문은 과학적 난제 중 하나였다. 이를 신이 존재하는 증거라고 보는 사람도 적지 않았다. 그런 난제에 해답을 찾은 것이 에너지의 흐름이 만든 구조에 관한 연구다.

지구처럼 외부에서 에너지를 계속 받아 다시 방출하는 계를 열린계 또는 비평형계라고 한다. 이러한 에너지 흐름을 가진 세계에서는 질서에서 무질서로 향하는 일방통행의 과정 안에서 특정한 질서를 가진 구조가 국소적으로 나타나는 경우가 있다.

열대 지방의 열을 가둬 자연적으로 발생하고 커지는 태풍이 좋은 사례다. 태풍은 열대 지방의 따뜻한 해수에서 에너지를 공급받아 회오리치는 구조를 만든다. 그리고 얼마 뒤 육지에 상륙하거나 위도가 높고 해수온이 낮은 지역으로 이동하면서 해수의 에너지 공급이 줄어들면 구조를 유지할 수 없어 자연 소멸된다.

이러한 질서의 궁극적인 사례가 바로 우리 생물이다.

1917년에 러시아에서 태어난 과학자 일리야 프리고진은 에너지가 흐르는 열린계 연구를 통해 국소적으로 질서가 나타남을 발견한다. 그는 이를 '산일 구조'라고 명명했다.[20] 이 발견으로 계속해서 태양을 통해 에너지를 공급받는 지구 환경과 같은 열린계에서는 생물이라는 질서가 자연스럽게 발생할 수 있다는 점이 설명되었다. 산일 구조 연구에서 큰 성과를 올린 프리고진은 1977년에 노벨화학상을 받았고, 우리는 우리의 존재를 과학적으로도 신뢰할 수 있게 되었다.

우리 생물은 태양이 만드는 에너지의 거대한 흐름 속에서 탄생했다. 그리고 광합성이나 포식을 통해 태양이 방출하는 에너지를 탐욕스레 흡수하고 다음 세대에게 생명을 이어주었으며 조금씩 진화의 계단을 밟아 올라갔다. 우리는 에너지의 거대한 흐름 속에서 삶을 영위하고 있다, 아니, 영위되고 있다.

대부분의 고대 문명이 태양을 숭배한 이유는 단순한 우연이 아니다. 고대인은 우리가 어떻게 태어나고 어떻게 삶이 영위되는지를 이미 체감하고 있었던 것이다.

문명은 산일 구조다

프리고진이 개척한 산일 구조를 생각하다 보면 그것이 우리 문명의 미래를 생각하는 데 도움이 된다는 사실을 깨닫는다. 왜냐하면 우리가 쌓아올린 문명이 역사적인 시간의 큰 흐름 속에서 나타난 일종의 산일 구조이기 때문이다.

인류가 문명을 일으키고 번영을 구가한 역사는 지식이 축적되어 가능했다. 지식의 축적은 무엇보다도 언어의 발명 덕에 가능했다. 그전까지는 전승되지 못하고 한 세대에만 머무르다 산일되던 개개인의 경험과 기술이 언어의 발명으로 세대를 초월해 전달되었기 때문이다. 세계 각지의 구전 신화와 옛날이야기는 말을 통해 다음 세대에게 경험과 지식을 전달하는 방법이다. 그래서 이야기 속에 압운을 넣거나 리듬을 만들고 반복하는 기법이 사용되었다. 호메로스의 서사시가 그 대표 사례라 할 수 있겠다.

기술은 말로 설명이 더해지고 실제 작업이 반복되며 전승되었다. 그 무렵의 기술 전승 방법을 보여주는 무척이나 흥미로운 의식이 현재까지도 이어지고 있다. 이세(伊勢) 신궁에서 매일 아침 열리는 '불 피우기 의식'이 그것이다. 여기서는 노송나무 판에 산비파로 만든 막대기를 마찰시켜 불을 얻는 고대의 방식 그대로 매일 아침 불을 피운다. 이는 문자가 없던 시대에 '불 피우기'라는 고도의 기술을 다음 세대로 정확히 전달하기 위해 고안된 방법으로 알려져 있다.[21]

이윽고 문자가 발명되고 이후 종이가 탄생한다. 기술 방법도 구전의 전통이 강하게 남아 있던 리듬 중심의 운문 형식에서 좀 더 자유로운 표현이 가능한 산문 형식이 탄생했고, 전승은 세대를 뛰어넘어 보다 정확하고 복잡해졌다. 이렇게 지식을 중층적으로 쌓을 수 있는 기초가 완성된다. 예를 들어 구전이 어려운 철학은 플라톤이 자신의 스승인 소크라테스의 말을 산문 대화 형식으로 남기는 데서 본격적으로 발전하기 시작한다. 소크라테스가 전 생애에 걸쳐 자신의 말을 스스로 남기지 않고 제자인 플라톤이 저술하는 대화 형식을 택했다는 점을 생각해 보면 그 시대가 구전에서 문서화로 이행하는 시기였다고도 볼 수 있다. 그리고 플라톤의 제자이자 만학의 아버지로 불리는 아리스토텔레스가 역사의 무대에 등장한다.

이렇듯 인류에 의한 지식의 축적은 전부 질서를 초래하는 것, 즉 산일 구조다. 지식의 축적이 임계점을 넘어 빛을 발한 것이 문명의 부흥이므로 인류의 문명이란 역사적 시간의 거대 흐름 속에서 나타난 산일 구조 그 자체라고 할 수 있다.

산일 구조를 유지하기 위해서는 외부에서 끊임없이 에너지를 공급해야 한다. 만약 에너지 공급이 끊어지면 구조는 곧 소멸하고 만다. 고대 메소포타미아에서 시작된 도시 문명은 인적 에너지를 충분히 투입해 건물과 도로를 정비했고 도시라는 질서를 만들었다. 그러나 삼림의 소실로 토양이 유출되면서 토지 사막화가 진행되었고, 사람들이 도시를 떠나자 질서는 사라지고 사람의 손이 닿지 않은 곳은 이내 흙으로 돌아갔다.

열역학 제2법칙이 지배하는 이 세상에서 일정한 질서를 유지하기 위해서는 늘 외부의 에너지 공급이 필요하다. 이것이 산일 구조 논의에서 도출되는 하나의 결론이다. 인류는 문명이 탄생한 고대부터 현재에 이르기까지 끝없이 지식을 축적하고 있다. 축적된 지식을 '구조'로 유지하고 발전시키기 위해서는 더 많은 에너지가 필요하다. 과거부터 현재까지 인류의 에너지 소비량이 꾸준히 증가해온 이유가 여기 있다. 더 복잡하고 다양한 구조를 유지하려면 한층 더 많은 에너지가 필요한 것이다.

뉴욕이나 두바이의 마천루, 전 세계를 비행하는 항공기, 연안 지대에 늘어선 콤비나트 등 인류 문명을 지탱하는 모든 것이 질서에서 무질서로 가는 거대한 흐름 속에서 나타난 질서, 즉 산일 구조다. 가령 인류가 에너지 소비량을 줄여야 하는 상황에 맞닥뜨리면 태풍의 세력이 서서히 줄어들 듯 산일 구조 역시 유지하기 어려워진다. 관리에 신경을 쓰지 못하면 머지않아 지붕에서 비가 새고 새시에도 틈이 생긴다. 날지 못하는 비행기는 대형 폐기물이 되고 공장 배관은 부식으로 구멍이 뚫려 조업을 멈춘다.

현대 사회의 인류가 누리고 있는 번영은 오롯이 에너지의 대량 소비로 간신히 유지되는 데 불과한, 어떤 의미에서는 매우 취약한 것이다.

에너지 절약 기술은 에너지 소비를 부추긴다?

산일 구조에 관한 논의는 인류가 끊임없이 축적해온 지식을 산일하지 않고 보전하기 위해서 필연적으로 에너지 소비량을 늘려 왔다고 정리할 수 있다. 여기서 한 가지 의문이 든다. 에너지 절약에 관한 인류의 지식은 예외로 볼 수 있을까.

결론부터 말하면 아쉽지만 에너지 절약에 관한 지식 축적도 대부분 예외가 아니다. 에너지 절약 기술은 에너지 소비량을 줄여 기기 제조비나 사용료를 낮춘다. 그 결과 과거에는 3종 신기(神器)라 입을 모아 찬양했던 TV, 냉장고, 세탁기가 각 가정에 널리 보급되었고, 검은 다이얼식 전화기가 한 집에 한 대뿐이던 시절에서 개인 휴대전화를 가지고 다니는 생활이 당연한 시대로 바뀌는 등 대체로 에너지의 소비 총량은 늘어난다.

이는 19세기 영국의 경제학자 윌리엄 스탠리 제번스가 처음으로 지적했기 때문에 제번스의 역설이라고 불린다. 제번스가 살았던 19세기 중반 영국에서는 산업혁명이 가져온 압도적인 풍요를 사회 전체가 누리는 한편 에너지원인 석탄 자원의 고갈을 우려했다. 이런 상황에서 몇몇 전문가는 에너지 절약 기술을 보다 향상시키면 석탄 자원 소비량을 억제할 수 있다고 주장했다.

당대 일류 경제학자였던 제번스는 이러한 시각에 경종을 울린다. 그는 1865년에 〈석탄 문제: 국가의 발전과 탄광의 고갈 가능성에 관한 연구〉라는 제목의 책을 써서 진실은 완전히 반대라는 사실을 보여주었다.[22] 제번스는 과거의 기술 혁신을 꼼꼼히 조사했고, 특히 제임스 와트의 증기기관 개량 효과에 주목했다. 응축기를 달아서 같은 출력을 얻기 위해 필요한 석탄량을 뉴커먼 증기기관의 절반 이하까지 줄이는 데 성공한 와트의 증기기관은 에너지 절약 기술 그 자체다. 그 결과로 일어난 대변혁은 모두가 아는 바다. 와트의 손에서 탄생한 에너지 절약 기술이 산업혁명으로 시작된 에너지 대량 소비 시대의 문을 연 것이다.

에너지 절약 기술의 개발과 사회 전체의 에너지 소비량 사이의 이러한 역설을 그는 이렇게 기록했다.

"연료를 경제적으로 사용하면 소비가 줄어들 것이라는 생각은 참으로 어이없는 발상이다. 진실은 정확히 그 반대다. 수많은 유사 사례로 입증된 법칙에 따르면 새로운 상태로 이행한 경제는 대개 에너지 소비량을 늘리는 방향으로 간다."

물론 에너지 절약 기술의 개발은 중요하지만 그것이 에너지 문제의 완전무결한 해결책이라고 생각해서는 안 된다. 에너지 절약 기술은 해당 기술로 탄생한 결과물에 강력한 수요가 있기 때문에 발전하는 것이다. 따라서 수요가 많은 분야의 기술 혁신에 속도가 붙고, 결과물의 수요를 낮추는 방향으로는 가지 않는다. 오히려 기술 혁신으로 생산 관련 비용이 낮아지고 성능이 좋아지기 때문에 한층 수요가 늘어나는 경향이 있다.

즉 에너지 절약 효과를 확실하게 기대할 수 있는 분야는 이미 사회 곳곳으로 충분히 보급되고 추가로 에너지 절약 기술이 적용되는 경우에 한한다는 뜻이다. 선진국의 경우 전구부터 형광등, LED로 진화를 거듭해온 조명 기구 등 에너지 절약 효과가 확실한 사례도 조금씩 나타나고 있다. 그러나 여전히 조명 기구가 충분하지 않은 저소득 국가를 포함한 전 세계의 발전을 생각하면 인류 사회 전체의 에너지 소비량 감축 효과는 제한적이다.

기술 혁신을 통해 문제를 해결하고자 한다면 카르노의 정리가 보여주는 열효율의 한계와 더불어 이러한 관점 또한 잊지 않아야 한다.

에너지 문제를 철학적으로 바라보다

각각의 에너지 절약 기술이 사회 전체의 에너지 소비량을 늘리는 경향이 있다고 한다면 지식의 축적이 바탕이 된 현대 문명을 유지하고 발전시키기 위해서는 에너지 소비량을 계속해서 늘려 나가야 한다. 하지만 유용한 에너지에는 한계가 있으므로 이런 사회는 여러 고대 문명이 그랬듯 언젠가 사라질 수밖에 없는 운명이다. 지속 가능한 사회를 실현하려면 에너지 문제를 어떤 자세로 바라봐야 할까.

첫 번째는 기술 혁신으로 문제를 해결하겠다는 순진한 기대를 갖지 않는 것이다. 현대를 사는 우리는 정보통신 기술의 일취월장을 눈으로 직접 보고 있는 탓에 어떤 문제든 마지막에는 기술 혁신이 모든 것을 해결해주리라 착각한다. 그러나 에너지의 세계는 열역학 제1법칙과 제2법칙의 지배를 받는다. 에너지를 창조하는 기술 내지는 에너지의 질적 저하를 역전시키는 기술은 전부 실현 불가능하다. 게다가 에너지 절약 기술이 문제의 근본적인 해결책도 아니다. 그러므로 우리는 안일한 기술 혁신 신앙을 버리고 에너지 문제의 본질을 제대로 파악해야 한다. 이것이 에너지 문제를 생각하는 첫걸음이다.

에너지 문제의 본질을 제대로 파악해야 한다는 말은 무슨 의미일까. 이는 인류의 역사를 되돌아보고 왜 인류가 에너지 소비량을 증가시켜 왔는가를 생각해 보자는 뜻이다. 늘린 이유를 안다면 줄이는 방법의 힌트도 얻을 수 있다. 자기 자신을 아는 일, 즉 철학적인 태도로 바라본다는 뜻이다.

인류는 왜 에너지 소비량을 늘렸을까. 앞에서 살펴보았듯 불의 사용으로 시작된 다섯 차례의 에너지 혁명을 통해 인류는 에너지 소비량을 놀라우리만치 증가시켰다. 나는 각각의 과정에 공통점이 있다고 생각한다. 키워드는 '시간의 단축'이다.

제1차 에너지 혁명이 된 불의 사용은 '요리'라는 형태로 음식의 저작 시간을 현저히 줄였다. 야생 침팬지는 하루에 6시간 이상을 씹는 데 할애한다. 하지만 우리는 세끼를 다 먹어도 2시간 정도만 있으면 충분하다. 빠른 사람이라면 1시간으로 족하다. 이렇듯 식사 시간을 극적으로 줄이는 데 성공한 인류는 과거 식사에 할애한 시간을 옷을 짜거나 도구를 만들면서 효율적으로 사용할 수 있게 되었다.

제2차 에너지 혁명인 농경 생활로의 이행은 잉여 식량의 창출로 식량 생산에 종사하지 않는 사회 지배층이나 야금 등 특수 기능을 가진 장인층을 낳았다. 농경 생활은 사회 전체로 본다면 식량 생산에 드는 시간을 단축시켰다. 혹독한 농사일을 일부 인력에 집중시키고 나머지 사람이 얻은 자유 시간이 문명 발전의 동력이 되었다.

제3차 에너지 혁명인 실용적인 증기기관의 발명은 산업혁명의 원동력이 되었고, 오늘날에도 계속되고 있는 에너지 대량 소비 사회의 문을 열었다. 광산이나 공장에 설치된 증기기관은 똑같은 시간에 사람이나 소, 말의 몇 십 배나 되는 일을 해내는 데다가 지쳤다고 쉬는 법도 없었다. 따라서 사람들은 아무리 혹사시켜도 불평 한마디 없는 기계를 개량하는 일에 힘쓰게 된다. 개량으로 크기가 작아진 증기기관을 교통기관에도 탑재할 수 있게 되면서 증기선, 증기기관차가 등장했고 사람들이 더욱더 편리하게 이동할 수 있게 되었다. 소형화가 훨씬 수월한 내연기관이 발명되기에 이르자 자동차나 비행기도 폭발적으로 보급되기 시작했다. 이렇듯 동력을 가진 교통기관의 등장과 보급으로 사람들의 이동 시간이 크게 줄어들고 이동이 더욱 활발해졌다.

제4차 에너지 혁명인 전기 이용은 거리라는 한계를 없앴다. 모스 부호로 유명한 전기통신 기술은 19세기 중반에 고속 정보 전달 수단으로 한 세기를 풍미했고, 각 지역의 철도 노선에는 경쟁하듯 전신선이 깔렸다. 그 유명한 에디슨도 발명가로서 눈부신 커리어의 첫 페이지를 장식한 발명품은 전신 기술을 사용한 주식 시세 표시기였다. 전기통신 기술은 이후로도 진화를 거듭하며 컴퓨터와 같은 정보 처리 기술의 발전과 하나가 되어 현재까지도 TV 방송이나 휴대전화, 인터넷 기술 등 정보통신 네트워크의 중추를 담당하고 있다. 이렇게 인류는 거리의 장벽을 없애고, 직접 가보지 않고도 세계 각지의 정보를 얻고 의사소통할 수 있게 되었다. 복잡한 대량 정보까지도 컴퓨터를 이용해 매우 짧은 시간에 처리할 수 있다. 이러한 움직임 역시 시간 단축과 관련이 있다.

제5차 에너지 혁명인 인공 비료의 발명은 자연이 정한 질소 공급의 한계를 산산이 깨트렸다. 하버-보슈법의 발명으로 토양의 비옥도를 단시간에 높이는 식량 대량 생산 수단을 손에 넣은 인류는 트랙터와 같은 경작 기계의 도입, 컨트리 엘리베이터라고 불리는 대규모 곡식 저장 시설의 가동 등 차근차근 농업의 공업화를 추진해 생산 효율을 높여 나갔다. 농업 대국인 미국의 농업 인구는 이제 전체 취업 인구의 1.3%에 불과하다.[23] 효율적인 농업 경영이 가능해짐에 따라 한층 더 많은 사람이 농사일에서 해방되었다. 이와 더불어 영양가가 높은 옥수수가 싼값에 대량 생산되면서 소고기 등 식육 생산에 드는 시간도 현저히 줄었다. 그 결과 인류가 식량 생산에 소비하는 총 시간이 훨씬 짧아졌고, 창출된 잉여 시간은 정보통신 산업 등 새로운 산업 발전의 원동력이 되고 있다.

이렇게 인류 활동의 발자취를 정리해 보면 인류의 역사는 '시간을 단축하는 일', 바꿔 말해 '시간의 빨리 감기'에 가치를 둔 역사라고도 할 수 있다. 이는 인류의 가치 판단 기준이 얼마나 두뇌에 편중되어 있는가를 보여준다. 우리는 늘 육체적 부담을 최소화하며 최대의 성과를 얻고자 한다. 에너지를 얻으려는 뇌의 끝없는 욕구가 시간을 앞당기는 결과를 낳았다.

생리적 시간

앞서 '시간'도 인간의 유일무이한 두뇌가 창조한 것이라고 했는데, 인류는 시간을 창조하는 데 만족하지 않고 시간을 앞당기는 일에 집념을 불태우고 있다. 어떻게 해야 시간을 단축하려는 인간의 욕망을 잠재울 수 있을까. 나는 이것이 에너지 문제를 푸는 하나의 열쇠라고 생각한다.

생물학 연구에는 각각의 동물이 가지는 고유한 시간과 크기에 관한 흥미로운 사실이 있다. 바로 수명을 비롯해 성체 크기로 성장하는 데 걸리는 시간, 호흡 간격, 심장 박동수에 이르기까지 각각의 동물이 가진 고유의 시간은 체중이 무거우면 무거울수록 길어지는 경향이 있다는 것이다.

예를 들어 쥐의 심장은 1분에 500회 이상 뛰는 데 반해 코끼리는 30회 정도만 뛴다. 쥐의 수명이 대략 3년을 넘지 않는 데 비해서 코끼리는 보통 60년 정도를 산다. 이러한 관계를 수식화하면 각각의 동물이 가진 시간의 길이는 대략 체중의 4분의 1승에 비례한다는 사실을 알 수 있다. 수명을 2배로 늘리려면 체중이 16배 늘어야 한다는 계산이다.

한편 단위 시간당 에너지 소비량은 동물의 체중에 반비례하고 그 비율은 체중의 마이너스 4분의 1승이다. 체중과 시간의 관계와는 정반대다. 중량이 같은 동물은 죽을 때까지 소비하는 에너지 양이 같다. 즉 무게가 같은 세포 단계에서는 쥐나 코끼리나 생애 동안 같은 양의 에너지를 소비하는 것이다. 이로써 큰 동물일수록 느린 에너지의 흐름 속에서 살고 있음을 알 수 있다.[24]

현대 사회를 사는 우리는 매일 대량의 에너지를 소비한다. 자연에서 직접 얻은 에너지(석유, 석탄, 천연가스, 태양광 등)를 1차 에너지라고 부르는데,(1차 에너지를 가공해 얻은 전기나 가솔린 등은 2차 에너지) 나라별 1차 에너지 소비량과 인구 데이터를 결합해 얻은 1인당 1차 에너지 소비량을 생물학 정보인 정온 동물의 체중과 기초 대사량 공식에 적용해 보았더니 놀라운 결과가 얻어졌다. 일본인의 체중이 4.8톤으로 아시아코끼리 수준의 크기가 되었기 때문이다. 1인당 1차 에너지 소비량이 단연 세계 1위인 미국인의 경우 육서 동물 중에서도 가장 큰 아프리카코끼리를 능가하는 11.7톤이나 되었다.[25]

실제로 인간은 60kg 정도의 몸으로 대량의 에너지를 소비하므로 단위 체중당 에너지 소비량을 나타내는 대사율을 다른 동물과 비교해 보자. 대사율은 체중이 작은 동물일수록 수치가 크다. 그래서 대략 0.1g의 체중을 가진 정온 동물의 대사율을 일본과 독일 국민에게 적용해 보았는데, 체중이 60kg이어도 현재 그들이 사용하는 에너지를 전부 소비할 수 있다는 계산이 얻어졌다. 0.1g이라는 체중은 정온 동물 중에는 더 이상 비교 대상이 없다. 포유류 중 가장 작은 꼬마뒤쥐나 조류 중 가장 작다고 알려진 콩벌새의 체중이 많아야 2g이 될까 말까 한다고 알려져 있기 때문이다.

1990년대 후반 사람의 1년이 개의 수명으로는 7년에 해당한다는 사실을 정보통신 기술의 진보 속도에 빗대어 IT업계의 1년이 우리가 생각하는 7년과 맞먹는다는 '도그 이어'라는 표현이 탄생했다. 이후 정보통신 기술의 혁신 속도가 한층 빨라져서 18년과 맞먹는 속도로 흘러간다는 '마우스 이어'라는 말까지 등장했다. 하지만 이제는 마우스 이어마저도 뛰어넘은 놀라운 속도로 우리는 인생을 살아가고 있다.

	미국	일본	독일	방글라데시
1인당·단위 시간당 1차 에너지 소비량 (W/사람)	9,323	4,732	5,165	294
가상 체중 (kg)	11,718	4,750	5,337	117

| 생물학의 시점에서 본 각 나라 국민의 가상 체중 |

BP 통계 2019 및 유엔 인구 통계 2019에 실린 2018년 데이터를 이용해 저자가 계산

그러므로 세상이 각박해지고 있다고 느끼는 것도 이상한 일은 아니다. 에너지 대량 소비 사회에 적응하며 살기 위해 인류는 자신의 몸에 새겨진 생리적 시간의 흐름보다 더 격렬하게 흐르는 시간 속을 살고 있기 때문이다.

시간을 어떻게 다뤄야 할까

하나의 생물이라고 했을 때 인간의 시간은 이미 완전히 어긋나 있다. 지금보다도 훨씬 느리게 흐르는 시간을 살도록 만들어진 몸과 그것과는 무관하게 그저 시간 단축에만 혈안이 된 극단적으로 비대해진 뇌 사이에서 말이다.

우리는 이제 어떻게 하면 뇌 주도의 사고법에서 벗어나 조금이라도 몸을 생각하는 사고법을 실현할 수 있을지를 분명히 의식해야 한다. 자신의 몸이 내는 소리에 귀를 기울여 인간의 심층 심리를 파악할 수만 있다면 시간 단축을 지향하는 생활 습관도 개선될 여지가 있다.

예를 들어 호흡을 정돈하고 좌선이나 요가에 전념하는 것은 뇌를 진정시키고 시간의 걸음을 원래대로 몸이 주도하게 만드는 데 도움이 된다. 시간을 신경 쓰지 않고 천천히 달려 보는 것도 좋다. 그러면 자연스레 호흡이 정돈되고 얼마 안 가 러너스 하이라고 불리는 쾌감을 온몸으로 느낄 수 있다.

전 세계적으로 좌선이나 요가, 달리기의 오랜 인기는 우리가 몸의 시간으로 되돌아가려는 잠재적 욕구를 가졌음을 보여주는 증거일 것이다. 사회의 시간을 조정하는 일이 쉽지는 않겠으나 그렇다고 전혀 실현 불가능한 일도 아니다. 일본에서는 최근 패밀리 레스토랑이나 편의점 등 24시간 영업을 재검토하려는 움직임이 있다. 이는 원래 노동력 부족에서 비롯된 변화의 흐름일지 모르지만 시간의 가속을 억제하는 효과가 기대되는 사회 변화 중 하나라고도 할 수 있다.

에너지 문제처럼 사회의 바람직한 모습이 요구되는 복잡한 문제는 흑백 논리식의 질문을 세상에 던져보았자 해결에 도움이 되지 않는다. 에너지 문제를 해결하기 위해서는 뇌가 주도하는 시간 인식 문제를 중심에 두고 몸이 내는 소리 없는 비명에 귀를 기울여 개인과 사회가 당연하게 여기는 것들을 조금이라도 바꿔 나갈 수 있도록 모두가 함께 머리를 맞대야 한다.

시간 단축에 큰 가치를 부여하는 사회에서 에너지 소비를 억제하기란 쉽지 않다. 그럼에도 우리는 천천히 걷는 일에 더 큰 가치를 발견할 줄 아는 사회를 만들어 나가야 한다.

이상적인 에너지원은 무엇일까

자연이 하는 일에는 쓸데없는 것이 없다.

-아리스토텔레스

지금까지 에너지라는 가깝고도 먼 존재를 파악하는 인류의 지식 추구의 역사와 그 성과를 두루 살펴보았다. 지식을 찾아 떠나는 여행을 마치면서 마지막으로 현재 인간이 사용하고 있는 다양한 에너지원을 과학적인 측면에서 분류해 보고자 한다. 각각의 에너지원이 어떤 에너지에서 왔는가를 알면 각 에너지원의 특징이나 과제를 좀 더 쉽게 이해할 수 있으리라 생각한다. 여기서는 에너지원의 종류를 발전 방식의 차이로 정리해 화력, 원자력, 수력, 태양광, 풍력, 지열, 조력에 관해 살펴보기로 하자.

20세기 말부터 인간이 배출한 온실가스로 인한 지구 온난화 문제가 제기되면서 에너지원은 발전 과정에서 이산화탄소를 배출하느냐 아니냐로 구별되는 일이 많아졌다. 그 결과 가장 많은 이산화탄소를 배출하는 석탄 화력이 가장 나쁜 에너지원으로 취급되고, 이산화탄소를 배출하지 않는 원자력의 존재가 다시금 에너지원으로 각광을 받았다.

그러나 당시 원자력 르네상스라며 큰 기대를 모았던 원전 복권 운동은 그리 오래가지 않았다. 2011년 발생한 동일본대지진의 후쿠시마 제1원전 사고로 원자력 관리의 어려움이 새삼 인식되었기 때문이다. 현재는 이산화탄소를 배출하지 않는 기반 전원으로 오랜 역사를 자랑하는 수력과 더불어 태양광, 풍력 등 재생 에너지의 보급이 기대를 모으고 있다. 이러한 까닭에 현재 가장 널리 쓰이는 에너지원의 분류 방법은 화력, 원자력, 재생 에너지(수력, 태양광, 풍력, 지열, 조력) 3가지다.

하지만 나는 이산화탄소 배출량만을 기준으로 해서는 에너지 문제의 본질에 다가갈 수 없다고 생각한다. 이산화탄소는 연소로 발생하는 산물이고, 연소란 에너지를 방출하는 하나의 수단일 뿐이다. 그러므로 인류가 축적한 과학적 지식을 총동원해서 내 나름의 시점으로 이산화탄소 배출량과는 다른 관점의 분류를 몇 가지 시도해 보고자 한다.

에너지원을 분류하면 알 수 있는 것

현대 물리학은 에너지가 4가지 인자로 구성되었다고 본다. '강한 핵력', '약한 핵력', '전자기력', '중력'이 그것이다. 그중에서 중력을 뺀 3가지 힘은 물체가 질량을 가지는 이유와 밀접한 관련이 있는 힘으로 전부 물체의 질량이 줄어들면 에너지가 방출된다. 다시 말해 아인슈타인의 $E=mc^2$를 구성하는 세계다. 이들 3가지 힘은 힉스 입자라 불리는 존재가 2012년에 확인되면서 이론적으로 통일되었다.

중력도 언젠가는 하나의 통일된 이론으로 설명되지 않을까 하는 기대는 있으나, 그러기 위해서는 초끈 이론이라는 난해한 이론이 필요해서 좀 더 시간이 걸릴 듯하다. 따라서 우리가 매일 사용하는 에너지원을 물리학의 관점에서 분류하면 중력에서 오는 힘 하나와 그 외 3가지 힘인 질량에서 오는 힘으로 분류하는 것이 현시점에서는 가장 기본적인 분류 방법이라 하겠다.

현재 실용화된 발전 방식을 중력에서 오는 힘과 질량에서 오는 힘으로 분류하면 이산화탄소 배출량에 따른 분류와는 전혀 다른 결과가 얻어진다. 중력에서 오는 힘에는 조력, 질량에서 오는 힘에는 화력, 원자력, 태양광, 풍력, 수력, 그리고 질량과 중력의 하이브리드 형태인 지열로 나누어진다.

조력은 달과 태양이 지구에 미치는 중력 때문에 발생하는 조수 간만을 이용한 발전 방식으로, 그런 의미에서 매우 독특하다고 할 수 있다. 다만 아쉽게도 조력 발전은 세계적으로도 아주 제한된 지역에서만 가능하다.

분류 ①

질량에서 오는 힘	질량·중력의 하이브리드	중력에서 오는 힘
원자력 발전 화력 발전 태양광 발전 수력 발전 풍력 발전	지열 발전	조력 발전

분류 ②

태양 에너지에서 오는 힘	비태양 에너지에서 오는 힘
태양광 발전 수력 발전 풍력 발전 화력 발전	원자력 발전 지열 발전 조력 발전

분류 ③

매일 쏟아지는 태양 에너지를 그대로 활용하는 것	그렇지 않은 것
태양광 발전 수력 발전 풍력 발전	원자력 발전 화력 발전 지열 발전 조력 발전

| 에너지원의 분류 |

실용적인 에너지원은 질량에서 오는 힘이 압도적인 지분을 차지한다. 화력, 원자력, 태양광 발전은 전부 질량 결손으로 생기는 에너지가 기원이 된다는 점에서 일종의 형제와 같다. 질량이 줄어들면서 에너지가 방출되는 것은 원자력 발전에 쓰이는 핵분열 반응만이 아니다. 태양이 빛나는 이유인 핵융합 반응도 질량이 감소하는 반응이다. 화력 발전에 쓰이는 화석 연료의 연소로 발생하는 에너지는 화학 반응에 기반한 에너지 방출이므로 원자핵 자체가 반응을 일으켜 다른 원자로 변환되는 핵분열 반응이나 핵융합 반응과는 체계가 다르지만, 반응 결과 발생되는 에너지는 아주 소량의 질량 감소에 의한 것이다. 수력 발전은 중력에 의한 물의 낙차를 이용한 발전 방식으로, 태양 에너지의 증발 작용이 떨어져 내린 물을 다시 산 위까지 끌어올려 중력 에너지를 이용할 수 있게 해준다. 따라서 뿌리가 되는 에너지는 태양의 핵융합 에너지라고 볼 수 있다. 풍력은 태양 에너지의 공기 대류 현상으로 발생하는 에너지이므로 이 역시 태양의 핵융합 에너지에서 비롯된다.

지열은 운석이 중력의 힘으로 서로 끌어당겨 충돌할 때 발생한 열이 지구가 형성되는 과정에서 내부에 갇힌 것과 지구 내부에서 우라늄이나 토륨 등의 방사성 원소가 붕괴되어 발생한 열이 주를 이룬다. 따라서 지열은 중력과 질량의 하이브리드라고 분류했다. 참고로 온천 성분으로 포함되기도 하는 라돈은 우라늄 원소가 방사성 붕괴를 반복한 결과 생기는 것이다.

다른 관점으로도 분류해 보자. 이들 에너지원을 태양 에너지에서 온 것과 그렇지 않은 것으로 나누는 것이다. 결과는 이렇다. 태양 에너지 기반이 태양광, 수력, 풍력, 화력, 그렇지 않은 것이 원자력, 조력, 지열이다. 여기서 처음으로 원자력이 태양광과는 다른 범주에 들어갔다. 한편 많은 이산화탄소 배출량으로 미움을 받는 화력은 변함없이 태양광과 같은 범주에 속해 있다. 화력 발전에 쓰이는 화석 연료는 생물이 태고의 지구를 비추던 태양 에너지를 유기화합물로 체내에 흡수해 오랜 세월을 거쳐 화석화한 것이다. 이렇게 보존된 과거의 태양 에너지를 산소와 결합하도록 화학 반응을 일으켜 현재 우리가 쓰는 전기로 만드는 것이 화력 발전 방식이다. 따라서 화력과 태양광은 태양 에너지를 기반으로 한다는 점에서 같은 범주에 속한다.

마지막으로 화력과 태양광을 다른 범주로 분류하고자 시간적 차이를 고려해 태양 에너지를 그대로 활용하는 것과 그렇지 않은 것으로 분류한다. 태양 에너지를 그대로 활용하는 방식이 태양광, 수력, 풍력, 그렇지 않은 것이 원자력, 화력, 조력, 지열이다. 이 분류는 원자력과 화력을 재생 에너지인 태양광, 수력, 풍력과 구별한다는 점에서 지속 가능한 사회를 위해 현재 세계가 지향하는 분류에 가장 가깝다고 할 수 있다.

실제로 원자력, 화력은 안전성이나 고수준의 방사성 폐기물 취급 문제, 이산화탄소 배출 문제가 대두되기 전부터 이미 자원 고갈이라는 문제를 떠안고 있었다. 엄밀히 말해 태양 에너지도 질량 결손으로 생기는 에너지이기 때문에 자원 고갈을 피할 수는 없겠지만, 태양의 수명이 앞으로 50억 년 정도라고 하니 인류의 예상 가능한 시간에 한해서는 걱정하지 않아도 좋을 듯하다.

태양 에너지는 누구의 것일까

지구로 쏟아지는 태양 에너지의 총량은 일반적으로 인류가 현재 사용하는 에너지의 1만 배를 넘는다고 알려져 있다. 따라서 기술 혁신이 진행 중인 태양광 패널이나 풍력 터빈을 대량 도입해서 태양 에너지를 적극적으로 이용하는 방법은 지속 가능한 사회를 구축하기 위한 비장의 카드가 될 수 있다.

미래에 태양 에너지를 그대로 활용해서 인류에게 필요한 에너지 대부분을 얻을 수 있게 된다면 그것은 제6차 에너지 혁명이라고 불러야 할 변혁이 될 것이다. 인류사 최초로 에너지원인 자원 고갈 문제에서 완전히 해방되는 에너지 자립, 즉 에너지 독립을 실현하는 일일 테니 말이다. 제6차 에너지 혁명이 실현된다면 이는 곧 인류사 마지막 에너지 혁명이다.

하지만 언뜻 이상적이고 목표로 삼아야 할 유일하고 절대적인 방향처럼 느껴지는 태양 에너지원으로의 이행에는 간과할 수 없는 문제가 있다. 그것은 바로 인류가 독점해도 좋은, 누구에게도 쓰이지 않은 공짜 태양 에너지 따위는 애초에 존재하지 않는다는 점이다.

지구로 쏟아지는 태양 에너지는 지표면을 데우고 대류를 일으키며 물을 순환시켜 지역 곳곳에 특징적인 기후와 지형을 만들 뿐 아니라 지구 생물이 살기 위한 에너지까지 공급한다. 태양 에너지는 그 전부가 각 지역의 자연환경을 유지하는 데 특정한 의미를 가지고 있다.

해상이나 해안에 대량의 풍력 터빈을 설치해 발전하면 미약해도 해당 지역의 바람에 영향을 주게 되므로 바람의 순환이 강수나 기온에 어떤 식으로든 변화를 일으킨다. 그리고 하늘을 나는 새에게도 분명 해가 된다. 실제로 알려진 바에 따르면 멸종 위기종으로 분류되는 수리과의 일종인 흰꼬리수리는 풍력 발전 시설과 충돌해서 죽는 사례가 가장 많다고 한다.[26] 또 농지 이용에 부적합한 산 경사면을 개척해 태양광 패널을 대량 설치하면 숲의 생태계에 영향을 줄 뿐더러 토양을 지탱하는 나무가 사라지면서 토사 유출로 사면이 붕괴될 위험도 커진다. 패널을 사막에 깐다고 하더라도 가혹한 환경에 적응해 사는 생물 종에 분명 영향이 있을 것이다. 수력 발전 역시 댐을 건설하면 강의 생태계가 훼손된다. 또 댐에 토사가 퇴적되어 하류의 토사 운반량이 줄면서 하구 지역의 모래톱을 형성하는 데 방해가 되는 지형적 영향도 무시할 수 없다.

이와 더불어 태양 에너지를 기반으로 한 발전 방식은 단위 면적당 발전량이 적고 화력이나 원자력보다 더 넓은 토지와 많은 자재가 필요하다. 이 역시 토지를 점유하고 훗날 폐기물을 증가시킨다는 점에서 지역 환경에 적지 않은 영향을 주는 요인이다. 어찌 됐건 나중에는 우주로 방사되는 열에너지와 다르게 물질은 지구에 계속 남는다. 엔트로피 증가의 법칙에 따라 사용된 자재는 시간이 지나면 산업 폐기물이 되므로 필요한 자재가 많으면 나중에 큰 문제가 된다. 게다가 대량으로 필요한 자재에는 레어 메탈rare metal이라 불리는 희소 자원이 포함되어 있어서 이러한 희소 자원을 얼마나 안정적으로 확보할 수 있는가 하는 새로운 자원 문제도 발생한다.

원래 인류는 농경을 통해 대지로 쏟아지는 태양 에너지를 꾸준히 점유해왔다. 현재 인류가 경작지로 이용하는 토지 면적은 전체 육지의 12.6%에 이른다. 목초지로 이용되는 초원 지대까지 포함하면 전체 육지의 40%가 인류에 의해 식량 생산에 이용되고 있다. 남은 육지는 삼림이 30%, 식량 생산에 부적합한 건조 지대나 극지방이 30%를 차지한다.[27]

인류가 개간 활동으로 토지와 태양 에너지를 점유한 결과 토지의 고유한 생태계가 파괴되었고 생물 다양성이 대폭 줄어들었다. 동남아시아의 열대 우림과 브라질의 아마존 개발은 현재 진행 중이며, 지금도 여전히 삼림 자원이 감소하고 생물 종이 멸종하고 있다. 또 인류의 생활권이 확대되면서 지금껏 접촉한 적 없는 세균이나 바이러스에 감염

될 위험도 높아졌다. 2020년에는 코로나 팬데믹으로 세계 경제가 막대한 타격을 입었는데, 이대로 전 세계가 토지 개발을 계속한다면 이러한 팬데믹에 휘말릴 가능성이 커질 것으로 우려된다.

이 같은 상황에서 태양 에너지로의 이행을 고수하면 인류는 지금보다 더한 기세로 토지와 태양 에너지를 점유하게 되고, 지금 이대로도 심각한 영향을 받고 있는 생태계가 다시 한번 큰 피해를 본다. 결국 다양성이 사라진 생태계는 일기 불순으로 인한 흉작, 해충의 대량 발생, 만연한 역병 등에 내성이 약해지다 언젠가 생태계의 구성원 중 하나인 인류에게 큰 보복을 할 것이다. 이는 실로 걱정스러운 일이 아닐 수 없다.

생태계에서 화력과 원자력이 지닌 의의

이러한 점에서 화력과 원자력은 다른 위치에 놓여 있다. 생태계 전체가 의존하는 에너지원이자 생물들의 격렬한 쟁탈의 대상인 태양 에너지와 달리 화력과 원자력은 인류가 독자적으로 개발한 에너지원이기 때문에 자연과 큰 경쟁을 할 필요가 없다. 산업혁명 이후 인구가 폭발적으로 증가하고 문명이 급속하게 발달할 수 있었던 것은 전적으로 이러한 인공 에너지원의 개발 덕분이다.

고도로 발달한 현대 문명과 70억을 넘는 인구라는 거대한 산일 구조를 지탱하기 위해서는 반드시 막대한 에너지를 끊임없이 공급해야 한다. 이렇게 엄청난 에너지를 태양 에너지만으로 해결한다는 것은 기술적으로는 가능할지 모르지만, 다른 생물의 생존을 한층 더 위협하여 또다시 생태계를 파괴할 우려가 있다.

한편 화력은 이전부터 문제시되었던 NOx(질소산화물), SOx(황산화물) 등 연소 시에 발생하는 공해 물질과 더불어 최근 이산화탄소 배출로 인한 기후 변화 문제가 대두되고 있다. 원자력에는 안전성, 고수준의 방사성 폐기물 취급 문제가 따라다닌다.

애초에 환경 부담의 걱정이 없고 인류가 마음껏 써도 좋은 완벽한 에너지원이란 이 세상에 없다. 이 점을 제대로 인식해야 한다. 인간은 거대한 현대 문명의 유지 발전에 빼놓을 수 없는 에너지 확보 문제를 좀 더 겸허히 받아들여야 한다.

지구 생물은 태양 에너지를 쟁탈하는 치열한 경쟁 속에서도 생물 다양성을 유지함으로써 생태계 전체에 고도의 안정을 가져오도록 만들어졌다. 생태계는 과점을 좋아하지 않는다. 태양 에너지를 낭비하지도 않는다. 과점을 좋아하고 에너지 낭비를 마다치 않는 것은 인간에게서만 볼 수 있는 특징이다.

우리 인류는 스스로가 사용할 에너지원을 선정할 때 해당 에너지원이 이산화탄소 배출량이나 고수준의 방사성 폐기물 취급 문제뿐 아니라 생물 다양성의 유지까지도 충분히 고려한 균형 잡힌 설계를 바탕으로 하는가를 고려해야 한다. 완벽한 에너지원은 존재하지 않는다. 에너지 문제는 단순히 기술 혁신에만 기대서는 결코 해결할 수 없는 복잡한 문제다.

Part 3

마음을 찾아 떠나는 여행

인간의 마음과 에너지

지금까지 에너지와 인류의 관계를 양과 지식이라는 측면에서 살펴보았다. 3부에서는 인간의 마음속을 헤치고 들어가 에너지와 관련된 인간의 사고 회로를 밝히고 에너지 문제를 푸는 열쇠를 찾아보고자 한다.

인간의 마음속으로 들어가려면 가장 먼저 인류가 오랜 세월에 걸쳐 만들어 온 종교를 생각해 볼 필요가 있다. 인류는 불을 도구로 활용했을 뿐만 아니라 오래전부터 알 수 없는 신비한 존재라고 여겨왔다. 인간은 왜 불을 숭배하는지, 불이 가진 종교적 깊이와 인류의 사고 회로에 미친 영향을 생각하는 지점부터 마음 탐구 여행을 떠나 보자.

불의 정신

흑과 백으로 대답하라는 어려운 문제를 떠안고 마주한 벽 앞에서 우리는 다시 헤매고 있어. 헤매고 있지만 흑과 백 그 사이에는 무한한 색이 펼쳐져 있어.

-Mr.Children <GIFT>

불에 깃든 정신세계

불은 우리 생물의 화신과 같다. 불을 지핀다는 것은 생물에 들러붙은 탄소를 다시 공중으로 날려 보내 탄소 순환을 한다는 뜻이다. 이는 앞에서 언급한 대로다. 이러한 불의 특징을 감안해 볼 때 불에는 요리가 주는 효능이나 육식 동물로부터 몸을 보호하는 실리적인 가치만이 아니라, 고도로 발달한 뇌를 가진 인류의 정신에도 강하게 호소하는 바가 있었음을 쉽게 상상할 수 있다. 이러한 생각이 하나의 형태로 완성된 것이 불을 신앙의 대상으로까지 끌어올린 화염 숭배다.

현대로 전해진 화염 숭배는 불에 제물을 던져 신에게 바치는 인도 브라만교의 호마Homa와 호마가 불교의 한 종파인 밀교로 전파된 호마(護摩, 산스크리트어인 Homa를 음차한 것이다-옮긴이)가 유명한데 이들의 기원은 고대 아리아인의 종교 의례로 거슬러 올라간다. 고대 아리아인은 중앙아시아의 스텝에 살던 인종이다. 이들은 현재 우즈베키스탄, 투르크메니스탄, 카자흐스탄 지역을 원류로 하는데, 남쪽은 이란과 인도, 서쪽은 코카서스 지방을 넘어 중앙 유럽까지 다다른 민족이다.

고대 아리아인은 불을 신성시하는 문화를 발달시켰다. 그들은 신에게 드리는 공물을 하늘로 전달하는 회로가 불이라고 생각했기 때문에 종교나 주술 의식에서 불을 사용했다. 불에 태우면 공물이 하늘로 올라간다는 생각은 그들이 탄소 순환을 하는 불의 본질을 잘 파악하고 있었음을 보여준다. 놀라운 관찰력과 통찰력이다.

고대 아리아인이 불에서 발견한 것은 이뿐만이 아니다. 그들은 불을 바라보고 불에 깃든 정신을 갈고닦아 마침내 한층 높은 경지에 다다른다. 불과 관련된 토착 신앙을 기반으로 논리 체계를 정리해 배화교로 알려진 조로아스터교를 만든 것이다.

조로아스터교에서는 절대신인 아후라 마즈다를 중심으로 빛과 어둠으로 대표되는 두 상태 대비를 통해 선악 이원론을 펼친다. 그리고 절대신 아후라 마즈다의 상징으로 빛과 빛을 내는 불을 신성시한다. 조로아스터교의 출현은 인류사에 길이 남을 일대 사건이었다. 불꽃을 관찰하며 고대 아리아인이 구축해 나간 정신세계가 인류사에 또렷한 족적을 남겼기 때문이다.

전 세계에 남아 있는 조로아스터교의 위대한 발자취

조로아스터교는 중앙아시아 평원에서 고대 아리아인이었던 자라수슈트라에 의해 탄생했다. 기원전 12세기에서 기원전 9세기경으로 알려져 있다. 조로아스터는 교주 자라수슈트라의 그리스식 발음이다. 아리아인이 세운 페르시아 제국의 발전과 함께 성장한 조로아스터교는 기원후 3세기에 출현한 사산조 페르시아 시대에 국교가 되면서 전성기를 맞이한다. 이후 642년에 신흥 이슬람군과의 사이에서 벌어진 니하반드 전투로 인해 사산조 페르시아가 격퇴되어 멸망하면서 급속히 쇠퇴했다.

참고로 1970년대부터 1980년대에 걸쳐 세계적인 인기를 끈 록 밴드 퀸의 보컬 프레디 머큐리의 부모는 모두 조로아스터교도로, 아버지의 성씨인 불사라는 인도 북서부 구자라트 주의 불사르라는 도시명에서 유래한다.[1] 이들은 사산조 페르시아가 멸망하고 페르시아를 떠나 인도 구자라트 주로 이주한 조로아스터교도의 후손이다. 게이이자 인도계 영국인으로서 이미 소수자였던 프레디 머큐리를 한층 더 소수자로 만들었을 부모의 종교적 영향력은 이러한 역사적 배경에 근거한다.

이제는 이슬람교가 페르시아(현재의 이란)를 비롯해 중앙아시아 일대를 석권한 탓에 소수의 토착 종교로 전락해 버린 감이 없지 않으나 그 정신성은 이후에 나타난 여러 종교에 막대한 영향을 주었다고 해도 과언이 아니다. 조로아스터교는 대표적인 유일신교인 유대교, 그리스도교, 이슬람교를 비롯해 힌두교, 불교와 같은 이름난 종교 전체에 큰 영향을 미쳤다고 알려져 있다.

빛과 어둠의 대결, 천국과 지옥, 최후의 심판, 구세주 사상 등은 전부 조로아스터교에 의해 세계에 먼저 알려진 개념이다. 또 선악 이원론을 취하고는 있으나 선의 우위성이 확정되어 있어서 훗날 서쪽에서 탄생한 유대교, 그리스도교, 이슬람교로 이어지는 유일신교의 기원이 되었다고 여겨진다.

동쪽에 미친 영향도 엄청나다. 물론 일본도 예외는 아니다. 예를 들어 대승 불교의 종말 사상에 등장하는 구세주 미륵보살은 조로아스터교의 미트라신이 그 원형으로 알려져 있다.[2] 미트라신은 자라수슈트라가 나타나기 전부터 중앙아시아에서 신앙의 대상이 되었던 태양신으로, 조로아스터교가 만들어질 때 교리에 포함되었다. 미륵에는 미트라와 통하는 비슷한 음감까지 남아 있다. 이외에도 불을 사용하는 행사인 밀교의 호마행(불 앞에서 경을 외우는 정신 수행의 일종-옮긴이)과 오히간(매년 춘분과 추분 두 차례 조상의 영혼을 모시는 제례 행사-옮긴이)의 배웅 불 등은 조로아스터교의 영향을 좀 더 직접적으로 받았다고 알려져 있다.[3,4]

따라서 조로아스터교를 다른 이국의 소수 종교 등으로 생각해서는 안 된다. 유대교, 그리스도교, 이슬람교에 준 영향은 말할 것도 없고, 대개 종교와는 무관하다고 생각하기 쉬운 현대의 우리 마음에도 적지 않은 영향을 주고 있는 큰 존재다. 인류가 끝없이 이어 온 에너지인 불은 동서를 불문하고 우리 모두의 정신세계 속에도 굳건히 타오르고 있다.

자라수슈트라의 환상

조로아스터교가 인류 사회에 준 영향은 종교뿐만이 아니다. 유럽인이 볼 때 조로아스터교는 늘 동방의 신비한 이미지를 구현하는 종교였다. 예를 들면 영어로 마술을 나타내는 매직이라는 단어는 조로아스터교의 신관(마기)에서 비롯되었다. 조로아스터교의 불을 사용한 의식이 마술처럼 보였기 때문이다.[5]

시대가 흘러 19세기 후반 독일의 철학자 니체는 〈차라투스트라는 이렇게 말했다〉라는 책을 쓴다. 차라투스트라는 자라수슈트라의 독일식 발음으로, 니체는 자신의 사상을 자라수슈트라를 빌려 말하고 있다. 유럽 사회에서 자라수슈트라는 위인으로서 특별한 존재감을 발휘하고 있었다. 그는 자신의 주장을 펼치기 위해 자라수슈트라의 이미지와 신비한 기운을 교묘히 차용했다.

참고로 영화 〈2001 스페이스 오디세이〉에서 인류의 조상이 처음으로 동물의 뼈를 손에 드는 장면에 쓰인 인상적인 음악은 리하르트 슈트라우스가 작곡한 〈차라투스트라는 이렇게 말했다〉라는 곡이다. 슈트라우스는 니체의 책에 감명받아 그 느낌을 음악으로 만들었다. 이 곡이 영화에 상징적으로 쓰이고 있다는 점에서 어쩌면 큐브릭 감독도 인류 발전에 불이 얼마나 중요했는지 잘 알고 있었을지 모른다.

그 외 비즈니스 분야에서도 조로아스터교의 이미지를 차용한 예가 적지 않다. 아마도 불이나 빛처럼 밝고 강한 힘을 쉽게 연상할 수 있어서일 것이다. 토머스 에디슨이 창업한 제너럴 일렉트릭이 판매한 백열전구에는 아후라 마즈다에서 온 Mazda라는 브랜드명이 있었고, 노벨 형제의 회사가 개발하고 카스피해에서 취항을 시작한 세계 첫 유조선의 이름은 조로아스터였다.

일본인에게 익숙한 사례로 자동차 브랜드인 마쓰다 역시 사명의 유래는 아후라 마즈다다. 마쓰다 공식 홈페이지에는 '마즈다를 동서 문명의 기원적 상징이자 자동차 문명의 원시적 표상으로 보고, 세계 평화를 꿈꾸며 자동차 산업의 빛이 되기를 바라는 마음으로 지은 이름'이라고 적고 있다.[6] 물론 창업자인 마쓰다 주지로의 성과 관련된 사명이긴 하지만, 영문 표기는 아후라 마즈다와 똑같은 Mazda를 고수하고 있다.

이처럼 동서를 불문하고 조로아스터교와 관련된 이름을 사용하는 예만 봐도 전 세계적으로 조로아스터교에는 긍정적인 이미지가 남아 있음을 확실히 알 수 있다.

이원론과 정의

인류 사회에 큰 영향을 주고 지금도 동경의 대상이 되는 조로아스터교의 교리 안에는 현대 사회의 에너지 문제와도 연관된 과제를 찾아볼 수 있다. 바로 교리에 이원론을 도입하면서 발생한 문제다.

조로아스터교는 빛과 어둠의 대결처럼 세상은 선과 악이 투쟁하는 무대로, 세상에 태어난 인간은 선과 악의 어느 한쪽을 선택해 투쟁에 참여할 의무가 있다고 여겼다. 이원론에 근거한 이 같은 교리에서는 자라수슈트라가 바람직하다고 생각하는 선행이 사람들에게 장려되는 한편 악행으로 규정한 일은 용납하지 않는 사회가 만들어진다.

대개 선행으로 분류되는 일은 원만한 사회생활을 위한 기본 규칙에 해당하는 내용이 중심이기 때문에 그 자체는 문제되지 않는다. 하지만 과도한 이원론적 사고를 바탕으로 모든 것을 선과 악으로 나누면 당사자들로서는 지극히 당연한 일도 남들 눈에는 이상해 보일 수 있다. 예를 들어 조로아스터교는 개는 선하고 개구리는 악한 창조물이라고 규정했다. 그래서 신자들은 매월 정해진 날에 개구리를 잡아서 때려죽여야 했다.[7]

내가 조로아스터교에서 탄생한 이원론에 주목하는 이유는 이렇듯 과도한 선악 구분이 오늘날 에너지 문제를 둘러싼 논의에서도 발견되고 있다고 느끼기 때문이다. 이를 잘 보여주는 사례가 이산화탄소를 그저 악으로만 보는 시각이다. 물론 대기 중 이산화탄소량이 증가하면 온실 효과가 심해진다. 그러나 이산화탄소는 탄소 순환을 지탱하는 중요한 구성 요소로 우리 생물 활동의 근간이 되는 존재이기도 하다.

'흑백을 가리다'라는 말처럼 뇌의 사고 회로는 이원론을 선호하게 만들어져 있는 듯하다. 하지만 자연은 다양한 사상이 복잡하게 얽힌 매우 다원적인 질서를 가졌다. 나는 자연을 주제로 한 논의를 단순화해 이원론으로 재단하려는 오늘날의 풍조에 큰 위화감을 느낀다.

내가 최근 에너지 문제를 둘러싼 논의를 지켜보면서 이원론과의 관계에 주목한 이유는 또 있다. 그것은 종말론과의 관계다. 이원론에 근거한 교리는 선행에 힘쓴 보상으로 반드시 최후에는 선이 승리한다는 시나리오가 만들어진다. 그 결과 최후 심판으로 가는 마지막 대결전이 설정되고 가르침을 믿고 선행에 힘쓴 자는 구원을 받아 천국에, 그렇지 않은 자는 지옥에 떨어진다는 내용이 그려지기 쉽다.

이러한 종말론의 존재는 신앙심이 깊은 이에게는 열심히 선행에 힘쓰는 동기가 될 수 있지만 그 마음이 너무 과하면 오로지 구원에 대한 일념으로 종말이 찾아오기만을 기다리는 정신 상태에 빠질 위험도 있다. 거꾸로 신앙심이 깊지 않은 이도 거리에서 종말론이 들려오면 비관적인 미래 때문에 필요 이상으로 삶에 무감해질 우려가 있다. 세상이 끝나는 날이 구체적으로 명시되어 있으면 이러한 현상은 더더욱 심해진다.

석가가 사망하고 2000년 후 석가의 가르침만이 남아 수행도 깨달음도 얻지 못하는 말법의 세계가 왔다고 생각한 헤이안 후기의 일본에서는 바로 그러한 걱정이 현실이 되었다. 인세이(院政, 왕위를 후계자에게 물려주고도 계속해서 직접 정무를 보는 형태의 정치-옮긴이)의 시작, 무사의 대두, 승병의 출현과 같은 사회 변화와 맞물려 염세관이 만연한 탓에 세상이 어지럽고 혼란했다. 말세의 소동을 그저 과거의 미신으로 치부할 수도 있겠지만 노스트라다무스의 대예언이 크게 유행한 20세기 말의 일본에서도 비슷한 분위기가 팽배했다.

오늘날 에너지 문제를 둘러싼 논쟁에서는 이산화탄소 배출량을 일정량 이하로 억제하지 못하면 세상이 멸망하기라도 할 것처럼 말하는 경우가 있다. 이러한 극단적인 이야기는 사람들에게 종말론을 떠올리게 만들고, 착실한 노력을 부정적으로 인식시킬 우려가 있다. 모든 일을 단순화하고 과도한 위기감을 조성하면 결과적으로 문제 해결에서 더 멀어질 가능성도 있다.

우리 사회가 다양한 배경과 사고를 지닌 사람들이 모여 살고 다원적이며 복잡한 만큼 지구 환경도 이원론으로 딱 잘라 말할 수 있을 만큼 단순하지 않다. 에너지 문제에 관해 이야기할 때 이건 좋고 저건 안 된다고 모든 일에 흑백 논리를 펼치는 사람을 만난다면 그 사람의 주장은 의심하는 편이 좋다. 자연과 관련된 문제의 답은 대개 흑과 백 사이에 펼쳐진 무한한 색 안에 존재한다.

에너지와 경제

성장은 모든 모순을 덮는다.

-윈스턴 처칠

마음의 해방: 근대 과학과 정신적 자유

자라수슈트라가 중앙아시아에서 조로아스터교를 창시했을 무렵 서쪽 그리스에서는 제우스와 프로메테우스가 활약한 그리스 신화 이야기가 만들어지고 있었다. 이 시기 세상의 질서는 신의 영역이었고, 신 앞에서 인간은 무력한 존재였다. 인간은 가뭄이나 홍수, 일식이나 월식과 같은 자연 현상을 전부 신의 뜻이라 여겼고, 신의 의중을 살피고 분노를 잠재우기 위해 노력했다. 이 시기의 지배 계층은 동서를 불문하고 신과 교신할 수 있는 능력을 보여주고 지배를 정당화했다. 그래서 달력을 읽는 천문학이 발달했고 점성술도 왕성하게 이루어졌다.

이러한 신의 속박에서 심적으로 해방된 것은 그리스 땅에 철학이 생겨나면서부터였다. 그리스 철학은 관찰한 자연 현상을 신의 존재에 의지하지 않고 설명하려는 시도에서 비롯되었다. 예를 들면 번개는 단순히 제우스가 화를 내는 것이 아니라 비구름에 공기의 틈이 생기고 그 사이로 폭풍우가 휘몰아치고 불꽃이 보이는 현상이라고 생각했다. 이렇게 사람들은 모든 것을 신에 의존하던 습관에서 벗어나 스스로 생각하는 힘을 기르기 시작했다.

사람들이 생각하는 힘을 한층 더 기르게 된 마음의 변화는 17세기에 찾아왔다. 이를 주도한 사람은 프랑스에서 태어난 근대 철학의 아버지 르네 데카르트다. 갈릴레오와 동시대를 살며 그의 업적에 자극을 받은 데카르트는 개인의 주관을 확립함으로써 당대 권력과 권위에서 해방되어 스스로 생각하는 힘을 기를 수 있게 도와주었다. 이러한 자세는 이후 근대 과학의 발전을 이끄는 원동력이 되었다. 왜냐하면 권력과 권위로부터 개인의 정신적 자유가 확립되면서 통설을 의심하거나 잘못된 이론을 주창하더라도 벌을 받는 일이 없어지고 자유로운 발상을 낳는 토대가 마련되었기 때문이다. 그렇게 마음이 해방된 사람들은 신이나 권위, 권력 등의 속박에서 자유로워졌다.

자본에 종속된 인류

18세기에 산업혁명을 경험한 인류 사회는 중세의 오랜 경기 침체에서 벗어난다. 그리고 손에 넣은 부를 다시 투자해 새로운 부를 창출하는, 경제 성장이 지속되는 새 시대에 돌입했다. 자본주의 시대가 도래한 것이다. 자본주의 사회에서 경제 활동의 의사 결정은 경제적 합리성에 근거해 이루어졌다. 경제적 합리성이란 경제적인 가치 기준으로 판단했을 때 이익이 되리라 예상되는 상태를 가리킨다. 일반적으로 영리를 추구하는 기업은 투자를 결정할 때 경제적 합리성을 판단 근거로 삼는다.

17세기 이후에 찾아온 마음의 자유는 어디까지나 개개인이 쟁취한 자유였기 때문에 사람들은 결국 자기 입장을 공고히 할 토대를 잃고 사회 전체를 지배하는 암묵적인 규칙에 강하게 영향을 받았다. 현재 이 규칙을 정하고 있는 것이 자본주의다. 현대 사회를 사는 우리는 좋든 싫든 전 세계로 확대된 자본주의의 울타리 안에 있다. 그런 사회 속에서 안정된 삶을 영위하기 위해서는 자본주의의 규칙에 따라야 하고, 그 점이 우리의 마음 상태와 의사 결정에 큰 영향을 주고 있다. 이는 다시 말해 우리 인간이 경제 성장을 최고의 가치로 보는 자본이라는 새로운 신에 종속되었음을 의미했다.

에너지 문제와 경제학의 궁합

현대 사회가 떠안고 있는 에너지 문제는 경제 활동의 산물이다. 그리고 현대 사회 속 인간의 경제 활동은 경제적 합리성을 추구하는 자본주의

에 의해 그 뼈대가 만들어져 있다. 따라서 에너지 문제를 해결하려면 경제학의 관점에서 인간의 경제 활동을 분석하는 방법이 효과적이다.

그러나 에너지 문제는 대체로 경제 활동을 다루는 경제학과 궁합이 매우 나쁘다. 이는 특별히 에너지 문제가 기후 변화와 같은 환경 문제와 밀접한 연관이 있어서가 아니다. 애초에 에너지를 경제적 관점에서 정확히 분석하기가 쉽지 않기 때문이다.

현대 사회의 경제 활동은 대부분이 경제적 합리성에 근거해 의사 결정이 이루어진다. 이는 경제 활동을 수행하는 데 지극히 당연한 일이지만 이 체계가 제대로 운용되려면 중요한 전제 조건이 있다. 바로 판단의 전제가 되는 정보가 충분하고 정확해야 한다는 점이다. 하지만 지금부터 보게 될 에너지 논쟁에서는 이 점을 제대로 파악하기가 매우 어렵다. 경제학과의 궁합이 나쁠 수밖에 없는 이유는 바로 이 때문이다.

와트의 또 한 가지 대발명

오랜 세월 동안 에너지원의 경제적 가치를 측정하는 수단은 오로지 사람의 수나 말, 소 등 역축의 수를 세는 것이었다. 인류의 역사에서 인간이 자유롭게 쓸 수 있는 에너지는 부리는 노예나 농사를 돕는 말, 소 등의 역축으로 대개 한정되어 있었기 때문이다. 노예, 말, 소의 가치는 개체의 체격에 맞춰 기대되는 노동량이 결정되었는데 개체 간 차이가 그다지 크지 않았기 때문에 가치 산출에 큰 어려움이 없었다.

인류가 처음으로 에너지원의 경제적 가치를 측정하는 방법에 어려움을 느낀 때는 산업혁명 시기다. 이 시기에는 증기기관이 개량되어 에너지를 효과적으로 얻을 수 있었으나 증기기관의 도입으로 얻어진 투자 효과를 측정하기가 쉽지 않았다. 증기기관의 능력을 측정하는 방법이 정해져 있지 않은 탓이었다. 여기서 획기적인 아이디어를 떠올린 인물이 바로 그 유명한 제임스 와트다.

와트는 실용적인 증기기관의 발명뿐 아니라 증기기관이 하는 일의 능력을 측정하는 단위까지 고안했다. 그것이 '마력'이라는 단위로 표준적인 짐말의 단위 시간당 수행하는 일의 양을 기준으로 한다. 와트가 마력이라는 단위를 고안한 이유는 그가 발명한 증기기관이 활자 그대로 말의 일을 대신해주었기 때문이다. 와트는 출력이 큰 실용적인 증기기관을 발명해서 부를 쌓았는데, 성공의 요인 중 하나는 일의 능력을 측정하는 마력을 함께 만든 데 있었다. 그리하여 증기기관이 수행하는 일의 양이 가시화되었고, 말을 기르는 일과 비교해 증기기관의 투자 가치가 어느 정도인지를 계산할 수 있게 되었다.

참고로 현재 마력처럼 단위 시간당 에너지 출력을 측정하는 '와트'가 국제단위계 SI의 정식 단위로 정의되어 있다. 물론 제임스 와트에게 경의를 표하는 의미가 담겨 있다. 그만큼 제임스 와트는 에너지 역사에 확실한 발자취를 남긴 위대한 존재다.

외부 불경제와 내부화: 나룻이 석 자라도 먹어야 샌님

와트가 활동했던 시대에 증기기관과 같은 동력 기계 투자는 에너지 출력의 비용 대비 효과만으로 결정되었고, 기계 가동으로 발생하는 매연 등의 공해 문제는 경제적 합리성의 계산 밖에 있었다. 그 결과 기계를 돌리는 공장주는 충분한 이익을 거두었지만 대기가 오염되고 공해가 심각해졌다. 이러한 상황을 경제학 용어로 '외부 불경제'라고 한다.

외부 불경제가 초래한 심각한 공해를 근거로 인류 사회는 곧장 대응에 돌입한다. 매연 정화 장치의 설치를 법률로 의무화하는 등 공해 대책에 드는 비용을 경제적 합리성의 계산에 넣기 시작한 것이다. 이를 경제학 용어로 내부화라고 한다.

이는 매우 합리적이고 올바른 행동이다. 보다 살기 좋은 사회를 위해 인류가 고안한 효과적인 아이디어라고 해도 좋겠다. 다만 내부화가 무조건 가능하지는 않다는 점에 주의할 필요가 있다. 내부화를 위해서는 공해 대책을 실현시켜 줄 기술이 개발되어야 함은 물론이거니와 기술 도입에 드는 비용을 내부화하고 투자 전체에 경제적 합리성이 있는지까지 따져봐야 하기 때문이다. 이는 투자로 기대되는 이익이 커야 한다는, 즉 부를 낳는 경제 규모가 충분히 성장한 상태여야 한다는 사실을 말해준다. 하루하루를 겨우 연명하는 수준의 개인과 사회라면 환경 대책에 비용을 대려는 인센티브가 작용하기 힘들지만, 충분한 소득이 있어서 잉여 자본이 있는 개인과 사회라면 환경 투자에 비용을 댈 여유도 있다는 뜻이다. 요컨대 '나룻이 석 자라도 먹어야 샌님'이다.

경제학의 세계에서 이러한 현상은 환경 쿠즈네츠 곡선Kuznets curve으로 알려져 있다. 가로축을 경제 발전의 정도, 세로축을 환경 부하의 정도로 놓으면 1인당 소득이 일정 수준에 달할 때까지는 환경 부하가 심

화하지만, 어느 수준에 다다르면 조금씩 환경 부하가 호전되고 역U자형 곡선을 그린다.[8]

환경 쿠즈네츠 곡선은 경제 성장이 반드시 환경에 나쁜 것만은 아니라는 점을 시사한다. 산업혁명을 거쳐 인류는 매우 빠른 속도로 에너지 소비량을 늘려 경제를 성장시켰고, 거대한 산일 구조인 현대 문명을 건설했다. 이로 인해 다양한 환경 문제가 야기되었지만, 경제 규모가 커지면서 선진국을 중심으로 친환경 기술 개발이 촉진되었다는 점도 부정할 수 없는 사실이다.

다만 매연처럼 동력 기계의 가동으로 발생한 공해 문제는 대체로 공해의 인과 관계가 확실하고 피해 범위와 기간도 한정적이었다. 즉 대책의 비용 대비 효과를 비교적 쉽게 산출할 수 있는 내부화에 적합한 안건이 많았다.

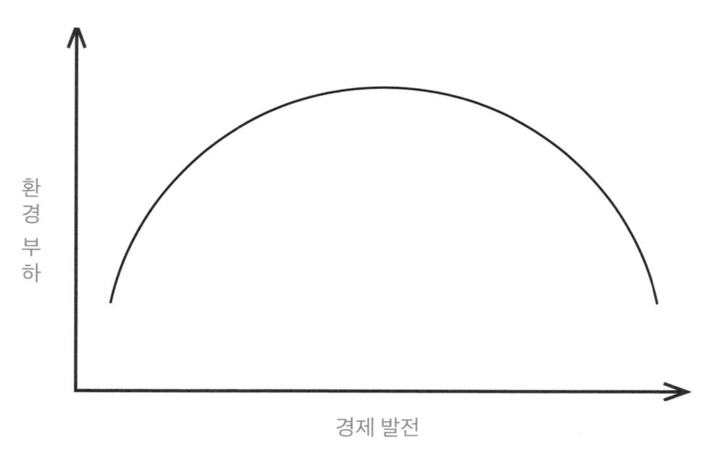

| 환경 쿠즈네츠 곡선 |

반면 요즘의 에너지 문제를 생각하면 기분이 우울해진다. 초장기에 미친 고수준의 방사성 폐기물 보관 문제, 이산화탄소 배출 문제 등 인간의 생애를 훨씬 뛰어넘는 기간에 대한 논의와 전 지구적 수준으로 확대된 안건인 환경 부하를 과연 적절히 평가해 경제적 합리성의 계산 안에 포함시킬 수 있을까.

에너지 관련 투자 평가의 어려움

에너지 투자에서 환경 부하를 고려해 경제적 합리성을 적절히 평가하고 판단하는 일이 얼마나 어려운가는 원자력 발전을 보면 명확하게 알 수 있다. 원자력 추진파는 안전성을 높이는 시설 건설에 거액이 들어도 가동 비용이 저렴하니 이익을 얻을 수 있다고 판단해 원자력 발전에 경제적 합리성이 있다고 본다. 한편 원자력 반대파는 추진파의 계산에 장기적인 관리가 필요한 고수준의 방사성 폐기물 처분 비용이 제대로 포함되어 있지 않으므로 그 점까지 포함해 계산하면 어차피 채산성을 기대할 수 없으니 경제적 합리성이 없다고 본다. 더 격렬하게 반대하는 이들의 말을 빌리면 혹여라도 큰 사고가 발생했을 때 예상되는 피해가 너무나도 크기 때문에 아무리 발생 확률이 낮더라도 피해 예상액이 거액이므로 어떠한 경우에도 원자력 발전에 경제적 합리성이 없다고 본다. 요컨대 경제 활동에 관한 투자 효과는 비교적 쉽게 계산되는 데 반해 환경에 주는 영향은 적절하게 평가하기가 매우 어렵다.

게다가 원자력 발전에 관한 논의가 복잡해지는 이유는 이야기가 여기서 끝나지 않고 늘 다른 에너지원과의 비교를 필요로 한다는 데 있다. 우리가 원하는 것은 에너지인 전기로 '경제적 합리성'에 근거해 최적의 전기 에너지원을 고르기만 하면 되기 때문이다.

전기를 만드는 에너지원은 석탄, 석유, 천연가스와 같은 화석 연료부터 재생 에너지인 수력, 태양광, 풍력까지 다양한 선택지가 존재한다. 이들은 저마다 발전 비용과 환경 부하 정도가 달라서 정확하고 공평하게 비교하기가 여간 어려운 일이 아니다.

예를 들어 기후 변화 문제의 대처 방안으로 각각의 에너지원에 투자를 검토하는 경제적 합리성의 계산 안에 이산화탄소 배출량을 넣을 순 있지만 그것만으로 환경 부하를 제대로 감안했다고 말할 수 있을까. 이산화탄소 배출량으로 본다면 석탄 화력이 태양광보다 불리하지만, 석탄 화력의 입장에서는 태양광 패널이 대규모 토지를 점유해 생태계에 끼치는 영향, 태양광 패널의 대량 생산에 필요한 자재량, 생산과 설비 과정에서 배출되는 이산화탄소량, 미래에 패널을 폐기하는 데 드는 환경 부담도 고려해 종합적으로 평가해야 한다고 반론할 것이다.

결국 이렇게 에너지원을 둘러싼 문제에는 환경 부담을 어디까지 내부화해야 공평하다고 말할 수 있는지, 내부화하는 데 드는 비용은 어떻게 책정할지 합의를 형성하기가 어려운 탓에 종종 의견 대립이 발생한다.

게다가 환경에 미치는 영향을 내부화하기 위해 법을 정비하는 주체가 국가 중심의 행정 단위로 나뉘어 있는 현실이 글로벌해진 경제 규모 속에서 이제는 전 지구적 과제로 떠오른 환경 문제의 해결을 한층 더 어렵게 만들고 있다. 왜냐하면 전 세계가 하나의 규칙을 책정해 준수하지 않는 한 이러한 문제는 해결되지 않을 것이기 때문이다.

최근에는 이 같은 문제를 해결하고자 환경 대책 비용을 내부화할 수 있을 정도로 충분한 경제 규모를 가진 유럽연합EU과 미국이 탄소국경세라 불리는 제도의 도입을 검토하고 있다. 탄소국경세란 이산화탄소 배출 규제의 지역 간 격차로 발생하는 생산 비용의 차이를 관세로 조정하는 제도다. 탄소국경세는 글로벌 경제 구조를 정교하게 이용한 것으로 도입되면 일정 효과를 기대할 수 있지만, 관세 설정 조건에 따라서는 국내 산업의 해외 이전을 억제하는 효과도 있어 자국 산업 보호 정책으로 이어지기 쉽다 보니 취지를 벗어난 정치적 논쟁에 빠질 우려도 있다.

이렇게 생각하면 세계 통일 정부라도 만들지 않는 한 인류의 미래에는 꿈도 희망도 없을 듯하다. 이런 사회가 과연 실현 가능할까. 아니면 이제 우리는 실이 끊어진 연처럼 자본주의의 기세에 몸을 맡기고 갈 데까지 가 보는 수밖에 없을까.

인간의 마음속을 헤치고 들어가는 마음 탐구의 여행. 그 마지막을 장식하는 다음 장에서는 세상의 구조를 면밀히 관찰하는 사회학의 시선에서 현대 사회를 지배하는 것을 찾아 미래 사회의 바람직한 모습을 생각하는 계기로 삼고자 한다.

에너지와 사회

시간은 금이다.

-벤자민 프랭클린

자본이라는 신의 특징

현대 사회를 사는 우리는 좋든 싫든 자본주의 사회에 속해 있다. 자본주의 사회에서는 자본이라는 신이 세상을 지배한다. 자본의 신이 전하는 가르침은 딱 하나, '경제 성장이 세상을 구한다'이다. 말법의 세계에 승려 호넨이 창시한 정토종은 현세의 불안 속에서도 열심히 염불을 외우면 반드시 내세에 구원된다고 설파했으나, 현대의 자본의 신은 대담하게도 현세의 번영을 약속하고 일말의 불안조차 드러내는 법이 없다. 우리에게 요구되는 것이라곤 딱 하나. 꾸준한 경제 성장을 믿는 일뿐이다. 그리하면 현세를 살면서도 공덕을 쌓을 수 있다.

애초에 자본의 신은 내세의 존재 따윈 믿지 않는다. 내세만 믿지 않는 것이 아니다. 과거도 마찬가지로 지금껏 쓴 돈이나 노력, 시간은 전부 성크 코스트(매몰 비용)이기 때문에 일체 돌아보는 법이 없다. 믿는 것은 현재와 다가올 미래, 그것도 반드시 성장해 있을 미래뿐이다.

자본의 신이 가져온 '꾸준한 경제 성장'이 당연해진 것은 산업혁명 이후의 일로 사실 고작해야 2백여 년의 역사가 전부다. 이전 사회에서는 경제 성장이 당연하다는 발상을 가진 이가 없었고, 중세는 오랫동안 경제 침체에 빠져 있었다. 토지 소유가 가장 큰 가치였던 중세 사회에서 경제가 성장하려면 새로운 토지 개간이 필요했지만 이를 뒷받침해줄 인구가 크게 늘지 않았고 역병의 유행과 대기근으로 줄어드는 일마저 있었다. 중세까지의 인류는 자연의 속박에서 완전히 자유롭지 못했다. 중세에 이르기까지 세계 각지에서 탄생한 종교 대부분은 자연의 속박을 피부로 느끼고 있던 탓에 내세에 희망을 걸어 혹독한 현세와의 균형을 맞추고자 했다.

그래서 산업혁명 시대에 새롭게 강림한 자본의 신은 인류에게 완전히 새로운 존재였다. 자연에 굴복하는 법이 없었기 때문이다. 이제껏 인류를 고통에 빠트린 기근과 역병, 그 모든 것을 자본의 힘으로 하나씩 해결해 나갔고 현세에 극락정토를 만들어 보였다.

자본의 신에게는 또 하나, 중세까지 창조된 신들에게는 없는 큰 특징이 있었다. 그것은 꾸준한 경제 성장으로 경제 규모가 커지면 커질수록 신의 힘이 세진다는 점이다. 자본의 신의 능력은 마치 롤플레잉 게임의 주인공처럼 쌓인 경험치와 반복된 훈련을 통해 강화된다. 경제 규모가 커지면 환경 비용도 부담해야 하는 환경 쿠즈네츠 곡선은 이러한 사실을 보여주는 일례라고 할 수 있다.

자본의 신은 먼저 산업혁명 시대의 영국에, 다음으로 미국에 강림했다. 양국 사회에는 새로운 투자를 가능하게 할 만큼의 부가 어느 정도 축적되어 있었을 뿐 아니라, 특허 제도를 비롯해 사유 재산에 관한 제도가 정비되어 있어 새로운 기기 발명이나 개발에 드는 선행 투자 비용을 회수할 수 있는 체계가 자리 잡혀 있었다. 실제로 유효한 특허 제도가 없었다면 일개 기계 기술자에 지나지 않은 제임스 와트에게 연구 개발 자금을 지원하는 사람은 없었을 테고, 그의 증기기관 역시 세상 빛을 보지 못했을 것이다.

산업혁명을 거쳐 인류가 에너지를 자유롭게 쓸 수 있게 되자 공업과 서비스업이 차례대로 발달했고 경제 활동은 토지와의 결속을 차츰 약화해 나갔다. 이렇게 경제 활동에 차지하는 농업의 중요성이 상대적으로 작아지며 자연의 영향을 최소화하고 꾸준한 경제 성장이 가능한 환경이 갖추어지게 된다. 그리하여 에너지를 대량으로 소비할 수 있는 사회가 도래했고 경제가 꾸준히 성장하면서 자본의 신은 타고난 학습 능력을 마음껏 발휘해 능력을 한층 강화하고 사회에 폭넓게 받아들여질 수 있는 존재가 되어 갔다.

이렇게 생각하면 자본의 신은 에너지를 탐욕스레 흡수해 성장하는 에너지의 화신, 일종의 몬스터와 같은 존재라고 봐도 좋겠다. 에너지를 끝없이 흡수하며 모습을 드러내는 몬스터. 여러분도 이제 깨닫지 않았는가. 그렇다. 자본의 신이란 요컨대 산일 구조 그 자체인 것이다.

자본의 신의 정체가 산일 구조라는 사실을 깨달으면 언뜻 최강의 존재처럼 느껴지는 자본의 신에게도 약점이 있음을 알게 된다. 경제 성장이 둔화하고 에너지 공급이 줄어들면 구조를 유지할 수 없어 금세 무너지고 만다는 점이다. 그래서 자본의 신은 꾸준한 경제 성장을 믿고 계속 투자할 것을 우리에게 끊임없이 요구한다.

돈벌이의 긍정: 금욕적인 신앙이 자본주의를 발전시켰다

자본의 신은 '경제 성장을 믿으라'고 설교하면서도 공덕을 쌓기 위해 지켜야 할 새로운 계율도 정하고 있다. 그것은 '열심히 돈을 버는 것'이다. 이 역시도 중세까지의 인류 사회에는 존재하지 않았던 완전히 새로운 계율이다.

중세 시대까지도 상업은 발전 도상의 길에 있었고, 경제 활동의 중심은 어디까지나 토지에 강하게 예속되는 농업이었다. 토지에 큰 가치가 부여된 시대였으니만큼 토지를 소유한 귀족이 가장 위대하고 상인은 한 단계 낮은 위치에 놓이는 것이 일반적이었다. 그리고 돈벌이에 매달리는 일은 부끄럽다는 생각이 사회 전반에 퍼져 있었다.

그런 흐름을 바꾼 계기가 16세기 가톨릭교회에 대한 반발로 시작된 종교개혁 운동에 따른 새로운 종파의 탄생이다. 이들은 프로테스탄트라고 불렸는데, 그중에서도 특히 금욕적이었던 칼뱅파나 청교도인은 금욕 생활을 세속으로까지 확대함으로써 결과적으로 자본주의 사회에 가장 적합한 사회 규범을 만드는 데 공헌했다.

그들은 낭비를 경계하고 근면을 미덕으로 삼았다. 그리고 이를 통해 확대되는 부를 전적으로 긍정했다. 부는 사회 공헌으로 얻어진 대가이자 이웃 사랑을 실천한 결과라고 생각했기 때문이다. 특히 최후의 심판 때 구원받을 사람은 미리 정해져 있다는 예정설을 주창한 칼뱅파 사람들에게는 금욕적인 노동에 힘써서 더 많은 부를 낳는 일이 신의 선택을 받을 가치가 있는 존재, 즉 구원이 예정된 사람이라는 확신을 얻는 수단으로 작용했다. 이로 인해 그들은 한층 더 금욕적인 돈벌이에 매진했다.

이처럼 근면과 절약이 중심이 된 생활과 생애 소득의 최대화를 윤리적 의무로 여긴 새로운 신앙인들의 출현은, 아직 신이라고 하기에는 빈약한 자본의 신을 성장하게 만드는 원동력이 되었다. 그리고 사회에 부를 쌓아 힘을 불린 자본의 신은 마침내 그들의 신앙 체계 자체를 빼앗아 스스로가 신이라도 된 것처럼 행동했다.

금욕적인 프로테스탄티즘이 부를 추구하는 자본주의의 발전에 기여했다는 역설은 20세기 초반 독일 출신의 사회학자 막스 베버가 자신의 책 〈프로테스탄트 윤리와 자본주의 정신〉에서 상세히 분석해 유명해졌다.[9] 그는 이 책에서 금욕적인 신앙의 대상으로 시작된 부의 추구가 근대화의 발달로 종교색이 옅어졌고, 결국 그 자체가 자기 목적화했음을 분명히 밝히고 있다. 그리고 주객이 전도되어 의지할 버팀목을 잃은 듯한 자본주의 사회의 앞날을 걱정했다.

근로 정신과 시간 개념

금욕적인 프로테스탄티즘 윤리는 산업혁명으로 시작된 인류 사회의 공업화에도 매우 중요한 역할을 했다. 기계 가동에 필요한 성실한 공장 노동자의 공급을 보장하고, 인류의 시간 감각을 뿌리째 바꿔놓았기 때문이다.

농경 사회에서 만들어진 인류의 시간 개념은 계절의 변화를 바탕으로 했다. 농경 생활에서는 파종이나 수확, 홍수 시기 등 1년의 주기를 아는 것이 중요하다. 상대적으로 하루는 대강이어도 문제가 없었다.

일상에서 하루라는 시간의 세분화가 중요해진 것은 산업혁명 이후의 일이다. 공장 노동자가 늘어나면서 촘촘한 시간 관리의 필요성이 급속도로 높아졌기 때문이다. 일단 노동자가 빠짐없이 정각에 출근하고 기계를 움직이는 톱니바퀴가 되어 일해야 했다. 노동자가 모이지 않아서 기계를 돌릴 수 없는 사태는 경제적 손실을 의미했기 때문에 공장 경영자는 노동자의 시간 관리에 엄격해졌다. 이와 더불어 장인 한 사람 한 사람의 역량이 완제품의 가치에 큰 영향을 준 수공업 시대와 달리 기계에서 대량으로 생산되는 제품에는 노동자들 간의 기술적 차이가 두드러지지 않았다. 그 결과 공장 노동자는 어떤 일을 했는가보다 얼마나 일했는가를 기준으로 임금을 받았다. 이렇게 일상생활이 점차 정확한 시간에 얽매이기 시작했다.

산업혁명으로 시작된 사회의 공업화는 영국과 미국을 필두로 독일, 프랑스 등 비가톨릭권에서 선행되었다. 근면한 노동을 미덕으로 보는 금욕적인 프로테스탄티즘의 흐름을 이어받은 사람들은 신심이 깊고 부지런했기 때문에 인류 사회에 '시간'이라는 존재가 뿌리내릴 수 있게 만들었다.

자본주의 사회를 산다는 것

금욕적인 프로테스탄티즘은 근면과 절약을 내세워 생애 소득의 최대화를 윤리적 의무라고 생각했다. 이렇듯 철저한 근면과 금욕적인 사고가 결과적으로 자본의 신이라는 에너지를 대량 소비하는 산일 구조의 성장을 촉진하고 사람들을 시간에 더 단단히 얽매이게 했다. 우리가 사는 자본주의 사회는 이러한 토대 위에 세워져 있다.

시간으로 엄격히 관리되는 세상에서 경쟁은 더 심화할 뿐이다. 늘 비용 절감에 힘쓰고 분초를 아껴 남보다 배로 일해야 하기 때문이다. 사회 규칙이 정해져 있는 이상 쉽게 포기할 수도 없다. 최악의 경우 패자는 먹고살 길이 막히고 도태된다. 결국 사람들은 어쩔 수 없이 에너지를 대량으로 소비하고 도그 이어나 마우스 이어로 살게 된다.

시간이 일상 깊숙이 파고든 사회가 얼마나 답답한지는 독일의 아동문학 작가 미하엘 엔데의 〈모모〉를 읽어 보면 쉽게 알 수 있다.[10] 엔데는 〈모모〉에서 사람들에게서 시간을 빼앗는 수수께끼 같은 회색 신사들을 묘사해 현대 사회가 얼마나 시간에 과도하게 종속되어 있는지를 여실히 보여주었다. 아동문학의 틀을 초월해 메시지가 담긴 작품을 다수 남긴 엔데는 시간의 위험성을 일찍부터 알고 있었던 것이다.

그렇다면 시간에서 해방되기 위해서는 어떻게 해야 할까. 예를 들어 큰맘 먹고 게으름을 피우면 어떨까. 물론 모두가 똑같이 게으름을 피운다면 사회적 시간의 흐름이 늦춰지고 당연히 에너지 소비량도 줄어든다. 그러나 자유로운 세상에서 모두가 똑같이 게으름을 피우는 모습은 현실적이지 않다. 귀족 계급이 존재하고 토지를 중심으로 사회가 움직이던 중세까지와는 달리 자본주의가 발달한 현대 사회에서 안정된 지위는 일체 보장되지 않는다. 게으름을 피웠다간 열심히 일하는 사람에게 자리를 빼앗긴다. 이렇듯 높은 유동성도 현대 사회의 큰 특징 중 하나다.

우리가 사는 현대 사회는 높은 유동성으로 인한 지위의 불안이 단순한 의자 뺏기 게임으로 전락하지 않도록 사회 전체에 지속적인 성장을 약속해 균형이 유지되는 시스템이다. 그 결과 지속적인 경제 성장이 사회의 안정에 빠질 수 없는 요소가 되고, 그런 사회에서 인간은 모두 자신을 채찍질하며 끊임없이 일하게 된다.

지구 환경 문제를 좀 더 솔직하게 생각하다

인류 암세포설을 들어본 적이 있는가? 모체 속에서 폭발적으로 증식해 마지막에는 모체와 함께 사멸하는 암세포를 인간에 비유한 것이다. 지구상의 자원을 빠른 속도로 소비하고 스스로 생존 환경에 심각한 피해를 주고 있는 우리 인류는 분명 암세포와 닮은 구석이 있다. 영원한 경제 성장을 약속하지 않고는 현재의 안정을 얻을 수 없는 현대 자본주의 사회 구조가 이러한 생각을 뒷받침한다.

하지만 나는 인류 암세포설에 동의하지 않는다. 두 가지 점에서 인류라는 존재를 잘못 파악하고 있다고 느끼기 때문이다.

첫 번째, 인류 암세포설에는 불손하다고 해야 할 인류의 교만함이 숨어 있다. 바로 우리의 모체인 지구를 바라보는 방법에 대해서다. 암세포는 모체를 좀먹으면서 빠른 속도로 성장해 나가는데, 마지막에는 모체를 사멸로 이끌며 자신도 사멸하는 형벌을 받는다.

인류의 경우 모체인 지구 환경을 좀먹으며 빠르게 성장을 지속하고 있다는 점에서는 암세포와 다를 바 없지만 마지막에 사멸하는 것은 인류이지 지구가 아니다. 이 점이 결정적으로 다르다. 지구에서 볼 때는 인류가 존재하든 하지 않든 그건 알 바가 아니다. 만약 지구가 의사를 가진 존재여서 제 처지를 걱정할 수 있다면, 그 내용은 계속 팽창하는 태양에 의해 언젠가 자신이 잠식되지는 않을까 하는 우려와 비록 태양에 잠식되지 않더라도 미래에 발생할 안드로메다 은하와 은하계의 충돌을 과연 자신이 아무 탈 없이 이겨 낼 수 있을까 하는 걱정 정도일 것이다.

인류가 사멸하면 지구도 사멸한다는 생각은 우스울 따름이다. 인류가 사멸할지언정 지구는 존속하므로 새로운 지구 환경에 적응하고 번영할 생물이 나타나겠거니 하고 생각해야 맞다. 실제로 인류가 사라진 세상에서도 바퀴벌레는 살아남는다고 하지 않는가.

결국 지구 환경을 지키는 운동이란 인류를 포함한 현생 생물이 생존할 수 있는 지금의 환경을 보호하는 일이다. 이를 통해 우리 인류의 생존에 필요한 현재의 생물 다양성을 지키고 인류의 미래를 개척하려는 운동이다. 지구가 위험하다든가 북극곰이 불쌍하다는 식의 이야기가 아니라 전부 '자기애'에서 비롯되는 운동인 것이다. 이 사실을 올바로 인식하는 태도가 건전하고 문제를 제대로 파악할 수 있는 방법이다. 스스로 뿌린 문제의 씨앗을 스스로 해결하지 않으면 재앙은 다시 돌아온다. 인과응보, 그 이상도 이하도 아니다.

인류 암세포설은 부정적인 의미의 인과응보를 보여준다는 점에서는 바람직하지만, 인류가 지구나 다른 생물 종 모두의 미래를 짊어지고 있기라도 한 듯한 인상을 주는 것이 나는 무척이나 신경이 쓰인다. 애초에 다른 생물 종을 위한다면 인류가 지구에서 사라지는 것이 어디로 보나 가장 좋은 해결책이다. 에너지 문제로 이어지는 갖가지 지구 환경 문제를 생각할 때 우리는 스스로에게 좀 더 솔직해져야 한다.

인류가 가진 예견력을 어떻게 활용할까

인류 암세포설에 내가 이의를 제기하는 두 번째 이유는 좀 더 희망적인 내용이다. 인류 암세포설은 인류에게 암세포와는 결정적으로 다른 특징이 있음을 간과하고 있다. 먼저 우리는 모체를 전혀 모르는 암세포와 달리 모체인 지구의 소중함을 안다.

1968년에 인류 첫 달 탐사 비행을 한 유인 우주선 아폴로 8호가 미션 중에 촬영한 한 장의 사진이 있다. 지구돋이Earthrise라고 이름 붙은 이 사진은 인류 역사상 가장 큰 영향을 준 환경 사진으로 알려져 있다. 그 전까지 무한한 확장을 하고 있다고 여겼던 지구가 광활한 우주 속에 떠 있는 작은 섬과 같은 존재임을 시각적으로 이해할 수 있는 사진이었기 때문이다. 인류는 이 사진을 통해 지구의 소중함을 확실히 알게 되었다.

또 우리는 모체 전체를 그저 잠식하기만 하는 암세포와 다르게 어디서도 볼 수 없는 우수한 두뇌를 가졌다. 인류는 두뇌의 힘으로 시간을 창조했다. 그리고 시간의 흐름 속에서 되는 대로 사는 것이 아니라 과거의 경험과 지식을 살려 미래를 부감하고 계획적으로 행동할 수 있었다.

캐나다의 생물학자 데이비드 스즈키는 생물계에서 인간이 지배적 위치에 오를 수 있었던 요인이 바로 이러한 '예견력'에 있다고 주장한

● **지구돋이(Earthrise)** 사진 | NASA/Bill Anders

다.[11] 현시점에서 해결책이 있다고 장담하긴 힘들지만 그럼에도 기후 변화를 비롯한 환경 문제의 존재가 인류 사회에 널리 공유되고 인식되고 있다. 문제만 가득해 보이는 지금의 상황은 뒤집어 생각하면 인류가 가진 우수한 예견력을 증명하고 있다고도 할 수 있다.

인류는 문제를 인식하고 그것을 해결하며 전진해왔다. 인류에게 예견력이 있는 한 미래를 너무 비관할 필요는 없다. 오히려 아무 문제가 없다고 여기는 세상이 인류에게 더 위험할지 모른다. 그것은 어쩌면 아무 생각도 없이 오로지 증식만 해대는 암세포가 보고 있을 세상이리라. 인류 암세포설은 인류가 가진 유일무이한 재능을 간과한 너무도 비관적인 이야기다. 우리는 좀 더 자신을 가져야 한다.

그렇다면 현대 사회의 에너지 문제를 인식한 우리는 예견력을 어떻게 발휘해 나가야 할까. 에너지와 인류의 관계를 살펴본 앞선 세 번의 여행에서 얻은 통찰을 바탕으로 우리가 나아가야 할 미래에 관해 마지막으로 함께 생각해 보자.

Part 4

여행의 목적지

에네르게이아의 부활

앞선 여행에서 살펴보았듯 우리가 사는 세상은 열역학 제1법칙과 제2법칙의 지배를 받는다. 두 법칙이 존재하는 한 똑똑한 두뇌가 만들어낸 기술력으로도 에너지를 창조하거나 질적 열화를 방지할 수 없음을 우리는 과학지식을 통해 배웠다.

제1차 에너지 혁명에서 불을 얻은 이래 인간의 우수한 두뇌는 에너지 효능에 눈뜨고 자신이 쓸 수 있는 에너지 양을 늘리는 데만 집착해왔다. 중세에 들어서는 영원히 마르지 않는 에너지원을 찾아 영구기관을 꿈꿨고, 제2법칙의 성립으로 그 꿈이 완전히 무너진 후에도 화석 연료나 원자력을 물쓰듯 하며 에너지 걱정이 없는 유사 영구기관처럼 만들어 에너지 대량 소비 시대의 문을 열었다. 이러한 유사 영구기관을 어떻게든 가동하기 위해 전 세계는 안전성에 대한 우려와 방사성 폐기물의 최종 처분 문제가 있음에도 원자력을 계속 사용해왔다. 또 석유나 천연가스 개발은 이제 수심이 1,500m를 넘는 대수심에서 해저 아래를 다시 3,000m 이상 굴삭하는 시추공도 드물지 않다. 여기에는 열역학 제2법칙에 필사적으로 저항하며 에너지 이용을 확대하고 공전의 번영을 구가해온 인류의 모습이 있다.

그러나 영원한 번영을 바라는 인류 앞에 버티고 선 제2법칙이 반드시 나쁜

것만은 아니다. 인간은 뛰어난 두뇌로 제2법칙이 가져온 시간의 흐름을 깨달았고 자기 의지로 바꿔 나갈 수 있는 미래가 있다는 것도 안다. 인간의 의지로 바꿀 수 있는 미래가 반드시 존재한다는 사실이야말로 자연이 열역학 제2법칙을 통해 인류에게 전하는 가장 큰 메시지는 아닐까.

인류 사회는 지금 기로에 서 있다. 인간의 활동이 지구가 커버할 수 있는 용량을 초과했고 그 여파가 여기저기서 나타나고 있기 때문이다. 과학의 승리인 $E=mc^2$라는 단순하고도 아름다운 에너지 공식을 만든 아인슈타인은 이렇게 말했다.

"어떤 일이든 처음과 같은 차원으로 생각해서는 문제를 해결할 수 없다."

기후 변화나 자원 고갈 등 에너지와 관련된 문제는 인류가 열역학 제2법칙에 저항하며 더 심각해졌다. 계속 저항만 해서는 문제 해결의 여지가 없다. 그저 막다른 길로 내몰릴 뿐이다. 우리는 새로운 길을 모색해야 한다. 미래는 우리의 의지로 바꿀 수 있다. 우리는 거기서 희망을 찾고 제2법칙과의 공존을 지향해야 한다.

해결해야 할 문제

모든 일이 잘되리라 믿지 않으므로 나는 낙관론자가 아니다. 그렇다고 해서 다 안 된다고 믿는 것도 아니므로 비관론자도 아니다. 나는 그저 희망을 품고 있다. 희망이 없는 곳에 발전은 없다. 희망은 인생만큼이나 중요하다.

-바츨라프 하벨(체코 초대 대통령)

에너지 문제의 가장 중요한 과제

인류가 에너지를 사용하며 야기한 갖가지 문제 중에서 지금 무엇보다도 강한 문제의식을 느끼고 해결을 모색해야 하는 것이 있다면 나는 인위적인 기후 변화라고 생각한다. 이 문제의 존재야말로 뇌가 이끄는 대로 그저 에너지 소비를 확대해온 지금까지의 방식이 더 이상 통용되지 않는다는 사실을 여실히 보여준다.

인위적인 기후 변화가 가시화되기 전까지 우리 사회의 에너지 관련 최대 과제는 자원의 고갈이었다. 좀 더 정확히 말하면 인류의 가장 오래된 문명이 메소포타미아에서 탄생하고부터 현재에 이르기까지 변함없이 인류에게 가장 큰 과제였다. 산업혁명 이전에는 삼림 자원을 소비해 문명을 건설했고, 산업혁명 이후에는 화석 연료와 우라늄 광물을 대량 소비하는 구조로 거대 문명을 떠받치고 있다. 그러나 우리는 열역학 제2법칙이 지배하는 세상에 사는 탓에 이런 낮은 엔트로피의 에너지 자원은 언젠가 고갈된다.

도시 근방의 삼림 자원이 소모될 때마다 중심지를 옮겨 가며 문제를 해결했던 고대 문명과 달리 현대 문명은 세계 깊숙이 개발의 손을 뻗고 글로벌 경제라는 이름 아래 전 세계가 단단히 결속해 하나로 운영되어 왔기 때문에 도망칠 곳이 없다. 따라서 추진력의 원천인 에너지 자원이 고갈되면 세계의 경제가 동시에 속도를 잃는다. 이러한 위기로 인한 여파는 마찬가지로 세계 전체에 두루 영향이 미치리라 예상되는 인위적인 기후 변화의 그것과 다를 바가 없다.

에너지 자원 고갈과 인위적인 기후 변화의 가장 큰 차이는 우리 인류에게 남겨진 예상 시간이다. 20세기 후반에 처음 부각된 인위적인 기후 변화는 21세기에 들어 빠른 속도로 심각성이 커지면서 이제는 문

	2018년 말 확인 매장량 (10억 석유 환산 톤)	CO_2 배출 계수 (CO_2톤/ 석유 환산 톤)	배출 CO_2 양 (10억 CO_2톤)	대기 중 CO_2 농도 증가량 (ppm)
석유	244	0.837	204	58
천연가스	177	0.641	113	32
석탄	738	1.122	828	234
합계	1,159		1,145	324

| 매장량을 전부 연소했을 경우 대기 중 이산화탄소 농도 예상 증가량 |

BP 통계 2019의 확인 매장량 데이터를 바탕으로 저자가 계산

명사회가 늘 떠안고 있던 전통적인 자원 고갈 문제를 앞질렀다. 놀랄 만한 일이 아닐 수 없다.

이 사실을 좀 더 구체적으로 머릿속에 그려 보기 위해 이쯤에서 대략적인 계산을 해보자. 현시점에서 매장이 확인된 화석 연료를 전부 연소시키면 대기 중 이산화탄소 농도가 얼마나 상승하는가를 시산해 보는 것이다. 2018년 말 가채 연수는 원유와 천연가스가 약 50년, 석탄은 130년이므로 현재 확인되는 매장량은 2100년경까지 전부 다 소비된다.[1] 내 계산으로는 해당 기간 동안 대기 중 이산화탄소량이 총 300ppm 이상 증가한다는 결과가 나왔다. 이는 대기에 방출되는 이산화탄소의 40%가 바다와 생태계로 흡수된다고 전제한 계산이다. 현재 대기 중 이산화탄소량은 이미 400ppm을 넘었고, 둘을 합하면 2100년경에는 700ppm을 넘는 수준까지 이산화탄소 농도가 상승한다.

현재 세계는 2015년에 채택되어 이듬해 발효된 파리 협정을 근거로

산업혁명 이후의 평균 온도 상승을 2도 미만(노력 목표는 1.5도 미만)으로 억제한다는 목표를 내세우고 있다. 2도라는 목표를 달성하기 위해서는 대기 중 이산화탄소 농도를 450ppm 정도로 억제해야 한다. 이러한 전제대로라면 현시점에서 인류가 확보한 화석 연료조차도 더 이상 대책 없이 계속 쓸 수는 없다. 특히 이산화탄소 배출 계수가 높고 확인 매장량도 많은 석탄을 다 쓰긴 어려울 것이다.

화석 연료 자원의 고갈은 언제일까

이상하게도 석유 가채 연수는 과거 몇 십 년 전부터 최근까지도 변함없이 약 40년이다. 현재는 조금 늘어서 약 50년으로 알려져 있다. 이처럼 세월이 흘러도 가채 연수가 줄지 않는 이유는 이 수치가 경제적 합리성을 기반으로 하기 때문이다. 석유 회사의 입장에서 이미 발견된 확인 매장량은 일종의 재고다. 재고가 너무 많으면 유지 관리비가 수익을 압박하고, 반대로 너무 적으면 재고 부족으로 기회 손실이 발생하므로 적정한 재고 수준의 유지는 업계를 불문하고 기업 경영의 기본 상식이다. 석유 업계의 경우 적정하다고 여겨지는 재고 수준의 양은 40~50년이다.

앞으로도 석유가 인류에게 필요하다면 기술적 난도가 높고 비용도 큰 대수심이나 도로도 깔리지 않은 미개척지의 탐광 활동이 활발해져 확인 매장량이 메워질 것이다. 천연가스와 석탄도 마찬가지다. 남은 매장량을 추정하는 일이 너무 어려운 탓에 확실하지는 않으나 예일 대학교의 로버트 버너 교수가 2004년에 발표한 자료에 따르면, 인류가 쓸 수 있는 화석 연료인 탄소 부존량은 3조 5천억 톤이라고 한다.[2] 이는 세계 인구가 100억 명에 이르고, 한 사람이 현재 일본인 수준의 1인당 탄소 배출량(약 2.5톤/년)을 배출한다고 가정했을 때 140년간 사용할 수 있는 양이다.[3]

그만큼 많은 매장량이 남아 있다고 해도 화석 연료는 낮은 엔트로피를 가진 유한한 자원이므로 언젠가 반드시 고갈되는 날이 온다. 엄밀히 따져서 석유와 천연가스는 규조나 플랑크톤 등 유기물이 오랜 세월에 걸쳐 땅의 열과 압력으로 숙성되어 만들어진 것 말고도 아주 극소수긴 하나 고온의 지구 심부에서 생물을 매개하지 않고 무기적으로 생성되었다고 알려진 것이 있는데 둘 다 유한하다는 점에는 변함이 없다.[4] 실제로 석유와 천연가스 개발이 오래된 지역은 생산이 줄어들고 있어 자원 고갈의 카운트다운이 시작되고 있다.

셰일 혁명을 일으켜 약 반세기 만인 2018년에 원유 생산량 세계 1위의 자리를 되찾은 미국도 예외는 아니다.[5] 왜냐하면 셰일 혁명은 지금까지 개발 대상이 아니었던 셰일층의 원유와 천연가스 생산이 수평 시추 공법, 수압 파쇄 공법 등의 기술 혁신으로 경제적 합리성을 가지면서 일어난 것일 뿐 고갈된 기존 유전과 가스전 자체가 부활한 것이 아니기 때문이다. 오히려 셰일 혁명이 널리 알려진 자체가 미국에서 진행 중인 자원 고갈 현상이 부정할 수 없는 사실임을 보여준다고 할 수 있다.

낮은 엔트로피의 에너지 자원은 유한하므로 자원 고갈 문제에 방심은 금물이다. 이는 아무리 강조해도 지나치지 않다. 하지만 인류는 역사상 처음으로 에너지 자원 고갈 위기를 맞닥뜨리기 전에 사회 전체의 안정을 위협하는 새로운 문제에 부딪쳤다. 이것만으로도 인위적인 기후 변화가 인류의 미래를 생각하는 데 얼마나 중요한가를 알 수 있다. 기후 변화는 우리에게 역사상 거의 전례가 없는 근본적인 의식 개혁을 요구하고 있다.

문명은 모두 빙하 시대에 탄생했다

원시 지구의 작열하는 환경에서 시작된 지구 기후는 오랜 역사 속에서 변동을 거듭해왔다. 그리고 지금까지 적어도 5번의 빙하기가 있었고, 그중 2번은 지구 전체의 동결을 초래할 만큼의 혹독한 한랭화, 소위 눈덩이 지구Snowball Earth라고 불리는 시기였다고 추정된다.[6]

지구 온난화가 우려되는 시점에서 의외일지도 모르지만 우리는 지금 빙하 시대 한가운데에 있다. 학문적 정의에 따르면 지구상에 대륙만 한 크기의 빙상이 존재하는 시대를 빙하 시대라고 부르므로 남극 대륙과 그린란드가 빙상으로 뒤덮여 있는 현재는 빙하 시대로 분류된다.

현재까지 이어지고 있는 가장 최근의 빙하 시대는 약 258만 년 전에 시작되었다고 알려져 있다. 인류 조상이 불을 얻은 제1차 에너지 혁명이 100만 년 전에서 150만 년 전의 일이고, 현생 인류인 호모 사피엔스가 지상에 등장한 것은 40만 년 전으로 우리가 쌓아올린 문명은 모두 빙하 시대에 만들어졌다고 할 수 있다.

빙하 시대라고 한마디로 정리하기는 했지만 추위가 심해지는 빙기와 추위가 약해지는 간빙기가 수차례 반복되었다. 7만 년 전에 시작된 뷔름 빙기의 최전성기에는 해면이 120m나 낮아져 베링 협곡이 육교가 되면서 유라시아 대륙과 미 대륙이 연결되었다. 인류는 이 혹한기를 이겨내고 기후가 온난해진 1만 3천 년 전에 유라시아 대륙에서 미 대륙으로 이동했다고 추정된다.[7]

뷔름 빙기는 1만 년 전에 종말을 맞이했다. 마침 제2차 에너지 혁명이 일어나 인류가 농경 생활을 시작할 무렵이었다. 이는 결코 우연의 일치가 아니다. 빙기가 끝나고 기후가 온난해지면서 안정적으로 농사를 지을 수 있는 환경이 조성되었기 때문이다. 6000년 전에는 해면도 거의 현재와 같은 높이거나 그보다 조금 높은 수준으로 상승했고, 이 과정에서 하천이 공급하는 토사가 퇴적되어 충적평야라고 불리는 비옥한 평야가 각지에 형성되기 시작했다. 이후 비교적 안정된 기후를 유지하며 현재에 이르고 있다.

세계에서 가장 오래된 고대 문명인 메소포타미아 문명이 티그리스 강과 유프라테스 강이 형성한 충적평야에서 탄생한 시기가 기원전 3500년경, 즉 5500년 전의 일로 알려져 있으니 인류가 구축한 문명사회는 전부 기후가 안정된 시기에 만들어졌다고 볼 수 있다.

문명사회의 발전에는 농경을 통한 안정된 수확량과 풍부한 삼림 자원이라는 두 가지 형태의 태양 에너지 공급이 필요하다. 따라서 대규모 농경에 적합한 충적평야가 제대로 발달한 환경에서 6000년에 걸쳐 안정적인 기후가 유지된 것이 현재 우리가 누리는 번영의 기초가 되었음은 의심할 여지가 없다. 우리는 제3차 에너지 혁명인 산업혁명 이후 제

4차 전기의 이용, 제5차 인공 비료의 발명까지 고작해야 2백여 년 사이에 잇따른 에너지 혁명의 산물인 공전의 번영을 대신해 자연이 만든 절묘한 균형을 빠른 기세로 무너뜨리고 있다.

토지의 한계: 기후 변화 문제의 본질

물론 지구의 오랜 역사를 되돌아볼 때 지구 기후의 변동은 자연스러운 일로, 이를 인위적으로 제어하려는 시도는 매우 야심적이라고 할 수 있다. 인류는 베링 협곡을 육지로 만든 뷔름 빙기의 혹독한 추위 속에서도 살아남았고, 지금보다도 기후가 온난하고 해면 수위가 2~3m 높았다고 알려진 조몬 시대(일본의 선사 시대 중 하나로 기원전 1만 4천 년 전부터 기원전 10세기까지를 가리킨다-옮긴이) 전기의 일본과 같은 곳에서도 문제없이 살아왔다.[8] 이러한 사실까지 고려하면 현재 우려되고 있는 인위적 요인으로 인한 기후 변화가 인류에게 심각한 타격을 주는 일은 없을 것 같다는 생각도 든다.

유엔의 기후 변화에 관한 정부 간 협의체IPCC가 2014년에 발표한 '제5차 평가보고서'에 따르면 온난화가 이대로 진행될 경우 2081년부터 2100년까지 20년 동안의 평균 기온은 지금의 2.6도에서 4.8도, 해면 수위는 0.45m에서 0.82m로 상승하리라고 예상된다.[9] 즉 최악의 경우인 21세기 말에도 일본의 해면 수위는 조몬 시대에 경험한 수준보다도 낮은 상승폭에 그친다는 뜻이다.

현대를 사는 우리가 조몬 시대의 인류보다 훨씬 고도의 과학 기술을 가졌다는 점을 감안하면 이 정도의 해면 수위 상승에 그렇게까지 촉각을 곤두세울 필요는 없다고 생각할 수도 있다. 그러나 우리는 고도의 과학 기술로 공전의 번영을 구가한 대신 조몬 시대를 산 인류에게 있었던 아주 중요한 것을 잃었다.

바로 자유롭게 이동 가능한 빈 땅이다. 산업혁명 이후 세계 인구가 빠른 속도로 증가하고 인류가 세계 곳곳의 토지를 이용하게 되면서 이제 육지에는 사람의 손이 닿지 않은 곳이 거의 남아 있지 않다. 조몬 시대였다면 해면 수위가 상승했을 때 땅을 조금만 이동하면 될 문제가 지금은 어려운 일이 되었다. 쓸 만한 땅은 이미 누군가가 점유해 쉽게 이동할 수 있는 땅이 없다. 최근 세계 각지에서 난민 수용으로 인한 다툼이 늘고 있는데, 이는 토지에 새로운 사람을 수용할 만큼의 여유가 없음을 보여준다고 하겠다.

기후 변화가 심해지면 해면 수위가 상승하고 강수량이 감소하는 등 다양한 환경적 영향으로 지금껏 살아온 땅을 떠나야 하는 사람이 난민이 되어 이동을 시작한다. 토지에 여유가 없는 상황에서 이런 환경 난민이 유입되는 지역은 현지 주민과 마찰을 빚기 쉽고 이로 인해 사회 불안이 고조된다. 최악의 경우 한정된 땅을 빼앗기 위해 전쟁이 발발할 수도 있다. 우에스기 겐신과 다케다 신겐이라는 두 영웅이 다섯 번의 전쟁을 치른 가와나카지마 전투는 어느 한쪽이 쓰러질 때까지 계속되지 않았지만, 잘못된 기후 변화 대응으로 발생할지 모를 미래의 전쟁에서는 두 영웅 중 어느 하나가 쓰러질 때까지 토지를 둘러싼 다툼을 계속해야 할 수도 있다.

설령 자신이 사는 땅에 기후 변화의 직접적인 영향이 없었다 하더라도 방심은 금물이다. 세계 곡창 지대의 식량 생산이 줄어들면 식량 대부분을 수입에 의존하는 일본과 같은 나라나 식량을 자급할 수 없는 도시 사람들은 패닉에 빠지기 때문이다.

게다가 온난화로 인해 시베리아 영구 동토가 녹아 이제껏 언 땅에 갇혀 있던 미지의 바이러스나 세균을 접촉하게 되는 일도 우려스럽다. 이렇게 생각해 나가다 보면 결국 인류가 인구 증가로 지구 곳곳을 개발하면서 이런 문제들을 야기했다고 할 수 있다.

이러한 우려가 보여주는 사실은 인위적인 기후 변화 문제의 본질이 무엇인가 하는 것이다. 다시 말해 인류가 구가한 공전의 번영이 지구상의 이용 가능한 토지 용량이라는 능력의 한계를 처음으로 맞닥뜨리는 데서 오는 문제다. 지금까지는 엔트로피가 낮은 에너지원의 고갈이 인류가 미래에 가장 먼저 직면하게 될 지구 수용력의 한계라고 생각했지만 이는 잘못된 생각이었다.

기후 변화 문제를 어떻게 다뤄야 할까

인위적인 기후 변화 문제는 미국의 트럼프 전 대통령의 태도에서도 알 수 있듯이 일각에서는 지금도 여전히 뿌리 깊은 회의론이 자리하고 있다. 거듭 말할 필요도 없이 기후 환경을 결정하는 메커니즘은 매우 복잡해서 이산화탄소 농도를 포함한 대기 조성 이외에도 태양의 활동이나 지구 궤도의 변동, 화산의 분화 등 기후에 영향을 주는 인자가 아주 많다. 이런 상황에서 인위적인 요인에 따른 이산화탄소 농도 변화를 근거로 미래의 평균 기온이나 해면 수위가 얼마나 올라갈지를 알아맞히기도 어려운데 변화된 기후가 토지에 어떤 영향을 줄지까지 정확히 예측하기란 불가능에 가깝다. 이러한 사실이 회의론자들의 좋은 먹잇감이 되어 국제적인 협조가 필요한 활동에 찬물을 끼얹는 요인이 되고 있다. 미래의 지구 기후 환경을 예측하는 기후 모델에는 오차가 따르게 마련이라서 결점을 찾기도 비판하기도 쉽다.

기후 모델의 정확성에 과제가 있다는 말은 아무런 대책을 세우지 않고도 생각했던 만큼 사태가 심각해지지 않을 수도 있고, 반대로 전 세계가 똘똘 뭉쳐 이산화탄소 배출량 감축 노력을 하더라도 기대만큼의 효과를 얻지 못할 수도 있다는 뜻이다. 대체로 인간은 노력에 걸맞은 결과를 바란다. 따라서 열심히 노력해도 기대한 만큼의 효과를 얻지 못할 가능성이 있다면 노력하고자 하는 마음이 사라질 수도 있다.

그래도 나는 여전히 우리가 기후 변화 문제를 제대로 직시하고 노력할 가치가 있다고 생각한다. 왜냐하면 기후 변화 문제를 해결하고자 열심히 노력하면 설령 기후 변화에 대한 효과가 예상보다 적더라도 최소한 에너지 자원 고갈 문제에는 긍정적인 효과가 있으리라고 보기 때문이다.

기후 변화 문제에 답을 찾겠다는 이야기는 자본의 신에게 이끌리는 대로 에너지 소비량을 늘려 산일 구조를 발전시킨 지금까지와는 다른 발상으로 에너지를 이용하겠다는 말과 같다. 에너지 소비를 억제하고 지속 가능한 사회를 만들지 못한다면 언젠가 에너지원 고갈이라는 폭탄이 터진다. 따라서 자본의 신과 일정한 거리를 두고, 낮은 엔트로피 자원을 아껴 쓰는 지속 가능한 사회로의 변화를 목표할 필요가 있다는 점에서도 눈앞에 닥친 기후 변화라는 위기는 분명 우리에게 도전할 가치가 있다.

현대에 되살아난 훔바바

여기서 다시 한번 길가메시 서사시의 훔바바 이야기를 떠올려 보자. 고대 메소포타미아인들은 상류 지역의 삼림 자원이 사라지면 염분을 머금은 토사가 하류 지역에 퇴적되어 경작지가 쓸모없어진다는 사실을 알면서도 삼림 벌채의 유혹을 뿌리치지 못했다. 과도한 자원 소비로 결국 토지를 잃은 많은 고대 문명의 궤적은 대량의 화석 연료를 끊임없이 소비해 기후 변화를 야기하고 끝내는 토지가 사라진다며 우려하는 현대 문명의 위기와 사실상 완전히 똑같은 모습을 하고 있다.

요즘 들어 세계 각지에서 대규모 산불과 홍수가 빈발하고 있다. 일본도 예외는 아니라서 호우나 열파가 불어닥치는 일이 늘고 있고, 최근에는 뉴스를 통해 '50년에 한 번'이나 '관측 사상 처음으로'와 같은 말을 듣는 경우도 제법 많아졌다. 대도시에서 나고 자란 나 같은 사람에게도 기후 변화가 느껴질 정도다. 우리는 모두 기후가 바뀌고 있음을 체감하고 있다.

우리는 지구 환경의 수호신으로 현대에 되살아난 훔바바를 한층 더 예리해진 문명의 도끼로 또다시 베어 버리게 될까. 아니면 이번에야말로 훔바바와 공존할 수 있을까. 인류가 진지하게 해결을 모색해야 할 가장 중요한 과제는 이미 나와 있다. 우리는 의심을 버리고 앞으로 나아가야 한다.

나아가야 할 미래

> 어떤 사람은 현실을 보고 말한다. 왜냐고.
> 나는 여태 이뤄진 적 없는 꿈을 꾸며 말한다. 해보자고.
>
> **-로버트 케네디**

에네르게이아의 세계관을 가진다

지금까지의 번영을 가능케 한 사고방식과 결별하고 자기 의지로 새로운 미래를 구축하고자 한다면 무엇보다도 꿈꾸는 미래의 모습을 다시 새롭게 상상해야 한다. 지금은 지향하는 새로운 여행의 목적지를 명확히 한 다음 목적지에 다다르는 길을 모색하는 과정이 필요하다.

여기서 내가 제안하고 싶은 것이 아리스토텔레스의 에네르게이아적 세계관의 부활이다. 앞서 말한 대로 철학 용어였던 에네르게이아는 종자가 발아하고 마침내 꽃을 피우는 변화를 '종자가 내재한 힘(디나미스)을 발현하고 그 목적을 달성해 에네르게이아의 상태에 이르렀다'고 보는 사고방식이었다. 나는 이 말 속에 지향하는 목적지를 명확히 정의, 의식하고 목적한 곳에 다다르기 위해 힘을 결집한다는 세계관이 담겨 있다고 생각한다. 그러므로 에네르게이아야말로 지금 가장 필요한 사고방식이 아닐까.

새로운 목적지의 설정은 현재 당연시되는 사고를 의심하는 데서 출발한다. 당연한 생각을 의심하기란 상당히 어려운 일이지만 2020년에 이를 쉽게 만든 큰 사건이 전 세계에 동시다발적으로 일어났다. 바로 폭발적인 감염을 일으킨 코로나 바이러스다. 이로 인해 사람들의 이동이 엄격히 제한되었고 직장에서는 재택근무가 강하게 권고되었으며, 학교는 오랜 시간 휴교에 돌입했다. 레스토랑이나 헬스장 등의 상업 시설은 휴업하거나 시간을 단축해 운영되었고 전 세계 도시란 도시에서 사람들의 왕래가 끊어졌다. 그렇게 지금까지 당연하다고 여겼던 일상이 갑자기 바뀌어 버렸다.

코로나 팬데믹은 세계 경제에 막대한 손해를 입혔다. 이 위기는 여전히 현재 진행 중으로 그 끝이 아직도 보이지 않고 있다. 백신이 널리 보급되기 전까지는 이처럼 제한된 생활이 계속될 전망이며 장기전이 예상된다.

이렇듯 1년 이상의 장기에 걸쳐 일상이 바뀌면 코로나 이후의 세계가 그 이전과 완전히 똑같은 모습으로 돌아온다고 상상하긴 어렵다. 그렇다면 이를 긍정적으로 받아들여 지금까지의 일상을 적극적으로 바꿀 기회의 싹이 움트고 있다고 해도 좋지 않을까.

코로나 팬데믹이 인류에게 가져다준 깨달음

코로나 팬데믹은 인류에게 여러 가지 깨달음을 주었다. 여기서는 그중에서도 인류가 나아가야 할 에너지의 미래를 그리는 데 특히 중요하다고 생각되는 두 가지 깨달음을 살펴보고자 한다.

첫 번째 깨달음은 이번 감염 사태로 전 세계가 경제적으로 얼마나 밀접하게 연관되어 있고 위기에 취약한 운명 공동체인가가 명백해졌다는 점이다. 경제적 합리성을 추구해 탄생한 세계적인 생산과 소비 네트워크는 감염에 너무나도 무력했고 코로나 바이러스는 순식간에 세계 각지로 퍼져 나갔다. 그렇게 세계는 대혼란에 빠졌다. 감염 확대를 방지하기 위해 각국은 국경을 봉쇄하고 외출 금지령을 발효하는 등 시민의 눈을 아랑곳 않고 사람의 이동을 전에 없는 수준으로 제한하기에 이르렀다.

어느샌가 전 세계가 완전히 의존하게 된 중국산 마스크는 삽시간에 매대에서 모습을 감췄고, 세계적 분업이 발달한 현대 사회에서 필수품이 부족하면 어떤 사태가 벌어질 수 있는가를 모두가 배웠다. 2020년 초봄의 마스크 부족 사태가 쏘아 올린 소동을 식료품이나 에너지가 부족한 모습으로 바꿔 생각하면 그 무서움이 어느 정도 상상 가능하다. 효율을 과도하게 중시해 어느 한쪽에 극단적으로 집중하고 집약하게 되면 위기가 닥쳤을 때 얼마나 취약해지는가를 이번 사태가 확실히 보여주었다.

두 번째 깨달음은 이번 사태로 고사하진 않을까 우려될 만큼 전 세계적으로 동시에 경제 활동이 마비되었음에도 감소한 이산화탄소 배출량이 파리 협정의 목표 수준에 크게 미치지 못했다는 사실이다. 이번 감염 폭발로 2020년 2월 중순부터 전 세계가 활동을 멈췄고, 3월 11일에는 세계보건기구WHO가 팬데믹에 상응하는 인식을 드러냈다. 이후로도 감염은 확대되어 4월과 5월에는 전 세계 여행 항공 수요의 90% 이상이 줄어들 정도로 전에 없는 세계 경제의 마비를 경험했다.[10]

유엔사무총장 안토니우 구테흐스의 지휘 아래 세계기상기구WMO가 전 세계의 관련 기관과 협력하여 2020년 9월에 정리한 보고서United in Science 2020에 따르면 세계 경제가 거의 마비 상태였던 2020년 4월 초순의 하루 이산화탄소 배출량 추정치는 전년 하루 평균 대비 17% 감소했다. 이는 전례 없는 수준의 감소량으로 하루 배출량으로는 2006년 당시 수준으로까지 감소한 계산이다.[11] 그러나 파리 협정의 목표치인 2도를 달성하기 위해서는 2050년 시점의 이산화탄소 배출량을 2006년 수준의 연간 300억 톤 규모에서 그 3분의 1인 연간 100억 톤 정도로 억제해야 한다고 알려져 있다. 즉 웬만한 노력으로는 이산화탄소 배출량 감축 목표를 달성하기 어렵다는 사실이 이번 사태로 다시금 확인된 것이다.

또 2020년 4월과 5월의 급격한 경제 활동의 억제는 지속 불가능하다는 점도 밝혀졌다. 이 시기에 전 세계에서 행해진 반강제적인 매장 폐쇄, 각종 이벤트 중지는 매장 운영자나 이벤트 주최자에게 경제적으로 큰 타격을 주었을 뿐 아니라 식사나 쇼핑, 이벤트를 자유로이 즐길 수 없게 된 일반 소비자에게도 정신적으로 큰 억압이 되었다.

이와 같이 극단적인 쇼크 요법으로는 꾸준한 이산화탄소 배출 억제 활동이 요구되는 기후 변화 문제에 대응하기 어렵다는 점이 시사되었다. 이는 경제와 환경을 이율배반적인 것으로 보고 어느 한쪽만 과도하게 우선해서는 문제를 효과적으로 해결할 수 없음을 보여준다. 실제로 앞서 말한 WMO가 정리한 보고서에 따르면, 2020년 하루 이산화탄소 배출량 추정치는 세계 각지의 봉쇄령이 거의 해제된 6월 초순에 전년 동기 대비 5% 이하로 눈 깜짝할 사이에 감소세가 완만해졌다. WMO 보고서가 발표된 2020년 9월 이후 데이터를 확인하기 위해 출처는 다르지만 해가 바뀐 2021년 1월에 국제 과학지 〈네이처〉에 게재된 기사를 보면 최종적으로 연간 배출량은 전년 대비 6.4% 하락했다.[12]

이번 코로나 팬데믹에는 배울 점이 많다. 특히 앞서 말한 과도한 집중화의 재검토, 경제 활동과 환경 보호의 균형 확보가 앞으로의 미래를 점치는 데 중요한 관점이 될 것이다. 왜냐하면 경제와 환경의 위치를 바꾸는 사고방식이야말로 코로나 이전의 당연함에서 탈피해 지속 가능한 사회로 이행할 수 있는 열쇠이기 때문이다.

100년 전에 크게 유행한 스페인 독감은 당시 세계 인구의 4분의 1이 감염되었다고 알려져 있고, 사망자 수도 수천만 명에 이르는 등 현재 코로나 위기를 능가하는 규모로 인류 사회에 엄청난 비극을 낳았으나 3차 유행이 수습되고 시간이 지나자 사람들의 기억 속에서 서서히 잊혔다. 현재 진행형인 코로나 바이러스를 통해 얻은 교훈도 시간이 지나면 차츰 사라질 수 있다는 사실을 부정하기 어렵다. 우리는 이를 마음 깊이 새기고 이번 경험에서 얻은 교훈을 미래 사회를 설계하는 자양분으로 삼아야 한다.

미래 사회를 움직이는 에너지

기후 변화에 답을 찾고 에너지 자원 고갈 문제를 매듭지어 줄 지속 가능한 사회를 만들기 위해서는 이산화탄소를 배출하지 않으면서 대량 소비에도 실질적인, 고갈 걱정이 없는 자원을 미래의 인류 사회를 움직이는 주된 에너지원으로 삼아야 한다.

그런 책임을 질 가능성을 내포한 에너지원이 두 가지 있다. 태양 에너지와 원자력 에너지다. 최근 전 세계의 기대를 한 몸에 받는 듯한 태양 에너지는 그렇다 치더라도 왜 이제 와서 원자력 에너지가 후보에 올랐는지 이해가 가지 않을 수도 있다. 그러나 이산화탄소를 배출하지 않고 대량 소비에도 고갈 우려가 없는 에너지원이라는 조건에 비춰 본다면 원자력 에너지는 여전히 유력한 후보다.

다만 현재 실용화된 핵분열 반응에 의한 원자력 에너지를 미래 사회의 주된 에너지로 삼는 것은 아쉽게도 더 이상 현실적이지 못하다. 초장기 관리가 필요한 고수준의 방사성 폐기물 처분 문제가 있는 데다가 핵연료 사이클(사용 후 핵연료를 재처리해서 플루토늄을 추출하고 이를 다시 원자력 발전에 이용하는 방식-옮긴이)을 통해 에너지 자원량을 비약적으로 늘려주리라 기대되었던 증식로 개발도 막다른 길에 다다랐기 때문이다.

그럼에도 원자력 에너지에는 기대를 걸 만한 이유가 있다. 핵융합 반응을 통해 원자력 에너지를 이용하는 방법이 아직 남아 있어서다. 핵융합 반응이란 수소처럼 작은 두 개의 원자핵이 융합해서 하나의 원자핵이 되는 반응을 일컫는다. 우라늄처럼 하나의 큰 원자핵이 두 개 이상의 원자핵으로 분열되는 핵분열 반응과는 반대되는 형태로 이들 모두 반응이 일어날 때 질량이 크게 줄어들고 에너지가 방출된다.

핵융합 반응을 통한 원자력 발전은 핵분열 반응을 이용한 기존의 발전 방식이 가진 과제를 모두 해결해준다. 운전으로 발생하는 고수준의 방사성 폐기물이 없고 연쇄 반응도 일어나지 않아서 만일의 사고에도 반응이 즉각 멈추고 통제 불가능해지는 일도 없다. 반응 과정에서 방출되는 중성자로 노벽이 방사성을 띠긴 하지만 저수준의 방사성 폐기물로 100년 정도 보관하면 무해하다고 예상된다. 그리고 연료가 되는 에너지원은 바닷속에 풍부하게 함유된 중수소다. 자연에 존재하는 수소 원자 7,000개 중 하나가 중수소이므로 거의 무한한 자원이라고 봐도 무방하다.[13] 이와 더불어 아인슈타인이 발견한 $E=mc^2$ 공식처럼 질량 결손으로 발생하는 막대한 에너지를 이용하기 때문에 단위 면적당 에너지 양이 적은(에너지 밀도가 낮은) 태양 에너지를 이용하는 경우와 다르게 광활한 토지도 불필요하다.

인류로 인해 토지가 줄어들고 이용이 한계에 다다랐다는 점이 기후 변화 문제가 가진 본질적인 과제임을 고려할 때 핵융합 반응으로 얻을 수 있는 원자력 에너지야말로 미래의 인류 사회를 움직이는 주된 에너지원으로써 가장 이상적이라고 할 수 있겠다.

핵융합 반응의 최대 과제는 단연 핵융합로 설계의 높은 난도다. 핵융합 반응은 태양에서 이루어지는 반응이므로 핵융합로는 쉽게 말해 지상에 태양을 재현하는 시도다. 이 설명만으로도 실용화를 위해 기술적으로 뛰어넘어야 할 과제가 많다는 점을 쉽게 상상할 수 있지 않을까 싶다. 현재로서는 핵융합 반응 중에서도 비교적 실현 가능성이 크다고 알려진 중수소와 삼중수소(트라이튬)를 이용하는 방법에 과학적, 기술적 실현성 관련 연구가 진행되고 있는 수준이다. 따라서 아직은 앞으로 몇 십 년 안에 실용화되기는 어려운 상황으로 21세기 안에 이루어진다면 감지덕지한 수준이다.

하지만 인위적인 기후 변화가 중요한 과제로 대두되고 있고 이산화탄소와 같은 온실가스 배출량 감축은 유예할 수 없는 상황이다. 인류에게는 더 이상 핵융합로 개발을 기다릴 여유가 없다. 따라서 적어도 21세기까지의 미래에 한해서는 하나 남은 태양 에너지를 확대 이용하는 방법에 의존하는 수밖에 없다는 결론이 나온다.

태양 에너지는 실질적으로 에너지를 무한히 공급해주고, 지구상의 광범위한 지역에서 이용할 수 있지만 에너지 밀도가 낮아서 대규모 토지 확보와 대량 자재가 필요하고 날씨에 따른 출력량의 변동에도 대처해야 한다. 또 태양광 발전의 경우 추가로 하루의 절반을 차지하는 야간에는 가동하지 않는다는 문제가 있다. 태양 에너지는 인류에게 결코 완벽한 에너지원이 아니다. 이런 특징을 가진 태양 에너지를 어떻게든 잘 이용하려면 기술 혁신에만 의존해서는 안 된다. 우리 사회가 조금이라도 태양 에너지의 특성에 맞추려는 구조적 노력을 병행해야 한다. 태양 에너지에 미래를 맡기는 것은 에너지를 마음껏 대량 소비해 자연의 속박에서 벗어난 인류 사회가 다시금 자연의 굴레에 일정 부분 회귀함을 의미한다.

우리가 다다르고자 하는 목적지인 에네르게이아의 상태에 도달한 미래 사회는 태양 에너지와 매우 친화적이어야 한다. 이를 출발점으로 미래 사회의 설계도를 그려 나가다 보면 현대 사회의 설계도 안에서 수정이 필요한 구체적인 항목이 드러난다. 이는 코로나 팬데믹이 가져온 사회적 혼란으로 예상치 않게 드러나기도 했다. 그것이 바로 '집중과 분산', '경제 활동과 환경 보호'다. 지금까지는 두 항목의 대립하는 개념 중 '집중'과 '경제 활동' 쪽에 무게를 두었으나 미래 사회를 위해서는 이 점이 수정되어야 한다.

집중형에서 분산형으로의 이행

화석 연료 중심 사회에서 태양 에너지 중심 사회로 에너지를 전환하는 일은 어쩌면 누구나 생각해낼 수 있는 미래상이지만 이를 실현하기까지의 여정은 평탄하지 않다. 왜냐하면 이는 인류사 최초로 사용이 편리한 낮은 엔트로피 자원에서 사용이 까다로운 높은 엔트로피 자원으로 이행하는 일이기 때문이다.

태양 에너지는 고갈 걱정이 없는 대신 에너지 밀도가 낮고 그대로 저장할 수 없다는 단점이 있다. 따라서 인류가 문명을 유지하는 데 필요한 에너지 양을 안정적으로 확보하려면 대규모 토지와 축전지 등의 에너지 저장 장치가 있어야 한다. 이 두 가지 제약의 존재가 인류 사회의 모습을 기존의 집중형에서 분산형으로 전환하도록 강하게 유도한다.

현재 태양광 패널의 에너지 효율은 20%로 최적의 조건에서도 3%라고 알려진 광합성 효율을 훨씬 뛰어넘는 수준에 도달해 있다.[14] 물론 자연이 만든 광합성은 에너지 저장까지를 포함한 기술이므로 단순 비교할 수야 없겠지만 현재 태양광 패널 기술이 상당히 높은 수준이라는 사실만큼은 자랑으로 여겨도 좋을 듯하다. 다만 현대 사회의 인간 활동을 지탱하기 위해서는 여전히 대규모 토지 확보가 필수적이다.

예를 들어 일본의 1차 에너지 공급량을 전부 태양광 발전에 맡긴다고 가정할 경우 계절과 낮 밤까지 고려한 태양광의 평균 강도를 제곱미터당 150W, 태양광 패널의 전력 에너지 변환 효율을 20%라고 가정한 내 계산에서는 일본의 토지 5.5%에 태양광 패널을 설치해야 한다는 결론이 나온다. 이는 시코쿠(도쿠시마현, 가가와현, 에히메현, 고치현의 4개 현을 포함하는 일본 열도의 주요 섬이며, 전체 면적은 18,803제곱킬로미터로 대한민국 국토 면적의 18%에 해당한다-옮긴이) 전체 면적보다 조금 더 넓은 지역이 태양광 패널로 뒤덮인다는 뜻이다. 일본의 1차 에너지 공급량의 46%를 차지하는 전력만을 태양광 발전으로 충당한다고 하더라도 아오모리현(일본 열도 가운데 가장 큰 섬인 혼슈 최북단에 자리한 현이며, 전체 면적은 9,645제곱킬로미터로 경기도 면적에 조금 못 미치는 크기다-옮긴이) 크기의 면적에 태양광 발전 패널을 깔아야 한다.[15] 일본의 한정된 국토에서 이렇게 큰 용지를 확보하기란 쉽지 않다. 따라서 휴경지나 공장 철거 부지와 같은 비교적 큰 토지만이 아니라 주택이나 빌딩 옥상 등 소규모 토지도 가능한 한 효과적으로 활용해야 한다.

발전 효과가 높아서 기대를 모으고 있는 해상 풍력 발전도 풍력 터빈 1기 발전 용량을 3메가와트MW, 가동률을 30%라고 가정한 내 계산에서는 일본의 1차 에너지 공급량을 전부 댈 경우 약 70만 기, 전력만 충당하더라도 32만 기의 풍력 터빈이 필요하다. 전체 면적을 뒤덮듯 설치하는 풍력 발전 단지Wind Farm에서는 터빈 밀집으로 인한 출력 저하를 방지하기 위해 날개 직경의 7배의 간격을 두고 터빈을 설치해야 하고, 항해하는 선박의 안전까지 고려하면 10배가량을 띄워야 한다고 한다. 이 경우 해상 풍력 발전은 태양광 발전보다 훨씬 더 넓은 면적이 필요하다. 그 차이는 매우 커서 해상 풍력 발전 면적이 태양광 발전의 10배 이상까지 늘어날 가능성이 있다.[16] 바다가 넓다고는 하지만 그렇다고 이 정도나 되는 장소를 확보하기란 쉽지 않다. 따라서 해상 풍력 발전을 활용하더라도 한 곳에서 나라 전체의 에너지 수요를 전부 충당한다는 것은 비현실적이다.

따라서 태양 에너지 이용을 확대해 나가기 위해서는 비교적 대규모 건설이 가능한 해상 풍력 발전과 휴경지나 공장 부지 등을 이용한 대형 태양광 발전 시설과 더불어 보다 작은 육상 풍력 발전 시설과 주택이나 빌딩 옥상에 설치되는 소형 태양광 발전 시설을 대량으로 편입할 수 있는 전력 계통을 설계할 필요가 있다. 필요한 에너지 양을 조금이라도 더 확보하기 위해 사용 가능한 토지를 전부 활용한다는 발상이다.

또 송배전에 드는 에너지 손실을 생각한다면 분산된 형태로 발전이 가능한 태양 에너지는 가급적 분산해 사용하는 것이 합리적이다. 이는 안정적인 출력을 발휘할 수 있는 소수의 대형 중심으로 설계된 기존의 발전소에서 전력 소비자로 이어지는 일방통행의 전력 계통 대신에 출력이 불안정한 소형 시설을 대거 연계해 전기가 생산된 곳에서 소비되도록 하면서도 부족량을 서로 융통할 수 있는 분산형 시스템을 새로 설계할 필요성을 보여준다. 이러한 분산형 시스템이라면 소규모 지열 발전이나 소형 수력 발전 등 소규모 전기 에너지원을 끌어들이는 데도 적합하다.

다만 전력 계통을 운영하려면 반드시 전력 공급량과 수요량의 균형을 맞춰야 한다. 따라서 출력이 기후에 따라 불안정한 태양 에너지를 확대 이용하기 위해서는 가령 5분 뒤의 날씨를 예측해서 태양광 발전과 풍력 발전에서 얻어지는 예상 발전량을 계산해 그때그때 수요에 맞춰 축전지를 활용하거나 대개 균형 유지 차원에서 쓰이는 천연가스 화력 발전소를 기동적으로 조절해 가동하는 등 시스템 전체를 고도로 관리할 수 있는 능력이 긴요하다.

예전에는 이런 정밀한 시스템 구축은 꿈에서나 볼 법한 이야기였다. 그러나 정보통신 기술의 비약적인 진보 덕분에 현재는 수요 공급 모두 치밀한 예측 및 제어가 가능해지고 있다. 이렇게 얻어진 빅데이터를 활용해 다이내믹 프라이싱, 즉 수급 상황에 맞춰 전력 가격을 탄력적으로 설정한다면 경제적 합리성의 관점에서도 운용을 최적화할 수 있다.

따라서 결과적으로 전력 계통에 포함 가능한 태양광 발전이나 풍력 발전의 비율이 꾸준히 늘어날 것이다. 이렇듯 중후장대한 산업인 에너지 업계에도 정보통신 기술의 진보에 따른 변혁의 물결이 일고 있다.

에너지 저장 장치의 개발 과제

현재 태양 에너지 보급 촉진의 최대 과제는 에너지 저장 장치의 개발에 있다고 해도 과언이 아니다. 축전지는 충전과 방전 시에 각각 에너지 손실이 발생하는 데다가 시간이 흐르면 자연 방전된다. 거듭된 충전과 방전으로 열화가 진행되어 내용 연한이 짧다는 단점도 있다. 또 리튬, 코발트, 니켈과 같은 레어 메탈이 필요하기 때문에 이러한 희소 광물 자원을 생산하기 위해 투입하는 에너지 양이나 자원 고갈 문제도 무시할 수 없다. 게다가 축전지에 사용되는 전해액은 강산성이나 강알칼리성 액체로 환경 부담이 크고, 다 쓴 축전지를 폐기할 경우 고온에서 분해 처리해야 하는 등 처분할 때도 일정한 에너지가 소비된다.

이처럼 축전지가 가진 과제를 극복하기 위해 발전한 전기를 전지 형식이 아닌 수소로 변환해서 이용하는 방법도 연구가 진행되고 있는 분야 중 하나다. 그러나 수소 역시 저장이 어렵고, 주요 저장 방법으로 검토 중인 액화나 고압화에는 많은 에너지가 든다.

그럼에도 불구하고 수소에 기대를 거는 데는 단위 질량당 에너지 양이 많고(에너지 밀도가 높고) 경량이기 때문에 저장 용기의 중량을 감안하더라도 수송이 비교적 쉽다는 점을 꼽을 수 있다. 또 수소의 경우 화력 발전소의 연료로도 쓸 수 있고 연료 전지의 연료로 직접 발전할 수도 있다는 편의성이 있다.

그래서 넓은 토지와 많은 일조량을 가진 건조 지대에 태양광 패널을 대량으로 설치하고, 거기서 얻은 전기로 수소를 대량 제조해서 소비 지역까지 선박으로 운반한 뒤 화력 발전소나 연료 전지 등의 연료로 대량 이용하는 방법이 검토되고 있다. 즉 수소를 사용한 대규모 서플라이 체인의 개발이다. 일본처럼 토지 이용에 제약이 있는 지역에서는 자국내 재생 에너지원만으로 충당할 수 없는 부족량을 보충하기 위해서라도 서플라이 체인을 구축해 수소를 수입 활용하는 방안이 에너지 확보의 유력한 선택지 중 하나가 될 것이다.

자연에서 배운다

이렇게 에너지 저장 장치의 다양한 개발 과제와 해결을 위한 노력을 살펴보다 보면 새삼 자연이 창조한 식물의 기술적 완성도가 얼마나 높은지를 깨닫는다. 에너지 효율 면에서 광합성 기술이 최신 태양광 패널에 뒤떨어지긴 하지만 에너지 저장과 이용, 폐기물의 재활용에 이르기까지 식물이 가진 모든 기술을 종합적으로 평가한다면 그 능력은 여전히 유용하다. 특히 완전한 재활용은 경제적 합리성에 근거해 고도로 공업화한 인류 사회도 웬만해서는 따라할 수 없는 기술이다.

우리 인류가 만들어낸 공업 과정은 태양광 패널이나 축전지 등 재료가 되는 광물 자원부터 화석 연료처럼 가공에 필요한 에너지 자원에 이르기까지 싼값에 채굴할 수 있는 낮은 엔트로피 자원에 크게 의존하고 있다. 물건은 소비되어 시간이 지나면 열화하고 마지막에는 높은 엔트로피 상태의 폐기물이 된다. 그중 일부는 다시 에너지를 쏟아부어 분리하고 추출해서 낮은 엔트로피 상태의 자원으로 만들어 재활용하지만, 새롭게 투입한 에너지만큼의 경제성이 확보되지 않을 때는 재활용하지 않고 산업 폐기물로 처분한다. 다시 말해 엔트로피가 높아져서 과도하게 산일된 자원은 재활용이 어렵다는 뜻이다. 정확한 의미의 지속 가능한 사회를 구축하기 위해서는 이러한 폐기 손실을 식물처럼 제로로 만들어야 한다.

태양 에너지 중심 사회란 쉽게 말해 자연의 에너지 흐름과 자원의 순환에 인간의 활동을 가능한 한 맞춰 나가는 사회를 가리킨다. 대기 중 이산화탄소량이 증가한 근본적인 원인은 화석 연료의 형태로 지하에 봉인되어 있던 탄소 자원을 인류가 에너지원으로 대량 소비하고, 생태계의 탄소 순환으로는 재활용할 수 없을 만큼 많은 이산화탄소를 대기로 방출했기 때문이다.

태양 에너지 중심 사회를 만들어 나가기 위해서는 그 옛날 아리스토텔레스가 자연을 관찰하고 찬미했던 것처럼 식물의 장점을 배우고, 태양 에너지를 생태계 전체에 낭비 없이 나누며, 자원의 순환으로 고도의 균형을 유지하는 자연의 위대함에 다시금 경의를 표하는 자세가 필요하다. 이 점을 우리 모두 마음에 새겨야 한다.

자본의 신의 굴레에서 어떻게 벗어날까

집중형에서 분산형으로의 이행과 더불어 미래 사회를 설계하는 데 필요한 또 하나의 기본적 사고는 경제 활동과 환경 보호 활동의 양립이다. 인위적인 이산화탄소 배출량을 당장에 억제하고 싶다면 과감히 경제 활동을 제한하면 된다. 하지만 그런 강제적인 경제 활동의 제한은 자칫 잘못하면 빈부 격차로 발생하는 사회 분단을 증폭시키고 사회 안정의 근간을 뒤흔들 우려가 있다. 이산화탄소 배출량을 억제하는 활동은 오래 지속 가능해야만 효과를 볼 수 있다. 여기에는 사회의 이해와 안정이 불가결하다. 따라서 경제 활동과 환경 보호 활동의 균형을 맞추는 완급 조절이 필요하다.

산업혁명 이후 인류는 자본의 신이 이끄는 대로 에너지 소비를 확대하고 산일 구조인 현대 문명을 크게 성장시켰다. 자본의 신은 인류에게 전에 없는 번영을 가져다준 위대한 존재지만 무한한 성장 가능성을 전제로 형성된 교리가 지구 용량의 한계라는 거대한 벽에 부딪히며 지금 크게 흔들리고 있다.

자본의 신은 경제 성장이 둔화하거나 마이너스 성장을 하는 시대에 적합한 교리를 아직 갖추고 있지 않다. 그리스도교의 종교 개혁으로 프로테스탄트가 탄생하고, 일본 불교계의 교토·나라 세력을 대신할 존재로 가마쿠라 불교가 탄생했듯 지금 우리는 자본의 신의 신앙 체계를 시대에 걸맞게 수정하고 발전시켜 나가야 한다.

요컨대 지금까지 굳게 믿어 온 영원한 경제 성장이라는 굴레에서 어떻게 벗어날지를 생각하는 일이 경제 활동과 환경 보호 활동의 균형을 모색하는 데 가장 중요한 관점이다.

인구 감소를 긍정적으로 생각한다

경제 성장은 크게 인구 증가와 개인의 구매력 향상이라는 두 가지 요인으로 이루어진다. 노동력 증가와 생산성 향상이라고도 하겠다. 그중에서도 나라의 총인구 중 노동 인구가 차지하는 비율이 늘어나는 시기를 인구 보너스라고 하는데, 이때는 풍부한 노동력을 바탕으로 경제 성장이 강하게 촉진된다. 1960년대 일본이 거쳐온 고도 경제 성장기는 바로 이 인구 보너스 덕에 가능했다.

자본의 신이 만든 자본주의 사회는 제3차 에너지 혁명인 실용적인 증기기관의 발명과 제4차 에너지 혁명인 전기의 이용으로 생산성이 극대화되면서 중세의 오랜 침체를 벗어나 경제가 성장하기 시작했다. 또 근대 공업이 번성하고 공장이 새로운 일자리가 되면서 세계 인구가 꾸준히 증가했고 인구 보너스도 작용하기 시작했다. 이후 제5차 에너지 혁명인 비료 혁명으로 식량 생산량이 급증하자 인구 폭발은 결정적인 것이 되었다. 이렇게 세계는 강력한 인구 보너스를 통해 경제 성장을 가속화했다.

이러한 경제 성장 모델이 지금 전환을 맞이하고 있다. 지금까지 경제 성장을 든든하게 이끌어준 선진국의 노동 인구가 전부 줄어들었기 때문이다. 소위 저출산 고령화의 시작이다. 저출산 고령화가 진행되면 인구 보너스가 기능하지 않아 경제 성장을 추진할 강력한 부스터를 잃는다.

경제 성장에는 특수한 기술을 가진 집단을 육성하는 등 기술력을 갈고닦아 생산성 향상을 도모하는 방법도 있지만 머릿수가 채워지기만 해도 자동으로 기능하는 인구 보너스와 비교하면 실현이 어렵다는 단점이 있다. 따라서 저출산 고령화 국가가 일정 수준의 경제 성장을 유지하고자 할 때는 대규모 이민 수용의 검토가 가장 손쉬운 대책이다.

그러나 확실한 경제 성장을 위해 계속 인구 보너스에 의존하는 방법이 과연 지속 가능할까. 삶이 윤택해질수록 아이 수가 줄어드는 것은 인류 사회에 공통으로 발견되는 현상이다. 극도의 빈곤에서 벗어나면 아이를 노동력으로 보지 않고 아이의 미래를 위해 교육에 투자하게 된다. 즉 아이가 수입원이 아닌 지출 대상이 되기 때문에 필연적으로 수가 줄어드는 것이다. 삶이 나아지면 위생 상태가 개선되고 영유아 사망률이 낮아지는 것 역시 이러한 경향을 뒷받침한다.

앞으로 전 세계 사람들의 삶이 윤택해지면 세계 인구도 언젠가 정점을 찍고 완만한 감소를 향해 가게 된다. 유엔이 정리한 세계 인구 전망 2019에 따르면 세계 인구는 21세기 말경에 110억 정도에서 정점을 찍을 것으로 예상된다.[17]

즉 인구 보너스는 선진국뿐 아니라 세계 모든 국가에서도 언젠가 사라지게 될 일시적인 현상인 것이다. 그렇다면 앞서 저출산 고령화가 진행되어 인구 감소 국면에 들어선 선진국은 경제 성장의 굴레에 얽매여 흐름을 거스르면서까지 인구 보너스에 집착하기보다 경제 성장을 견인하는 또 하나의 요인인 생산성 향상을 통해 경제 안정을 도모하는 편이 현명하다고 할 수 있다.

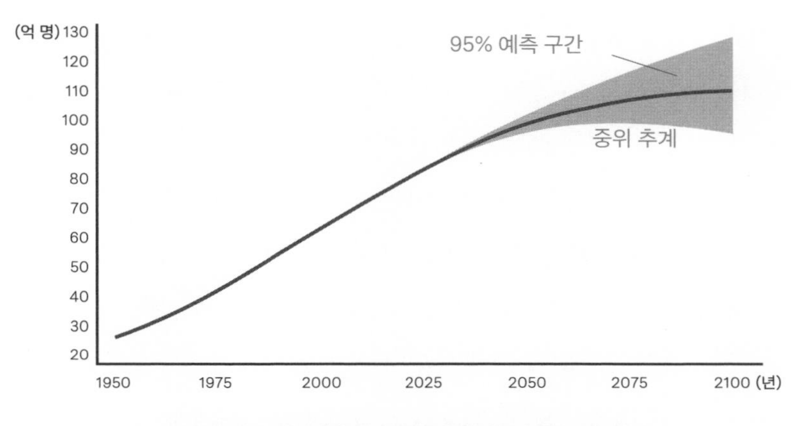

| 세계 인구 전망 (출처: 유엔 세계 인구 전망 2019) |

현재는 정보통신 기술의 비약적인 진보로 생산성 향상에 순풍이 불고 있다. 모든 사물이 인터넷으로 연결되고IoT 시시각각 달라지는 정보가 빠짐없이 빅데이터로 수집된다. 또 수집된 정보는 인공지능AI이 곧바로 분석해 보다 세밀한 수요 예측이 가능해지고 있다. 이러한 기술을 알차게 활용한다면 낭비를 줄이고 생산성을 높일 수 있다.

에너지 분야에서도 AI가 기상 정보처럼 실시간으로 갱신되는 방대한 양의 빅데이터를 빠르게 분석해 인간의 두뇌와는 비교도 안 되는 속도와 빈도로 기상을 예측하고 갱신하는 기술이 실현되고 있다. 이러한 정보는 태양광 발전이나 풍력 발전의 발전량을 예측하는 데 유용하게 쓰이는데, 마찬가지로 IoT를 통해 수집된 전력 수요의 빅데이터에 기반한 예상 수요량과 대조하여 전력 계통 시스템을 보다 정밀하게 운용할 수 있다.

이렇듯 우리 사회는 정보통신 기술이 비약적으로 진보하고 있어 지속적인 생산성 향상을 기대할 수 있는 상황이다. 인구 보너스에 의존하지 않는 경제 사회를 구축하기에 다시없을 기회가 도래한 것이다. 애초에 에너지를 대량 소비하는 선진국의 인구 감소는 에너지적 관점에서 절약 효과가 크다. 따라서 선진국 사람들은 애써 인구를 유지할 것이 아니라 인구 동태 변화를 긍정적으로 받아들여 인구가 감소하는 과도기를 생산성 향상으로 극복하며 사회를 재구축해 나가야 한다.

지금 저출산 고령화가 진행 중인 선진국 국민에게 요구되는 모습은 지속 가능한 인구로 회귀 중인 과도기적 상황에서 축소 균형에 빠지지 않도록 경제를 잘 이끌어 나가는 일이다.

110억 인구를 위한 새로운 부의 정의를 찾는다

우리는 모두 넉넉하고 안정된 생활을 원한다. 그래서 이러한 모델로 머리에 떠올리는 이미지는 선진국이라 불리는 나라들의 생활 모습이다. 각 가정에는 전기와 수도가 들어와 있고, 부엌에는 스위치 하나로 가열 조리가 가능한 가스레인지나 전자레인지가 있다. 과거에 3종 신기라 불리던 세탁기, 냉장고, TV는 물론 스마트폰과 같은 통신 기기나 네트워크 환경도 완비되어 있다. 이런 환경에서 안정적으로 삶을 영위하는 일은 개발 도상국 사람들 모두가 현실적으로 그릴 수 있는 목표다.

종종 선진국에 사는 사람들은 불안감을 드러낸다. 계속 늘어나는 세계 인구가 전부 선진국 수준의 삶을 살게 되면 지구가 못 견디지 않을까 하고 말이다. 물론 틀린 말은 아니다. 하지만 그 불안을 해소할 수 있는 주체는 선진국 대열에 합류하고자 노력하는 사람들이 아니라 선진국에 사는 사람들이다.

세계적인 베스트셀러 〈팩트풀니스FACTFULNESS〉의 저자 한스 로슬링과 그의 아들 올라, 며느리 안나가 설립한 갭마인더 재단이 이에 관해 매우 알기 쉬운 그림을 만들었다. 전 세계 70억 인구를 소득이 높은 순서대로 10억 명씩 분류하면 가장 소득이 많은 10억 명이 나머지 60억 명과 똑같은 양의 이산화탄소를 배출하고 있다는 사실을 알 수 있다. 그리고 다음으로 소득이 많은 10억 명이 남은 절반을 배출하고, 그 다음 10억 명이 또 나머지 절반을 배출하는 식이다. 고소득 계층이 이산화탄소를 얼마나 많이 배출하는지가 일목요연하게 정리되어 있다.

여기서 가령 각각의 소득 수준에 있는 10억 명의 인구 집합이 바로 위의 소득 수준에 도달하는 데 걸리는 시간을 10년으로 잡더라도 전

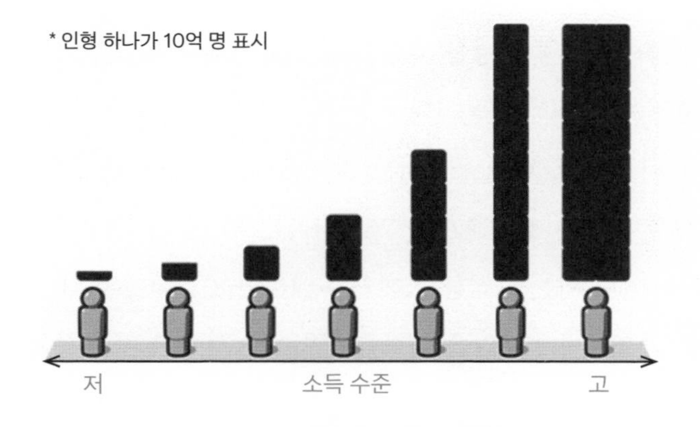

| 소득 수준별 이산화탄소 배출량 |

출처: Gapminder[51] based on CDIAC Based on free material from GAPMINDER.ORG, CC-BY LICENSE. www.gapminder.org/topics/co2-emissions-on-different-income

원이 최상위층에 도달하기까지는 60년이 필요하다. 실제로는 더 많은 시간이 들 것이다. 한편 인위적인 기후 변화는 60년 후에 발생할 미래의 문제가 아니라 이미 전 세계에서 기후 변화를 체감할 정도로 발등에 떨어진 불이다. 이러한 위기를 만들어낸 책임은 산업혁명 이후 현재에 이르기까지 축적된 이산화탄소 배출량의 대부분과 현재도 여전히 세계 절반의 이산화탄소를 배출하고 있는 최상위층의 10억 명과 그 조상들의 활동에 있다. 즉 지속 불가능한 쪽은 오히려 선진국에 사는 이들의 삶이다.

에너지 절약 효과는 사회 전체에 널리 보급된 재화에서만 얻을 수 있다는 제번스의 역설을 다시금 상기하자. 우리가 꿈꿔야 할 미래는 윤택한 삶을 살고자 노력하는 이들의 생활을 제한하는 방식이 아니라 그들이 이상으로 삼은 선진국의 생활 양식을, 보다 에너지를 절약하고 낭비를 줄이는 방식으로 구현하는 데 있다. 그러한 활동이야말로 인류 전체가 에너지와 귀중한 광물 자원의 소비를 억제하고 지속 가능한 사회를 구축하는 데 훨씬 유용하다.

이와 더불어 음식물 쓰레기를 줄이도록 노력했으면 좋겠다. 선진국의 식량 공급은 실수요보다 75%나 많으며, 소매 단계에서는 식품의 30~40%나 되는 음식물 쓰레기가 배출되고 있다고 한다.[18] 식량 생산에 투입되는 에너지 양을 생각한다면 이는 완전히 지속 불가능한 일이다.

또 IoT, 빅데이터, AI와 같은 최첨단 정보통신 기술을 최대한 활용해서 낭비를 없애야 한다. 코로나 팬데믹을 거쳐 재택근무는 근무 형태의 하나로 자리 잡게 될 테고, 또 그렇게 되게 해야 한다. 먼 지역의 출장 빈도도 줄일 수 있을 것이다. 수송은 에너지 손실이므로 최첨단 정보통신 기술을 십분 활용해 사람의 이동을 최적화하고, 에너지를 분산 이용하는 방식에 맞춰 인구도 거대 도시에 전부 집중하기보다 지방으로 분산해 살아가는 사회를 구축하는 데 중점을 두어야 한다.

지방에 살면 반드시 자기 차가 있어야 한다는 걱정은 자동차나 자전거 쉐어링 등 이동 수단의 다양화와 기존 공공 교통망의 정보를 통합함으로써 해결을 모색한다. 정보통신 기술을 활용하면 지역 인구의 이동을 분석하고 교통 시스템을 최적화할 수 있다. 이러한 활동은 이동 수단을 최적화하는 서비스라는 의미에서 MaaSMobility as a Service라고 불린다. 미래에 MaaS에 자율 주행 기술이 추가되고 자동차 쉐어링이 좀 더 대중화되면 자기 차 없이도 생활할 수 있을 것이다. 이렇듯 기술을 총동원하면서 자연을 모방해 한 곳에서 생산과 소비를 하고 분산형 사회로 이행하려는 적극적인 노력이 지속 가능한 미래로 가는 나침반이 될 것이다.

세계 인구는 모두의 삶이 윤택해지면서 정점을 맞이할 것이다. 그 수는 현재 110억 정도로 추정된다. 따라서 지속 가능한 사회를 실현하려면 110억 명이 부족함 없이 안심하고 살 수 있도록 새로운 부의 정의가 무엇인지를 선진국 국민이 솔선수범해 보여줄 필요가 있다. 그래야만 경제 활동과 환경 보호 활동을 양립할 수 있다. 에너지 문제의 확실한 해결 여부는 선진국에 살면서 누구보다도 부를 누리고 있는 이들의 마음가짐에 달려 있다.

| 17가지 지속 가능한 개발 목표(SDGs) |

지속 가능한 개발 목표의 의미

지속 가능한 사회로의 전환을 지향하는 세계 규모의 활동에서 2015년은 상징적인 해였다. 두 가지 중요한 문건이 채택되었기 때문이다. 바로 지속 가능한 개발 목표를 정한 '세계의 변화: 지속 가능한 개발을 위한 2030 어젠다'와 기후 변화에 관한 국제적인 틀을 정한 '파리 협정'이다.

지속 가능한 개발을 위한 2030 어젠다는 2015년 9월 유엔 개발 정상 회의에서 채택된 내용으로, 2030년까지 빈곤을 퇴치하고 지구를 보호하며 인류의 평화와 부를 실현한다는 목표를 내걸고 우리 모두에게 보편적인 행동을 실천할 것을 호소하고 있다. 상세하게는 지속 가능한 개발 목표로 총 17가지 목표SDGs를 설정해 인류 공통의 해결 과제를 명확히 한다는 특징이 있다.

에너지 문제는 2번째 기아 종식(기아 퇴치와 지속 가능한 농업의 추진), 7번째 모두를 위한 깨끗한 에너지(전력 정비 및 재생 에너지 보급 촉진), 8번째 양질의 일자리와 경제 성장(생산성 향상과 기술 혁신에 따른 지속적인 경제 성장), 12번째 만드는 책임과 사용하는 책임(지속 가능한 생산과 소비), 13번째 기후 변화 대응(기후 변화의 완화 및 적응 대책의 추진) 등이 포함되어 있다.

2015년 12월 파리에서 채택되어 이듬해 발효된 파리 협정은 2020년 이후의 온실가스 배출 감축 등과 관련해 새롭게 국제적인 틀을 정한 합의안으로, 1997년 교토에서 채택되어 2020년까지의 목표를 수립한 교토의정서를 대신한다. 선진국에만 의무가 있는 교토의정서와 다르게 모든 나라가 참여한다는 합의가 파리 협정의 특징이다. 파리 협정은 세계 공통의 장기 목표로 지구의 평균 온도 상승을 산업화 이전에 비해 2도 미만, 더 나아가 1.5도 미만으로 억제할 것을 규정하고 있다. 또 이를 위해 이산화탄소와 같은 온실가스 배출량 감축을 목표로 하는 '완화 대책'과 1.5도에서 2도가량의 온도 상승으로 인한 기후 변화에 대응하는 '적응 대책'을 함께 추진할 필요성을 내세우고 있다.

이렇게 '지속 가능한 개발 목표'와 '파리 협정'이 함께 채택된 해가 2015년인데 이 둘 사이에는 채택된 해 말고도 공통점이 있다. 그것은 정해진 내용이 어디까지나 인류 공통의 목표일 뿐 실질적인 의무가 따르지 않는다는 점이다. 따라서 목표의 달성 여부는 요컨대 각국 정부, 자치 단체, 기업, 개개인 각자의 노력에 달려 있다.

그럼에도 2015년에 이러한 목표가 정해진 데는 큰 의미가 있다. 왜냐하면 목표가 정해짐으로써 지향해야 할 에네르게이아에 관해 전 인류의 합의가 얻어졌기 때문이다. 우리가 가고자 하는 여행의 목적지는 명확히 정해져 있다. 남은 과제는 에네르게이아를 어떻게 실현할 것인가 하는 의지의 문제다.

최근 각국 정부, 자치 단체와 같은 공적 조직뿐만 아니라 일반 기업 등 민간 조직에서도 지속 가능한 개발 목표를 의식한 경영이 이루어지고 있다. 지속 불가능한 경제 성장을 전제로 한 지금까지의 비즈니스 모델은 지속이 불가능하다는, 어떤 면에서 당연한 사실을 이제 모두가 깨닫기 시작했다.

이러한 흐름을 더욱 분명하게 만들어주는 요소는 조직을 구성하는 우리 모두의 마음가짐이다. 정부, 자치 단체, 일반 기업의 조직 구성원은 전부 개개인이고, 이러한 조직 활동의 원천은 어디까지나 조직에 속한 개인 모두의 활동에서 비롯되기 때문이다.

에네르게이아를 실현하기 위해 모두가 목표를 공유하고 노력하면 사회 전환으로 발생하는 스트레스가 줄어든다. 지금 우리에게 기대되는 모습이란 지속 가능한 사회를 위해 각국 정부, 자치 단체가 펼치는 정책과 일반 기업의 활동을 긍정적으로 받아들이고 이러한 노력에 손을 보태는 일이다. 이와 더불어 일상의 업무나 생활 속에서 17가지 지속 가능한 개발 목표를 조금이라도 의식한다면 이러한 활동이 동력이 되어 경제 성장이 최고의 가치인 사회에서 경제 성장과 환경 보호가 양립하는 지속 가능한 사회로 천천히 이행할 수 있을 것이다.

장기 전망으로 보는 험난한 현실

미국 에너지 정보국EIA은 전 세계 에너지 소비 동향과 관련해 근래 경제 상황과 에너지 관련 정책에 큰 변화가 없다고 가정했을 때의 장기 전망을 책정해 2년에 한 번 기준이 되는 예상 시나리오를 공표하고 있다. 쉽게 말해 아무런 대책도 세우지 않고 지냈을 때 에너지 소비량이 어떻게 움직이는가를 예상한 것이다. 그 최신판인 국제 에너지 전망 2019International Energy Outlook 2019에 수록된 데이터에 따르면 특별히 추가 대책을 세우지 않더라도 2050년까지 재생 에너지 보급이 대폭 늘어나리라고 예상된다. 이는 2018년 실적 대비 2.5배나 증가한 수치다. 그러나 한편으로 이산화탄소 배출원인 석유와 천연가스의 이용량도 조금씩 증가하고, 석탄마저 거의 제자리걸음으로 감소세를 보이지 않는다는 점도 확인할 수 있다. 이로 인해 이산화탄소 배출량은 줄지 않고 매년 조금씩 늘어서 2050년에는 연간 400억 톤을 넘을 것으로 추정된다.[19]

한편 파리 협정의 2도 목표를 달성하기 위해서는 2050년 시점의 연간 이산화탄소 배출량을 100억 톤 정도로 억제할 필요가 있다. 조금 더 어려운 1.5도를 목표로 할 경우 2050년에는 탄소 중립(배출한 만큼 흡수하게 해서 실질적인 배출량을 제로로 만드는 것)을 실현해야 한다. 기후 변화 문제 해결에 앞장서는 유럽 각국뿐만 아니라 기시다 정권의 일본이나 바이든 정권의 미국도 2050년 탄소 중립 달성 방침을 연이어 내놓는 등 최근 2050년 탄소 중립 목표가 주류를 이루고 있으나, 어떤 목표든지 1년이라도 앞당겨 이산화탄소 배출량을 줄이는 방향으로 가지 않으면 목표 달성을 방해하는 장벽이 해가 갈수록 높아진다. 현실은 이처럼 녹록지 않다.

그러나 우리는 험난한 현실을 받아들이고 나아가야 한다. 구체적인 방법을 찾아보기 위해 다시금 장기 전망 그래프를 보자. 그래프에는 재생 에너지가 많이 보급되었음에도 이산화탄소 배출량이 생각보다 줄지 않은 이유가 명확히 드러난다. 그렇다. 에너지원별 내역을 전부 합한 전 세계 1차 에너지 소비량이 계속 늘고 있는 것이다. 2050년의 전 세계 1차 에너지 소비량은 2018년 실적 대비 50%까지 증가할 전망으로 재생 에너지의 추가 공급량이 새로운 수요 증가로 전부 소비되어 버린다. 그러는 동안에 세계 인구가 25% 증가해 2050년에는 예상 인구가 96억 명에 이를 것이라는 전망도 전 세계 에너지 소비량의 억제

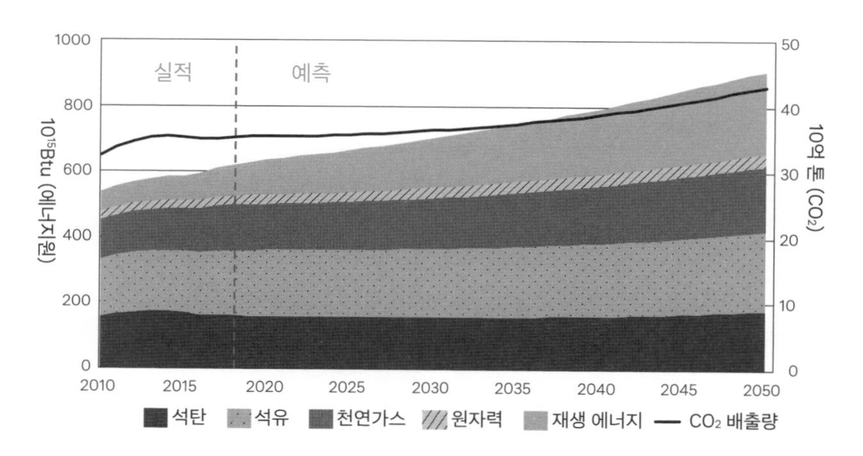

| 전 세계 1차 에너지 소비량과 에너지원별 내역 및 이산화탄소 예상 배출량 |

주: 석유에는 바이오 연료가 포함되어 있다.
출처: U.S. Energy Information Administration, International Energy Outlook 2019 데이터를 활용해 저자가 작성

가 쉽지 않음을 뒷받침한다.

이러한 사실을 보면 에너지 소비량을 줄이려는 모두의 꾸준한 노력이 이산화탄소 배출원인 화석 연료의 의존도를 낮추는 데 얼마나 중요한가를 알 수 있다. 물론 새로운 우대 정책을 도입하는 등 재생 에너지 보급에 한층 박차를 가해 화석 연료 소비를 줄일 수도 있다. 하지만 재생 에너지에도 장단점이 있기 때문에 화석 연료 전부를 대체하지는 못한다는 점을 알아야 한다.

전력 공급은 재생 에너지가 가장 잘하는 분야이므로 주된 발전 연료인 석탄의 점유율을 크게 낮출 여지가 있다. 화석 연료 발전은 가능한 한 재생 에너지 발전량이 부족한 시간대에만 가동하고, 천연가스를 연료로 한 예비 전원만 있으면 충분할 것이다. 또 전기 자동차가 보급되면 자동차 연료인 석유의 소비량도 얼마든지 감소를 기대할 수 있다. 한편 물류를 담당하는 트럭이나 선박, 항공기 연료의 경우 중량이 나가는 물건을 옮기는 힘과 장시간 사용이 가능한 에너지 용량을 모두 만족하는 경량 축전지 개발이 어려우므로 계속해서 석유나 천연가스가 필요하리라고 생각된다. 이러한 분야는 훗날 바이오 연료나 수소 연료로 대체되지 않을까 기대를 모으고 있는데, 높은 생산 비용이나 충전소 확충 등 인프라 정비 면에서 여전히 과제가 남아 있어 현실적으로 조기 보급은 어렵다.

또 제품 제조 과정에서 제철이나 시멘트는 석탄을, 석유 화학은 석유나 천연가스를 대량으로 사용한다. 이러한 분야도 전기로 대체하기는 어려우므로 재생 에너지와 그다지 궁합이 좋지 않다. 유한한 에너지 자원인 화석 연료는 재생 에너지로 대체하기 어려운 곳에만 용도를 한정하고 최대한 아껴 써야 한다.

치열한 파리 협정 2도 목표 달성 계획

이렇듯 다양한 제약과 과제 속에서 에너지 소비량을 억제하고 파리 협정의 2도 목표나 좀 더 어려운 1.5도 목표를 실현하기 위해서는 우리 인류가 가진 온 힘을 아낌없이 쏟아부어야 한다. 실천 계획의 구체적인 내용을 살펴보면 그야말로 치열한 총력전이 예상된다.

먼저 제철이나 시멘트, 석유 화학처럼 제품 제조 과정에서 대량의 화석 연료가 필요한 분야는 제품을 오래 아껴 쓰거나 사용법을 고민해 소비량을 줄이고 재활용을 추진하는 등 효율 개선으로 이어지는, 어쩌면 기본적일 수도 있는 사항을 철저히 준수해야 한다. 그 이유는 수소 환원 제철법, 이산화탄소 고정화를 통한 시멘트 제조 기술 등 제조 시에 저탄소화를 실현하는 분야별 미래 유망 기술도 있지만 여기에만 의존해서는 이산화탄소 배출량을 대폭 감축하기가 쉽지 않아 보이기 때문이다. 이렇듯 꾸준한 노력으로 이산화탄소 배출량을 최소화하고, 부득이하게 배출되는 이산화탄소도 탄소 포집·활용·저장 기술Carbon Capture, Utilization and Storage: CCUS을 활용해 가능한 한 포집하고Carbon Capture, 화학 제품의 원료로 이용하거나Utilization 지하에 압입해서Storage 대기로부터 격리할 필요가 있다. 특히 기술 혁신으로도 제품 제조 과정에서 배출되는 이산화탄소를 완전히 제로로 만들 수 없는 산업도 있는 탓에 대량의 이산화탄소를 포집하고 땅속 깊숙이 가둘 수 있는 CCSCarbon Capture and Storage는 탄소 중립을 달성하는 데 빠질 수 없는 기술로 여겨진다. 현재 세계는 CCS 실용화를 위한 연구에 박차를 가하고 있다. 일본에서도 경제산업성이 중심이 되어 2016년부터 2019년까지 홋카이도 도마코마이 시에서 대규모 실증 실험이 이루어졌는데, 근래에는 환경성이 주체가 되어 2020년대 후반 실용화를 목표로 새로운 프로젝트가 시작되는 등 활동이 확대되고 있다.[20]

다음으로 현재 사용되는 에너지 중에서 전기로 바꿀 수 있는 것은 최대한 바꿔서 재생 에너지로 대응이 가능한 분야를 늘린다. 그리고 태양광이나 풍력 등 재생 에너지를 사용하는 발전 시설을 이전보다 더 빠르게 도입하고, 정보통신 기술을 활용해 분산형 시스템을 구축하거나 다이내믹 프라이싱을 도입하는 등 철저한 최적화를 도모한다.

발전량이 같을 때 이산화탄소 배출량이 천연가스 발전의 2배에 달하는 과제를 가진 석탄 화력 발전소는 보통 50년으로 알려진 내용 연수를 넘긴 시설과 그에 상응하는 시설까지 가능한 한 철거하도록 한다. 세워진 지 오래되지 않은 석탄 화력 발전소는 유지하되 CCS 기술을 적용하거나 바이오 연료, 이산화탄소를 배출하지 않는 암모니아와 혼합해 연소시키는 등 대책을 강구한다는 조건을 전제로 운전한다.

한편 이산화탄소를 포집하고 지하에 저장하기 위해서는 새로운 에너지가 필요하기 때문에 그만큼 에너지 소비량이 늘어난다. 석탄 화력 발전소가 만들어내는 결과물은 전기라는 에너지뿐이므로 얻은 에너지와 투입한 에너지의 비율인 에너지 수지비EPR는 단순히 CCS를 적용한 만큼 나빠진다. 따라서 에너지 수지를 생각한다면 석탄 화력 발전소에 CCS를 적용하는 문제는 신중해야 한다. 그러나 재생 에너지로 기존의 석탄 화력 발전량을 전부 대체하려면 앞으로도 상당한 시간이 필요하고, 이산화탄소 배출량 감축은 더 이상 지체할 수 없는 상황임을 감안한다면 CCS 적용은 과도기를 무사히 통과하기 위한 어쩔 수 없는 선택이라고 해야겠다.

원자력은 고수준의 방사성 폐기물 문제가 있긴 하나 좁은 부지에서 대용량 발전이 가능하고 이산화탄소 배출량 감축에 즉효성이 있으므로 안전성을 철저히 확보해서 우선 철거 대상인 석탄 화력을 대신할 기저 전원으로 어느 정도 계속 활용해야 할 것이다. 또 세계 인구의 30% 이상을 차지하는 대국이자 2050년 두 나라만으로 전 세계 전력 수요의 절반 가까이 차지하리라 예상되는 중국과 인도는 석탄 화력 발전소 신설을 피하기 위해서라도 원자력 발전소를 건설해야 할 것이다.

이와 더불어 원자력 발전소는 하나의 거대한 원자로를 현지에 건설하는 방식이 아니라 소형 원자로를 공장에서 조립해 현지로 운반하고, 이를 여러 대 나열해 설치하는 새로운 설계 방식이 최근 주목을 받고 있다. 소형 모듈 원자로는 자연 냉각으로 노심 냉각이 가능해서 안전성이 좀 더 높다고 알려져 있기 때문이다. 게다가 원자력 잠수함 개발 기술 등 필요한 기술이 이미 축적되어 있다는 점도 강점이다. 따라서 소형 모듈 원자로 개발과 관련된 법이 꾸준히 정비되어 훗날 원자력 발전소 신설이 필요한 경우에는 유력한 선택지가 될 것이다.

그 외 수소 관련 기술의 조기 실용화를 목표로 한 기술 개발에도 적극적으로 임한다. 일본처럼 토지가 부족하고 대규모 재생 에너지 발전에 제약이 있는 나라에서는 특히 수소 관련 기술의 실용화에 힘쓰고, 해외에서 제조된 이산화탄소 프리 수소를 수입해 활용하는 수소 밸류체인을 구축할 필요가 있다. 물론 21세기 말 실용화를 목표로 비장의 카드가 될 핵융합 기술에 대해서도 전 세계의 지혜와 자본을 결집해 개발을 본격화해야 한다. 할 수 있는 일이 있다면 무엇이든 해야 한다.

지금까지 언급한 대책을 철저히 이행하면서 대중교통을 적극적으로 이용하고 물건을 오래 아껴 쓰며 재활용에도 힘쓰는 등 에너지 소비를 억제하기 위한 모두의 노력이 있어야만 비로소 세계 인구가 계속 증가하는 환경 속에서도 이산화탄소 배출량이 감소세로 접어들 수 있고, 파리 협정의 2도 목표나 그보다 더 어려운 1.5도 목표에 한 걸음 더 다가갈 수 있다.

여러분은 어떻게 생각하는가. 도저히 못하겠다고 반쯤 포기하지는 않았는가. 하지만 우리는 이제 더 이상 어렵다고 내팽개칠 수 없는 상황에 놓여 있다. 왜냐하면 이산화탄소 배출량 감축 이전의 문제로써 낮은 엔트로피 자원을 대량 소비하는 경향에 전혀 제동이 걸리지 않고 있기 때문이다.

이산화탄소 배출량 감축 활동의 의의

인위적인 기후 변화에 의문을 가지는 것은 자유다. 실제로 그 영향이 얼마나 될지를 정확히 예측하기란 쉽지 않다. 하지만 그 배후에는 문명의 탄생 이래 인류를 괴롭혀 온 에너지 자원 고갈이라는 문제가 자리하고 있음을 잊어서는 안 된다. 현대에 되살아난 훔바바를 쓰러뜨려도 마지막에 보복을 당하는 쪽은 우리 인류다. 파리 협정의 2도 목표를 달성하는 세상이 온다고 하더라도 어느 정도의 화석 연료는 필요하고, 어찌 됐건 우리는 계속 에너지 자원 고갈 문제를 해결하기 위해 노력해야 한다.

에너지 자원뿐만이 아니다. 비료의 3요소 중 인과 칼륨은 광물 자원에 의존하고 있다. 재생 에너지 보급의 열쇠를 쥔 축전지에는 리튬, 코발트, 니켈과 같은 광물 자원이 필요하다. 철이나 구리도 무한한 자원이 아니다. 채굴 비용이 저렴한 낮은 엔트로피 상태의 광물 자원은 언젠가 고갈될 것이므로 자연처럼 완전히 재활용할 수 없다면 모든 자원을 아껴 써야 한다.

재생 에너지 보급을 촉진하고 태양 에너지 이용 중심 사회를 구축한다는 이야기는 자연이 정한 에너지 흐름과 자원의 순환에 인간의 활동을 최대한 맞춰 나간다는 뜻이다. 그리고 이산화탄소 배출량을 줄이려는 노력은 생태계의 탄소 순환 속도에 인간의 활동을 맞추는 시도라고 할 수 있다. 즉 이산화탄소 배출량 감축이라는 목표 아래 제철이나 시멘트와 같은 제품의 소비를 억제하고 재활용하며 재생 에너지에 친화적인 분산형 사회를 구축해 나가는 활동은, 이산화탄소 배출로 인한 실질적인 기후 변화가 어떻든 간에 그 자체만으로도 우리가 도달하고자 하는 여행의 목적지인 지속 가능한 사회 구축에 확실한 보탬이 되는 것이다.

이산화탄소 배출 감축에 도움이 되는 다양한 노력을 통해 21세기가 끝나기 전까지 지속 가능한 사회를 실현할 수 있다면 자연과 인류의 관계가 개선되고 우리는 훔바바와 공존할 수 있을 것이다. 그리하여 과도한 소비를 억제하고 자원을 소중히 여기는 새로운 사회 기반을 마련해 21세기 말경에 핵융합로를 도입한다면 태양광 발전이나 풍력 발전에 쓰이던 대규모 토지가 자연으로 되돌아가고 발전에 필요한 자재량도 크게 줄어들어 110억 인구가 살게 될 22세기 전망은 훨씬 더 밝아질 것이다.

우리가 할 수 있는 일

서두르면 안 되네. 어리석게 행동하면 안 돼. 참을성이 있어야 하네. 세상은 참을성 앞에 머리를 숙인다고 하지 않나. 불꽃은 순간의 기억밖에 주지 않네. 신음하며 죽을 때까지 누르는 거지. 그뿐이야. 무엇을 누르냐고 묻는다면 말해주지. 인간을 누르는 걸세.

-나쓰메 소세키가

제자 아쿠타가와 류노스케와 구메 마사오에게 보낸 편지(발췌)

에너지의 관점에서 사물을 파악하고 이해하는 에너지 여행도 드디어 마지막 장에 이르렀다. 우리는 지금까지 세 번의 여행에서 얻은 통찰을 바탕으로 지향하는 미래 사회의 모습을 고찰해 그 뼈대를 만들고 실현하는 방법을 생각해왔다.

앞 장에서 다루었듯 현재 우리가 목표하는 지속 가능한 사회를 만들기 위해 사회 전체가 노력해야 할 과제는 거의 정리된 상태고, 필요한 기술도 세계 각지에서 구체적으로 연구 중이거나 적용되고 있다. 인류의 우수한 두뇌는 선견지명을 마음껏 발휘해 대책을 모색하고 있으므로 큰 걱정은 없다.

유일하게 남은 과제이자 가장 큰 불안 요소는 우리 한 사람 한 사람의 우수한 두뇌와 관련이 있다. 지속 가능한 사회는 에너지 소비량을 억제하고 낮은 엔트로피 자원을 아껴 쓰는 사회로 전환하지 않으면 실현 불가능하다. 그런 사회를 실현하는 전제 조건은 재생 에너지 보급을 촉진하는 정책의 질이나 기후 변화 모델의 정확도가 아닌 모두의 의지가 담긴 행동이다. 다가올 미래의 모습은 우리의 의지에서 비롯된 행동에 달려 있다고 해도 과언이 아니다. 이는 보다 많은 에너지를 바라는 본성을 지닌 인간의 뇌와 결코 좋은 궁합이라고 할 수 없다.

그러므로 인간의 뇌에는 조금 불리한 이 현실을 우리의 똑똑한 두뇌가 제대로 이해하지 못한다면 진정한 의미의 지속 가능한 미래는 오지 않는다. 머리로만 이해해서는 안 된다. 이해가 실천으로 이어지려면 몸과 마음 전부가 완벽히 이해하는, 더 정확하게는 '인정'할 필요가 있다.

이 난제에 눈을 돌리지 않고 정면 승부하는 일이야말로 에너지 여행을 집대성하고 여행의 말미를 장식하기에 어울리는 모습이다.

소박한 의문

여기 소박한 의문이 하나 있다. 인류의 우수한 두뇌가 더 많은 에너지를 원했다고는 하나 그렇다고 과연 이후에 현대 문명과 같은 사회가 실현되기를 진심으로 바랐을까. 만약 에너지를 얻으며 더 똑똑해진 뇌가 몸에서 자유로워지기를 원하다가 저도 모르게 새로운 무언가에 구속되어 자유를 잃게 되었다고 한다면?

이를 고찰하는 데 참고가 될 만한 책이 있다. 독일 출신의 유대인 정치철학자 한나 아렌트가 저술한 〈인간의 조건〉이다.[21] 나치즘의 대두를 피해 미국으로 건너간 자신의 담찬 경험을 계기로 그녀는 자신의 생애를 전체주의를 탄생시킨 나치즘의 요인 분석에 바쳤다. 〈인간의 조건〉은 인류 사회를 구성하는 인간의 일상적인 활동을 세 영역으로 분류하는 일에서 사고를 시작함으로써 현대 사회의 실상을 낱낱이 드러낸다.

첫 번째 영역은 생명 유지를 위한 '노동'이다. 이 영역에서 이루어지는 생산과 소비는 생존을 위한 활동으로, 식량 생산으로 대표되듯 생산보다 소비에 걸리는 시간이 짧은 경향이 있다. 또 나중에는 아무것도 남지 않고 오로지 순환과 반복만을 거듭한다. 두 번째 영역은 내구성이 있는 공작품을 만드는 '작업'이다. 이 영역에서는 도구 제작을 시작으로 가구나 건물 등 소비에 걸리는 시간이 길고 일정 기간 유지되는 구조물이 만들어진다. 이에 따라 한 사람이 속한 세계가 형성된다. 세 번째 영역은 물건을 매개하지 않고 사람과 사람과의 관계를 구축하는 '행위'다. 이 영역에서는 타인과의 관계 속에서 처음 성립되는 공적인 사회가 형성된다. 행위는 공적인 장소에서 사람들의 교류가 만들어내는 것으로 유한한 존재인 특정 개인에 예속되지 않는다는 점에서 인류가 존재하는 한 꾸준히 계속되는 가장 지속성이 높은 활동이다.

이어서 아렌트는 관찰을 통해 고대 그리스는 도시 국가 폴리스 운영에 관한 공론 영역의 '행위'나 '작업'과 가족 생활에 관한 사적 영역의 '노동'이 명확히 구별된 사회였음을 보여준다. 폴리스는 필연적인 생존 활동을 넘어 개개인이 다양한 형태로 개성을 다툴 수 있는 곳이었다.

이러한 일련의 사고를 거쳐 현대 사회를 정찰한 아렌트는 '노동'이 '작업'과 '행위' 영역을, 즉 '사적 영역'이 '공론 영역'을 잠식함으로써 노동이 사회 전체를 지배하려 하는 것이 현대 사회라고 설파한다.

자유를 얻은 뒤에 일어난 일

아렌트는 현대 사회에서 사적 영역이 공론 영역을 잠식하게 된 최대 요인은 공업화 발달에 있다고 생각했다. 공업 사회에서는 공장을 운영하는 조직이 하나둘 만들어지고, 그 안에서 경영자와 노동자라는 형태의 새로운 공동체가 탄생한다. 그녀는 가장(家長) 중심의 사적이고 가족적인 인간관계 모델이 타인과의 관계를 쌓는 공론 영역으로 진출한 것이 이러한 공동체라고 보았다.

또 공장에서 만들어진 제품은 균일하고 획일적이어서 '작업'이라고 부를 만한 개인의 속성이 드러나는 일이 없었다. 즉 아렌트는 경영자와 노동자로 이루어진 새로운 공동체의 실상이 생활을 위해 일하는 노동에 지나지 않는다고 본 것이다. 그 결과 그녀의 눈에 현대 사회는 오로지 생산과 소비만을 반복하는 노동이 사회 전체를 지배하는 싸늘한 세계로 비쳤다.

아렌트가 말하는 노동의 영역은 생존을 위해 필요한 기본적인 인간의 활동이다. 고대 그리스 시대에는 그런 활동에 자유가 없었기 때문에 이를 노예적인 것으로 여겨 기피하고 경멸했다. 생존 활동에 얽매이지 않을 자유를 중시하게 되면서 일부에게 노동을 강제하는 노예 제도를 긍정하게 된 것이다.

인류가 다섯 차례의 에너지 혁명으로 발전시킨 현대 사회는 에너지를 대량으로 쏟아부어서 노동의 영역에 해당하는 활동을 기계로 대체하고 노예와 농노를 해방함으로써 모두가 자유를 얻었다고 생각했다. 그러나 사실은 어딘가에서 톱니바퀴가 잘못되어 모두가 새로운 형태로 누군가의 노예가 되어 버린 것일지도 모른다.

아렌트는 이 점에 관해서도 중요한 통찰을 제시한다. 노동에서는 최고의 결과를 얻기 위해 리듬감 있고 질서 있게 움직여야 한다. 공업화 이전 사회에서는 육체가 그 리듬을 담당했다. 하지만 공업 사회에서는 기계가 리듬을 만들게 되었다고 그녀는 날카롭게 지적한다. 다시 말해 본성이 시키는 대로 에너지를 대량 소비하던 뇌가 갇혀 있던 몸에서 자유로워지자 이번에는 기계에 구속되어 버린 것이다.

아렌트가 활약했던 20세기 중반 사회에서 기계가 만드는 리듬은 뇌에 그다지 큰 부담이 아니었고, 시간 단축을 선호하는 뇌의 입장에서는 오히려 편안했을지 모른다. 그러나 21세기에 들어 경이로운 발전을 이룬 정보통신 기술이 지탱하는 현대 사회에서 우리의 뇌가 기계의 리듬에 제대로 적응하고 있는지는 상당히 의심스럽다.

마우스 이어마저 뛰어넘은 속도로 시간을 단축한 현대 사회의 리듬을 우리의 뛰어난 두뇌가 과연 자기 의지로 따라가고 있을까. 아니면 끌려가고 있을까. 나는 모두가 이 점을 진지하게 생각할 때가 왔다고 느낀다. 부디 이쯤에서 가슴에 손을 얹고 마음의 소리를 들어보았으면 좋겠다.

각자의 리듬

마음의 소리는 어땠는가. 만약 현대 사회가 만든 리듬이 편안하다고, 또는 좀 더 빨랐으면 좋겠다고 느꼈다면 여러분의 뇌는 여전히 기계의 리듬을 충분히 제어하고 있고, 그런 면에서 자유롭다고 할 수 있다. 계속해서 업데이트되는 정보나 새롭게 탄생하는 기술에 완벽히 적응하지 못한 채 고생 중인 나 같은 사람은 도저히 믿어지지 않지만 당연히 잘 적응하는 사람도 있으리라 생각한다.

아렌트가 말하는 공론 영역은 서로 다른 모두의 개성이 충돌해 만들어지므로 현대 사회의 리듬이 편안하다고 느낀 이들은 이를 개성으로 삼아 사회에 참여하면 좋을 듯하다. 다만 이런 이들에게 딱 하나 알려주고 싶은 사실이 있다. 그것은 각자의 뇌가 가진 시간의 리듬은 어디까지나 개성일 뿐 타인에게 강요할 사항은 아니라는 점이다. 애초에 인생이 제각각이듯 한 사람의 시간이 남과 같을 필요는 전혀 없고 오히려 똑같다면 이상할 일이다. 사회 전체를 기계의 리듬에 맞추려는 압력이 가해지지 않도록 일정 선의 배려가 있어야 한다. 이러한 태도를 견지하는 것이 지속 가능한 사회 구축을 위해 이 부류의 사람들이 인류 사회에 가장 크게 공헌할 수 있는 일이다.

그러나 만약 현대 사회의 리듬이 너무 빠르다거나 기계의 리듬에 끌려가고 있다고 느낀다면 이 부류의 사람들은 지속 가능한 사회 구축에 좀 더 적극적으로 공헌할 가능성이 있다. 그러므로 자신의 페이스대로 기계의 리듬에서 벗어나 자기만의 리듬을 찾아보자. 이것이 여러분의 뇌가 진정으로 자유로워지는 길이다. 이렇게 모두의 활동이 쌓이고 쌓이면 사회의 평균 리듬이 지금보다 느려지고 머지않아 조금씩 지속 가능한 사회가 그 모습을 드러낼 것이다.

몸이 만드는 정확한 비트에 귀를 기울인다

기계의 리듬에서 벗어날 필요성을 느낀 뇌가 원래의 리듬을 되찾으려면 어떻게 생각하고 행동해야 할까. 가장 먼저 진지한 태도로 스스로에게 질문을 던지고 자기 몸이 내는 소리에 귀를 기울여야 한다. 뇌가 가진 모든 리듬의 기초가 되는 정확한 비트는 몸에서 나오기 때문이다.

애초에 뇌가 다양한 리듬에 적응하고 시간을 단축할 수 있는 데는 명확한 이유가 있다. 현대 사회의 시간이 추상적인 개념이기 때문이다.

원래 인류의 시간 개념은 자신의 땅에서 하루 동안의 태양의 움직임과 1년의 계절 변화를 관찰하며 탄생했다. 즉 태양의 움직임과 발을 딛고 사는 땅이라는 구체적인 존재에 입각해 형성되었다고 할 수 있다. 그러나 산업혁명 이후 기계를 효과적으로 가동하기 위해 노동자의 시간을 엄격하게 관리하고, 철도나 전신망의 발달로 지역에 상관없이 똑같은 시간을 설정할 필요가 생기면서 시간은 토착성과 구체성을 빠르게 잃어 갔고 현재는 세슘 원자 시계가 설정한 일정한 간격을 기준으로 수치화된 추상적인 개념이 되었다.

수치화된 추상적인 존재를 다룰 때는 주의가 필요하다. 추상적인 것은 말 그대로 추상적인 데다가 수치화되어 무한한 확장성을 갖기 때문에 마음대로 다룰 수 있어서다. 이러한 특징이 뇌가 다양한 리듬에 적응할 수 있는 이유이자 때로는 자신의 본모습을 잃고 마는 이유가 되기도 한다. 반대로 몸은 구체적이고 실재가 보증되어 있다. 그런 까닭에 몸이 만들어내는 비트는 정확하고 안정적이다.

우리의 우수한 두뇌는 추상적인 것을 다룰 줄 아는 뛰어난 재능을 가졌다. 반면 이 때문에 종종 실태에서 완전히 동떨어진 곳을 헤매고 출구를 찾지 못할 때가 있다. 출구를 잃었을 때는 구체적인 것으로 되돌아와야 한다. 이것이 기본이다. 뇌의 리듬을 곧장 조절하고 싶다면 그럴 때마다 멈춰 서서 몸이 내는 소리를 들어 보자.

어쩌면 지금이 잠시 멈춰 몸이 내는 소리를 듣기에 가장 좋은 때다. 코로나 바이러스로 인해 반강제적으로 활동이 제한되면서 의도치 않게 사회 전체의 속도가 대폭 감소했기 때문이다. 이는 신기하게도 꼭 필요했던 일과 사실은 꼭 그렇지 않았던 일을 뚜렷이 구분해주는 계기가 되었다.

메이지야스다생명이 2020년 8월에 실시한 '건강'에 관한 앙케트 조사에 따르면 스테이 홈이나 코로나 팬데믹을 계기로 약 절반인 48.1%가 전보다 더 '건강해졌다고 느낀다'고 답했다.[22] 코로나 팬데믹으로 식생활의 개선과 운동 시간의 증가 등 생활 습관을 개선하고자 하는 사람들이 늘면서 이러한 현실감이 생겨난 듯하다. 이 흐름은 시간을 단축하고 속도를 빠르게 하는 뇌 중심의 사고가 정확한 시간을 만드는 몸 중심의 사고로 변화했음을 보여주는 것으로, 사회 전체의 평균적인 리듬을 늦추는 효과를 기대할 수 있다.

코로나 팬데믹을 통해 얻은 교훈을 살려 코로나 이후에도 느려진 속도에 크게 문제가 없다고 느낀다면 부디 그대로 유지하길 바란다. 그리하면 모두가 최적의 리듬을 찾을 수 있고 사회 전체의 에너지 소비량 억제에도 보탬이 될 수 있다. 이후로도 사회에서 자신도 모르게 기계의 리듬에 휘말려 속도가 빨라졌다고 느낀다면 그때마다 몸이 내는 정확한 비트에 열심히 귀를 기울여 뇌의 리듬을 조정해 나가도록 하자.

자연에서 알맞은 속도를 배운다

몸에 집중함으로써 차분해진 뇌가 다음으로 생각할 것은 우리 몸이 만드는 정확한 비트가 과연 어디서 기인하는가다. 그것은 자연의 모든 생명이 만들어내는 하모니다. 우리 인류를 더욱 확실한 존재로 만들어주는 요소는 생태계를 구성하는 지구 환경 안에 있다.

자본의 신이 이끄는 대로 자연의 속박에서 벗어나 공전의 번영을 이룬 현대 자본주의 사회가 빠진 난관은 에너지를 마음껏 사용해 몸에서 자유로워진 뇌가 헤매고 있는 미로와 사실상 아무런 차이도 없다. 이는 현대 자본주의 사회의 피라고도 할 수 있는 화폐가 시간처럼 추상적이라는 데 큰 원인이 있다. 화폐는 추상적이기 때문에 자연의 사물에서 너무도 쉽게 유리되고, 쉽게 유리된 탓에 원활한 경제 활동을 위한 도구로 널리 보급되었다. 그 결과 경제 활동과 환경 보호 사이에 현저한 불균형이 발생했다.

따라서 둘 사이의 불균형을 해소하려면 지구 환경의 용량이라는 실태와 괴리가 커지지 않도록 화폐 경제 활동을 적당히 조절할 필요가 있다. 즉 지금까지 마음껏 리듬을 주무르고 만족하던 우리의 뇌가 이제는 몸이 내는 소리뿐 아니라 주위에 흐르는 모든 생명의 선율에도 귀를 기울여 아름다운 조화를 완성해야 한다는 뜻이다.

현대 자본주의 사회에 군림하는 자본의 신은 방치하면 빠른 속도로 에너지를 흡수해 몸집을 불려 나가는 습성이 있다. 마치 한여름 하늘에 드리운 소나기구름 같다. 자본의 신의 정체이기도 한 산일 구조는 일정량의 에너지만 유입되면 최소한의 구조를 유지하므로 유입량을 하한선 근처까지 억제한다면 충분히 자연과 조화를 이룰 수 있다.

이를 위해서는 '알맞은 속도'를 아는 것이 좋은데 여기 하나의 지침이 될 만한 수치가 있다. 바로 연율 2%다. 이는 성목이 되기까지 약 50년이 걸리는 삼나무와 노송나무의 성장을 1년 치 성장률로 환산한 수치다. 쉽게 말해 삼나무와 노송나무가 가진 고유의 리듬이랄까.

나무가 우거진 멋진 숲을 가진 어떤 이가 숲에서 한 해의 나무 성장률에 해당하는 전체의 2%를 벌채해 생계를 유지하고 있다고 하자. 여기서 자본주의 사회의 기계 리듬이라 할 수 있는 은행 예금의 금리가 3%일 때 이 사람은 어떻게 행동할까. 경제적 합리성에 근거한다면 숲의 나무를 전부 베어 돈으로 바꾸고 저금하는 것이 낫다는 결론이 나온다. 숲을 보존해서 얻을 수 있는 이익은 숲 전체 가치의 2%인 데 반해 은행 예금은 숲 전체 가치의 3%에 해당하는 이익이 이자라는 형태로 얻어지기 때문이다.

게다가 벌채 수익에 따른 생활은 단리라서 원금인 숲의 가치는 오르지 않는 데 반해 은행 예금의 이자 수익으로 꾸리는 생활은 남은 이자를 원금에 더하면 복리로 운영할 수 있어서 장기적인 자산 가치의 차는 한층 더 벌어진다. 이러한 경제적 합리성의 관점이 풍요로운 숲을 전부 사라지게 하는 요인이다.[23]

지금까지 세계 각지에서 일어난 개발과 이로 인한 환경 파괴는 요컨대 이렇듯 단순한 손익 계산의 결과였다. 한 해 2% 이상의 경제 성장을 하는 지역은 자연환경을 그대로 보전하기 어렵다. 환경을 지키면서도 경제를 순환하고 성장시키려면 기계의 리듬이라 할 수 있는 경제 성장의 실질 수치를 인플레이션을 뺀 연율 2% 이하로 유지하는 사회에, 장기간 운용에 따른 복리 효과까지 감안한다면 좀 더 노력해서 연율 1%대 초반의 사회에 익숙해져야 한다.

확대되는 격차 사회에 경종을 울린 〈21세기 자본〉의 저자로 유명한 프랑스의 경제학자 토마 피케티의 분석에 따르면 산업혁명 이후의 전 세계 경제 성장률은 1700년부터 1820년까지의 100년을 조금 넘는 시기에 연평균 0.5%, 1820년부터 1913년까지의 100년이 조금 못 되는 시기에 연평균 1.5%로 서서히 성장 속도가 빨라졌고, 1913년부터 2012년까지 최근 100년간은 연평균 3.0%의 성장을 보이고 있다.[24] 빠른 속도로 멈출 줄 모르고 성장하는 자본의 신다운 행보라 하겠다.

최근 100년간의 경제 성장률은 명백히 두드러진 수치로 지속이 불가능하다. 다만 인구 증가세가 잦아들 것으로 예상되고 정보통신 기술의 비약적인 진보로 생산성이 대폭 향상되어 일정한 조화 속에 환경 보호와 경제 성장의 공존 가능한 착지점을 찾는 과정이 쉽지는 않겠지만 결코 불가능한 일도 아니다.

현대 자본주의 사회는 경제적 합리성이 위세를 떨친 나머지 사람들을 부단한 경쟁으로 내몰고 늘 긴장 상태에 시달리게 한다. 어느 정도가 적당한가를 알려주는, 즉 '알맞은 속도'를 재는 기준이 부족한 탓에

연도	세계 경제 성장률(%) A=B+C	세계 인구 증가율(%) B	1인당 경제 성장률(%) C
0~1700	0.1	0.1	0.0
1700~1820	0.5	0.4	0.1
1820~1913	1.5	0.6	0.9
1913~2012	3.0	1.4	1.6

| 세계 경제의 연평균 성장률 |

출처: 토마 피케티, <21세기 자본>

우리 뇌의 리듬이 점차 빨라지게 된 것은 아닐까. 그런 면에서 숲의 대략적인 성장 속도에서 얻어진 연율 2%라는 수치는 숲의 리듬을 수치화한 것이므로 자연과의 조화를 실현해줄 속도를 찾는 하나의 기준이 될 수 있다.

박자를 맞추는 메트로놈이라는 생각으로 연율 2%라는 수치를 활용한다면 경제 활동과 환경 보호 활동이 한층 더 안정적인 균형을 찾을 것이다. 그리하면 우리 뇌의 리듬도 자연과 안락한 조화를 이루어 지금보다 훨씬 더 차분해진다. 사회 속에서 긴장과 답답함을 느낄 때는 나무를 올려다보며 자연을 배우는 게 좋다.

에너지라는 추상적인 개념을 제대로 파악하는 방법

인간의 뇌에 관한 분석에서 알 수 있듯이 똑똑한 우리의 두뇌는 추상적인 개념을 다룰 때 종종 자신의 본모습을 잃곤 한다. 에너지 문제가 복잡하고 알기 힘든 이유도 단적으로 말해서 에너지가 추상적인 개념이기 때문이다.

그뿐만이 아니라 변화무쌍해서 파악이 어렵고, 알기 쉬운 형태로 구체화하기 쉽지 않다는 점이 에너지가 특별히 더 까다로운 이유다. 하지만 그렇기 때문에 추상적인 개념에 비교적 쉽게 포함된다. 사실 시간과 화폐를 적절하게 다루는 일이 에너지 소비 억제와 관련이 있는 까닭은 큰 맥락에서 시간과 화폐라는 추상적 개념을 에너지의 한 형태로 간주할 수 있어서다.

에너지와 비교해 시간과 화폐는 우리 두뇌가 구체적으로 떠올리기 쉬운 개념이다. 따라서 두뇌의 에너지 소비를 억제하려면 비교적 구체화가 쉬운 이런 유사한 추상적 개념을 찾는 방법이 효과적이다.

그러한 관점에서 여러분의 두뇌에 호소하고 싶은 이야기가 또 하나 있다. 바로 행복의 정의에 관해서다.

이키, 기자, 야보: 에도 토박이에게 배우는 문제 해결법

동서고금을 통틀어 인류 사회가 거듭 증명해온 진실은 인간의 행복이 결국은 생각하기 나름이라는 점이다. 나는 후지와라 일족의 수장으로 현세에 더없는 영화를 누리면서도 말세가 초래할 내세의 불안 때문에 말년을 뵤도인(平等院) 극락전에서 매일 기도하며 보냈던 후지와라노 요리미치가 진정한 의미에서 행복했다고는 생각하지 않는다. 그렇다고 해서 오로지 그림 그리는 일에만 집중하고 돈에는 무관심해서 평생을 가난하게 산 화가 가쓰시카 호쿠사이(葛飾北斎)가 불행했다고도 생각하지 않는다.

이는 행복에는 구체적인 기준이 없고 전부 추상적이라는 뜻이다. 여기에 큰 가능성이 있다. 행복의 정의가 사람마다 다르다면 더 적은 돈, 재산, 에너지로도 행복을 느낄 수 있도록 자신의 뇌를 자극하는 일이야말로 더 확실한 행복의 비결이기 때문이다.

수도원이나 사원에서 수행하는 검소한 삶은 이러한 사고 끝에 인류 사회가 찾아낸 하나의 해답이라고 할 수 있다. 그러나 이러한 생활은 속세 바깥에 있어서 사회 전체를 이끄는 힘은 되지 못한다. 그런데 내가 아는 한 적어도 전 세계에 딱 하나, 서민이 검소하면서도 행복하게 사는 법을 체득한 사회가 있었다. 바로 에도 후기 사회다.

에도 시대 후기에 해당하는 19세기 초반 인구 100만 명을 돌파했다고 할 정도로 세계 제일의 인구를 자랑한 대도시 에도에서는 당시 상인 문화로 알려진 가세이 문화(서민의 생활상을 그린 우키요에, 웃음 문학 곳케이본, 대중적인 전통 연극 가부키, 일상의 풍자를 담아낸 정형시 센류 등 서민 예술이 널리 유행한 문화-옮긴이)가 꽃피었다. 이 시기 에도 서민들 사이에는 결코 넉넉하지 못한 환경에서도 행복하게 사는 방법이 널리 퍼져 있었다. 나는 그 모습에 크게 배울 점이 있다고 생각한다. 추상적이고 무한한 존재에서 해탈하기 위한 구체적인 방법이 그들의 사고방식 안에 감춰져 있을 것이기 때문이다.

저축을 떳떳지 못하게 여긴다고 해서 '그날 번 돈은 그날 다 쓴다'라든가, 입이 거칠긴 하지만 마음에 구애됨이 없이 시원시원하다는 의미로 쓰인 '5월의 고이노보리'(높이 세운 봉에 달린, 원통 형태를 한 잉어 모양의 깃발로 5월 5일 어린이날에 설치한다. 큰 입에 속이 텅 빈 깃발이 바람에 시원하게 나부끼는 모습을 에도 토박이의 기질에 빗댄 표현이다-옮긴이)와 같은 표현은 에도 서민, 즉 에도 토박이의 기질을 잘 보여주는 유명한 말이다. 그들은 고집이 세고 싸움닭 같았지만 인심이 후하고 유머를 귀하게 여겼다. 에도라쿠고(서민의 희로애락을 담은 일본의 만담 예술로. 에도 시대에 생겨났으며 크게 간토 지방을 중심으로 하는 에도 라쿠고와 간사이 지방을 중심으로 하는 가미카타 라쿠고로 나뉜다-옮긴이) 이야기를 한번 들으면 이런 에도 토박이들의 일상이 머릿속에 생생히 그려진다.

이와 같은 에도 토박이의 행동거지는 서민의 삶 속에서 탄생한 '이키'(粋, 담백하고 세련되어 촌스럽지 않은 모습-옮긴이), '기자'(気障, 젠체하는 태도로 거슬리게 행동하는 모습-옮긴이), '야보'(野暮, 멋이 없고 촌스러운 모습-옮긴이)라는 독특한 미의식에 따라 세련되게 변해갔다. 돈을 아낌없이 쓰고 하루가 지나서도 돈을 가지고 있는 것은 야보였고, 어려운 사람이 있으면 내 일처럼 돕는 것이 이키였다. 속이 뻔히 보이게 멋을 부리는 일은 기자였는데 에도 토박이는 이를 가장 싫어했다.

이키에 적극적으로 가치를 부여한 에도 토박이의 미의식은 금전적인 가치와는 다른 가치관을 낳는 데 성공했고, 그러한 가치관이 에도 서민의 마음을 풍요롭게 했다는 점에는 의심의 여지가 없다. 말년에 스스로를 가쿄로진만지(画狂老人卍, 그림에 미친 노인이라는 뜻-옮긴이)라고 불렀던 가쓰시카 호쿠사이와 같은 인물을 길러낸 토양이 에도에는 있었다. 현대 사회의 지배적인 분위기라고 해도 좋을 경제적 합리성에 근거한 계산적인 행동은 에도 토박이의 말을 빌리자면 야보였지 이키가 아니었을 것이다. 좀 더 솔직히 말해 정론을 앞세워 그저 환경 보호만을 외치는 일은 에도 토박이에게 기자 그 자체로 이것을 가장 혐오했을지 모른다.

이러한 점은 에도 토박이의 미의식을 현대 사회에 적용하는 일에 큰 가능성이 있음을 시사한다. 왜냐하면 무한한 확장성을 가진 화폐 가치라는 추상적 개념을 '이키', '야보', '기자'라는 세 단어로 된 미의식, 다시 말해 또 다른 추상적 개념으로 교묘히 바꾸면 끝없이 확장하고자 하는 욕구를 억제하고 물리적 제약 속에서도 충분히 행복해질 수 있기 때문이다. 요컨대 이는 무한한 확장성을 가진 추상적 개념 전체를 몇 가지 다른 추상적 개념만으로 표현해 내는 수법이다.

물론 문화가 다른 전 세계의 지역 사회에 '이키'라는 말이 지닌 뉘앙스를 널리 이해시키는 데는 어느 정도 걸림돌이 있는 것이 사실이다. 하지만 다행히도 이키가 무엇인지에 관해서는 이키 문화에 매료된 철학자 구키 슈조(九鬼周造)가 서양 철학 수법을 구사해 이키의 정의를 밝힌 〈이키의 구조〉라는 명저가 널리 번역되어 있으니 외국인도 그 사상을 이해할 수 있을 것이다.

참고로 구키 슈조에 따르면 '이키란 세련되고 탄력이 있고 요염하다'라는 뜻이라고 한다.[25] '무사는 굶고도 이를 쑤신다'라는 속담처럼 무사도의 이상주의에서 오는 기개와 제행무상을 가르치는 불교의 세계관에서 비롯된 체관(諦觀)과 때를 벗어 깨끗해진 마음이 이성의 의식으로 생겨난 긴장을 갈고닦음으로써 완성되는 것이 '이키'다. 영어로 멋있다는 뜻의 속어인 '쿨cool'이 의미상 가까운 느낌이 있으나 '이키'가 제행무상의 체관을 온전히 잘 드러낸다는 점에서 내게는 영어의 '쿨'보다도 훨씬 더 쿨하게 느껴진다.

에도 서민이 보여주었듯 '이키'라는 미의식이 기반이 된 태도는 한정된 환경이나 조건 속에서도 행복하게 살기 위한 생활의 지혜라고 할 수 있다. 이키를 추구하는 분위기가 사회 전체에 널리 퍼진다면 지구 환경처럼 제한된 용량의 범위 안에서 사는 지혜를 배울 수 있을 뿐 아니라 정론만 난무하는 답답한 세상과도 일정한 거리를 둔 인정과 유머가 넘치는 풍요로운 세상이 만들어질 수 있지 않을까.

에너지 문제를 생각하는 일

지금까지 지속 가능한 사회를 실현하는 열쇠는 우리의 우수한 두뇌에 있음을 깨닫고, 에너지 소비 감축을 목표로 의식을 개혁하기 위해 어떻게 현실을 '인정'하게 만들 것인가라는 관점에서 이야기를 전개해왔다. 뇌를 주제로 한 탓에 추상적이고 까다롭게 느껴졌을지도 모른다. 에너지의 근본 원리를 살펴보고 인간의 행복한 삶에 관해 생각하는 내용이었으니 사실상 철학의 범주에 해당하는 이야기였다고 할 수 있겠다.

그러나 철학은 추상적이기 때문에 에너지와 궁합이 아주 좋다. 하버-보슈법이 발명되지 않았더라면 나나 여러분이라는 실체는 애초에 존재하지 않았을 수도 있다는 사실을 다시금 떠올려 보길 바란다. 그리하면 에너지 문제의 고찰이 두뇌의 사고에서부터 몸의 실재에 이르기까지 그 모든 것에 얼마나 철학적인가를 이해할 수 있을 것이다.

에너지 문제를 생각하는 일은 결국 '어떻게 살아야 하는가'라는 철학을 생각하는 일이다.

모두가 행복한 삶을 누리기 위해서는 무엇을 해야 할까. 다시 한 번 마음의 소리를 들어보지 않겠는가.

어떤가. 여러분의 두뇌는 현실을 '인정'했는가.

돈을 매개하지 않는 기브 앤 테이크를 실천한다

지금까지 지속 가능한 사회의 실현을 위해 의식 개혁이 필요한 뇌를 상대로 열심히 싸웠다. 추상적인 이야기를 따라오느라 여러분의 두뇌도 상당한 에너지를 썼으리라 생각한다. 그래서 마지막으로 두 가지 정도 뇌를 통하지 않고도 자연스레 몸이 움직이는 구체적이고도 간단히 실천 가능한 일을 소개한다.

첫 번째는 각자의 삶 속에 돈을 매개하지 않는 기브 앤 테이크 관계를 적극적으로 만들어 보는 일이다. 여기에는 확실한 근거가 있다.

현대의 자본주의 사회에서는 고도의 정보통신 기술의 진보가 뒷받침된 금융 기술의 발달로 모든 재화와 서비스가 화폐 가치로 활발하게 환산되고 있다. 그 덕분에 어떤 재화나 서비스도 간단히 화폐로 교환할 수 있게 되었지만 한편으로 수치화된 모든 재화와 서비스를 무기질적이고 무한한 존재로 만들어 버렸다. 여기에 우리의 우수한 두뇌의 무한한 에너지 욕구가 달라붙으면서 자본의 신의 폭주를 허용하는 밑바탕이 만들어졌다. 극단적인 추상화가 만든 재앙이다.

그러므로 화폐 가치로는 환산할 수 없는 나눔이나 도움 등을 의식적으로 삶의 일부로 받아들이고 자본의 신이 개입하지 못하는 세계를 만드는 것이 우리의 삶에 변화와 생기를 부여하고 종국에는 자본의 신을 진정시키는 데 도움이 된다.

이는 요컨대 도시적 생활 방식에서 전원적 생활 방식으로의 전환을 권유하는 일이라고도 할 수 있다. 지금도 시골에서는 땅과 바다에서 난 것을 이웃과 나누고, 그 답례로 다른 무언가를 받거나 잡초 제거에 손을 보태는 식의 자발적인 기브 앤 테이크가 일상 속에 아주 평범하게 자리하고 있다. 그렇다고 해서 이런 모습이 도시에서 불가능하다는 뜻도 아니다. 그러므로 장소에 상관없이 모두가 금전의 형태가 아닌 자발적인 '기브'를 해보았으면 좋겠다. 이렇게 시작되는 기브 앤 테이크 관계에는 금전적인 가치가 뒤따르지 않아서 완전한 청산은 불가능하다. 일단 관계가 시작되면 반드시 어느 한쪽이 빚을 지게 되고 따라서 오래 지속된다.[26]

내가 매료된 에도 서민의 삶도 얇은 벽 한 장을 사이에 두고 여러 가족이 한 지붕 아래 모이는 연립식 주거 형태였기 때문에 조미료나 주방 도구를 서로 빌려주고 음식을 나누는 일이 일상적인, 소위 상부상조의 정신이 살아 있었다. 대도시 에도에서는 타인을 마주할 수 있는 작은 사회가 여럿 존재했다.

모든 거래를 화폐 가치에 근거한 등가 거래로 하고, 매번 거래 상대와의 관계를 완전히 청산해 버리면 인간관계가 깊어지지 않는다. 비록 대도시에 살더라도 의식적으로 일부 거래를 기브 앤 테이크, 소위 부등가 거래로 해보면 인간관계에 어떤 변화가 일어날 수도 있다. 애초에 분산형이 주류가 될 미래 사회는 사회 구성 단위가 지금보다도 작아져서 타인과 마주하는 지역 사회와의 관계가 더 중요해질 것이다. 그런 면에서도 우리의 삶 속에 돈을 매개하지 않는 거래를 만들어 보는 일은 분명 의미가 있다.

부디 각자의 삶의 가능한 범위 안에서 기브 앤 테이크, 즉 돈과 무관한 관계를 만들어 보자. 그리하면 모든 것을 화폐 가치로 환산해 힘을 불리는 자본의 신의 폭주를 억제할 수 있고, 우리가 꿈꾸는 분산형 미래 사회와의 친화성도 판단할 수 있으므로 그야말로 일석이조다.

누구든 실천할 수 있는 효과가 확실한 방법

뇌를 매개하지 않고도 자연스레 몸이 움직이는 구체적이면서도 간단히 실천할 수 있는 일의 나머지 하나는 절약이다. 사실 절약만큼 누구나 실천하기 쉽고 에너지 소비량의 억제 효과가 큰 방법은 없다.

최근 들어 경제 활동의 활성화에 도움이 된다는 이유로 낭비를 허용하는 풍조가 있다. 그것은 자본의 신의 폭주를 용인하는 경제 성장 지상주의이므로 환경 보호와 경제 성장의 균형을 현저히 깨트리는 요인이다. 게다가 기존의 자본주의 정신에도 위배된다. 원래 자본주의 정신이란 막스 베버가 밝힌 것처럼 금욕적인 프로테스탄티즘에서 비롯된 근면과 절약의 미덕이 바탕인 부의 창조다. 애초에 절약은 근면과 함께 자본주의를 구성하는 중요한 요소였다.

실제로 절약은 매우 효과가 좋다. 절약을 에너지원의 하나로 보는 사람도 있을 정도다. 물건을 오래 아껴 쓰고, 사용하지 않는 방의 불이나 에어컨을 끄고, 음식물 쓰레기를 줄인다. 이러한 낭비만 없애도 에너지 소비량 감축에 충분히 공헌하는 일이다. 에너지가 많이 드는 소고기를 먹다 남기는 일 따위는 벌이 내리는 일이니 절대 금지다.

물론 절약한다고 해서 일이 다 잘되는 것도 아니고 과도한 절약이 답답하게 느껴질 수도 있다. 그래도 절약이 앞으로의 시대를 사는 하나의 키워드라는 점은 명백하다. 일본어에는 이러한 시대에 적합한 멋진 말이 있다. '못타이나이'(아깝다는 뜻-옮긴이)'라는 말이다.[27] 2004년 노벨 평화상 수상자인 케냐의 왕가리 마타이가 전 세계에 널리 퍼트린 말로 어쩌면 일본인에게도 재발견된 '못타이나이'라는 말에는 일체의 압력이 없다.

그래서 더 매력적이다. 환경 보호를 위한다는 식의 고압적인 자세가 아니라 아주 자연스럽게 절약을 실천할 수 있도록 해준다.

또 오해하지 않게 덧붙이자면 여기서 말하는 절약이란 10원이라도 싼 것을 골라 사는 일에 집착하라는 말이 아니다. 자본을 집약하고 대량 생산된 제품일수록 싸게 시장에 공급되므로 금전적인 절약에만 초점을 맞추면 자본의 신이 원하는 바대로 되고 만다. 절약 정신은 어디까지나 낭비를 멈추고 '못타이나이'라고 생각하는 마음에 중점을 둬야 한다.

에너지의 대량 소비로 유지되는 현대 사회의 모습을 바꾸기 위해서는 철학적인 논의를 통해 뇌의 성찰을 유도하는 식의 굵직한 대안뿐 아니라, 자연스럽게 몸이 움직여서 누구나 쉽게 실천할 수 있는 소소한 대안도 마찬가지로 중요하다. 그런 의미에서 '기브 앤 테이크'와 '못타이나이'라는 말에는 큰 가능성이 있다. 무엇이든 돈으로 환산하려는 태도나 아무렇게나 낭비하는 행동이 환경을 해친다고 입 아프게 말할 필요도 없이 그저 멋이 없는 일이 되면 된다. '이키'가 없다고 말이다. 그것만으로도 충분하다.

여행의 끝에서

지금으로부터 180년 전 프랑스 귀족 계급 출신이었던 알렉시 드 토크빌은 프랑스혁명이 가져온 혼란을 마주하고, 바다 건너에서 발전을 지속하는 신흥 민주주의 국가 미국에 큰 관심을 가졌다. 미국을 직접 보고 싶었던 25세의 청년 토크빌은 미국 교도소 제도를 연구한다는 명목으로 프랑스 정부의 지원을 받는 데 성공한다. 그리고 실제로 미국에 건너가서 9개월간 미국 전역을 돌아보았다. 청년의 흥미는 떨어질 줄 몰랐고 그의 행동 범위는 어느새 교도소 제도 연구라는 틀을 넘어서 있었다. 견문을 통해 그가 얻은 지식과 미국 사회에 대한 깊은 통찰은 〈미국의 민주주의〉라는 책으로 정리되어 결실을 보았다. 이 책은 지금도 여전히 미국 민주주의 연구의 필독서로 불리는 고전 명저다. 그 서문에는 이렇게 쓰여 있다.

“이 책은 엄밀히 말해 누구도 추종하지 않는다. 나는 이 책을 쓰면서 특정 당파를 떠받들 생각도, 특정 당파와 싸울 생각도 없었다. 여러 당파와 다른 견해를 갖기보다는 먼 미래를 보려고 했다. 그들이 눈앞의 일에 얽매일 때 나는 미래를 생각하고 싶었다.”[1]

토크빌의 〈미국의 민주주의〉를 처음 읽었을 때 나는 그의 예리한 통찰력에 거듭 놀랐고 충격을 받기도 여러 차례였다. 그러나 무엇보다도 서문에 깊은 감동을 받았다. 그리고 그의 태도야말로 에너지 문제를 고찰하는 데 가장 필요한 자세임을 분명히 느꼈다. 왜냐하면 에너지를 일절 사용하지 않고 사는 사람은 없다는 점에서 모두가 문제의 당사자로서 일정한 책임이 있는 한편 일상 속에서 모두가 무언가에 얽매여 있기 때문이다. 그때부터 토크빌의 관점에서 에너지 문제를 생각하는 일은 하나의 지침이 되었다.

내가 이 책을 쓴 동기는 원자력 발전을 옹호하기 위함도, 재생 에너지를 예찬하기 위함도 아니다. 하물며 내가 몸담은 석유 업계 때문도 아니다. 인류의 역사를 돌아봄으로써 에너지라는 알다가도 모를 불분명한 정체와 싸워서 본질에 조금이라도 더 가까이 다가가 인류의 미래에서 희망을 찾고 싶었기 때문이다.

물론 내게는 토크빌과 같은 뛰어난 통찰력이 없음을 스스로 잘 알고 있다. 하지만 내가 토크빌의 자세에 자극을 받은 것처럼 에너지 문제에 관심을 가진 우리 모두가 눈앞의 일에 얽매이지 않고 먼 미래로 눈을 돌려 인류가 가야 할 길을 생각한다면 좀 더 나은 사회가 되지 않을까. 이 책이 그런 일에 일조할 수 있다면 더 이상의 기쁨은 없다.

인류는 지혜를 모아 문명을 탄생시켰고 거대한 산일 구조를 만든 유일무이한 존재다. 그리고 인류에게는 선견지명이 있다. 과제를 찾고 개선해 나가는 일은 인류의 특기다. 지금 우리는 에너지의 대량 소비를 전제로 한 거대한 산일 구조 속에 살고 있다. 그런 사회의 장단점과 과제까지도 인식하고 있다. 그러므로 나머지는 꾸준히 개선하기 위해 노력하는 일이다.

세 번의 에너지 여행을 통해 다다른 미래의 모습을 이 책에서는 '여행의 목적지'라고 표현했는데, 이는 사실 현시점에서 예상 가능한 목적지에 불과하다. 목적지에 다다를 무렵에는 우리의 후손이 유일무이한 선견지명으로 새로운 과제를 찾고 해결을 위해 지혜를 짜내고 있을 것이다.

이러한 모습을 상상해 보고자 마지막으로 한 가지 예를 들어볼까 한다. 미래에 실용화가 기대되는 핵융합 반응 기술 중에는 지구의 바다에서 채취한 중수소와 달에서 채취 가능한 헬륨3을 핵융합시키는 아이디어가 있다.[2] 이 반응은 중성자를 방출하지 않는다는 장점이 있어서 실현만 된다면 원자로에 사용되는 부품의 선택지가 넓어질 뿐만 아니라 노벽이 방사성을 띠는 일도 거의 없어 폐로 문제도 간단해진다.

기초적인 핵융합로조차도 실현되지 않은 현재로서는 전부 꿈에나 나올 법한 이야기다. 그러나 우리의 후손이라면 언젠가 핵융합로가 실용화되고 난 뒤 새로운 개선을 위해 달에서 지구까지 헬륨3을 효과적으로 운반해 오는 방법을 진지하게 고민할지도 모른다.

인류가 공업 제품을 만들기 위해 낮은 엔트로피 자원을 계속 소비하는 한 완전한 의미의 지속 가능한 사회는 도래하지 않는다. 우리는 지속 가능한 사회와 최대한 가까운 모습을 구현하기 위해 거듭 노력하고, 메울 수 없는 틈이 있다면 새로운 기술을 개발하거나 자연의 도움을 받아 고치며 나아가는 수밖에 없다.

인간의 활동에 끝이란 없다. 부단한 개선이 있을 뿐이다. 이야말로 인류의 조상이 불을 얻은 이래 우리 인류를 공전의 번영으로 이끈 길이자 앞으로도 계속 걸어가야 할 길이다.

감사의 말

날 때부터 책을 좋아한 내 꿈은 언젠가 책으로 가득한 나만의 서재에서 온종일 책에 둘러싸여 있고 싶다는 것과 삶의 증거로 내 이름을 단 책을 내는 것이었다. 일본에서 출판된 서적은 전부 일본 국립 국회도서관에 납입되어 영구 보관된다고 들었기 때문이다. 자료로 보관된다는 점에서 작가가 누구든지 스기타 겐파쿠가 쓴 〈해체신서〉나 후쿠자와 유키치가 쓴 〈학문을 권함〉 등과 같은 고전과 똑같이 취급되는 것이다. 이는 정말이지 엄청난 일이다.

책의 주제는 정해져 있었다. 에너지 문제다. 에너지 문제를 생각하기 위해서는 인류 사회의 성립 과정부터 과학적 한계에 대한 이해 등 종합적이고도 거시적인 관점이 필요하다는 것이 나의 오랜 지론이었고 언제나 그 점을 널리 세상에 묻고 싶다고 생각했기 때문이다.

내 이름을 단 책의 출간은 에이지출판(英治出版)으로부터 로버트 브라이스Robert Bryce가 쓴 〈Power Hungry〉를 번역 출판할 기회를 얻으면서 한발 빠르게 실현될 수 있었다. 2011년의 일이다. 당시 번역서에 긴 해설을 쓸 기회를 얻어 에너지 문제에 대한 내 생각의 일부를 보여주기도 했다. 그 덕분에 내 생각을 좀 더 확장시켜 글을 쓰고 한 권의 책으로 정리하는 상상을 해볼 수 있었다. 그리고 10년의 세월이 흘러 마침내 완성된 결과물이 바로 이 책이다.

내 생각을 정리하는 작업은 상상 이상으로 어려워서 글을 쓰다 막히기도 여러 차례였다. 한번은 중간까지 써놓은 원고를 전부 파기하기도 했다. 그러나 에너지 관련 책을 내고 싶다는 마음이 모든 상황을 뛰어넘어 몇 년의 시행착오를 거쳐 겨우 초고를 완성할 수 있었다.

완성된 초고는 번역서 출판에 도움을 준 에이지출판의 다카노 다쓰나리 편집장에게 보여주고 많은 조언과 격려를 얻으면서 다시금 퇴고를 거듭했다. 마지막으로 완성된 원고는 초고보다 훨씬 완성도가 높아서 내가 처음에 생각했던 세계보다 훨씬 더 먼 차원까지 이야기를 끌어갈 수 있었던 것 같다. 이는 전적으로 이 책을 통해 내가 전하고 싶어 한 이야기의 본질을 단번에 꿰뚫어 본 다카노 편집장의 정확한 조언 덕분이라고 생각한다. 편집자의 존재가 이렇게까지 든든한 적이 없었다. 이 자리를 빌려 깊은 감사를 전한다.

또 에이지출판의 하라다 에이지 대표는 번역서 출판 때와 다름없는 모습으로 일개 회사원의 집필 활동을 따뜻하게 지켜봐 주었을 뿐 아니라 지방으로 이주했던 자신의 경험담을 상세히 들려주었다. 넓은 시야와 포용력에도 늘 감탄할 뿐이다. 진심으로 감사드린다.

책 내용은 대학 시절 같은 학과의 친한 동기이자 현재는 가나가와 대학교 공학부 물질생명화학과에 재직하고 있는 모토하시 데루키 교수와 내 근무처에서 걸어 다니는 사전으로 유명한 이소에 요시로 씨가 원고를 읽어 주었고, 저마다 전문적인 지식을 가지고 귀한 조언을 해주었다. 이 자리를 통해 고마움을 전한다.

독서가였던 아버지, 하이쿠를 좋아한 어머니께도 감사드린다. 내가 책을 좋아하고 글쓰기를 좋아하는 사람이 된 데는 집에 책이 가득했던 환경의 영향이 컸다고 생각한다.

마지막으로 내가 가장 사랑하는 가족에게도 감사의 한마디. 코로나 팬데믹으로 온라인 수업이 시작되고 동아리 활동도 줄어들면서 불필요한 외출을 자제하고 집에 있는 시간이 늘다 보니 작년 봄부터 가족 모두가 좁은 집에서 스트레스를 받았다. 그러는 사이 내가 해외 주재를 끝내고 돌아와서 재택근무를 시작했으니 한층 더 스트레스를 받았을지도 모르겠다. 이 책은 스트레스가 많은 환경에서 서로 부딪히기도 하고 이해하기도 하며 저마다 필요한 공간을 만들어 나가는 과정 속에서 완성되었다. 가족 모두가 도와준 덕분에 여기까지 올 수 있었다고 생각한다. 진심으로 고맙다.

나는 지금 서재는 없지만 정말 행복하다.

2021년 초여름
우리 집 다이닝에서 코로나가 종식되기를 바라며
후루타치 고스케

주

PART 1.

1. 新村出編 〈広辞苑〉第六版, 2008
2. ダニエル・ヤーギン(Daniel Yergin), 〈石油の世紀－支配者たちの興亡・上(The Prize)〉日本放送出版協会 p.211-220, 1991
   한국어 출간: 대니얼 예긴, 〈황금의 샘〉 라의눈, 2017
3. John Given, 〈The Fragmentary History of Priscus: Atilla, the Huns and the Roman Empire, AD430-476〉 Evolution Publishing, Kindle Location No.1438, 2014
4. 谷口洋和, Alibay Mammadov, 〈アゼルバイジャンが今面白い理由〉 KKロングセラーズ p.30, 2018
   아제르바이잔 국명의 유래는 본문에서 언급한 중세 페르시아어(팔라비어)로 불이나 화염을 뜻하는 '아제르'와 보호자라는 뜻의 '바이잔'으로 이루어졌다는 설 이외에도 아케메네스 왕조 페르시아의 총독으로 이 지방을 다스린 아트로파테스에서 유래한다는 설도 있다.
5. 불의 탄생에 관한 지구사는 다음 책을 참고했다.
   平朝彦, 〈地質学1－地球のダイナミックス〉 岩波書店, 2001
   丸山茂徳, 磯崎行雄, 〈生命と地球の歴史〉 岩波新書, 1998

スティーヴン・J・パイン(Stephen J. Pyne), 〈ファイア-火の自然誌(Fire: A Brief History)〉 青土社, 2003

リチャード・フォーティ(Richard Fortey), 〈生命40億年全史(Earth: An Intimate History)〉 草思社, 2008

6. 스탠리 큐브릭 감독 작품 〈2001 스페이스 오디세이〉 1968
7. スティーヴン・J・パイン(Stephen J. Pyne), 〈ファイア-火の自然誌(Fire: A Brief History)〉 青土社 p.60, 2003

   河合信和,〈ヒトの進化七〇〇万年史〉ちくま新書 p.123-125, 2010
8. ダニエル・E・リーバーマン(Daniel E. Lieberman), 〈人体600万年史・上(The Story of the Human Body)〉 早川書房 p.145, 2015
9. マット・リドレー(Matt Ridley), 〈繁栄-明日を切り拓くための人類10万年史・上(The Rational Optimist)〉 早川書房 p.94, 2010
10. リチャード・ランガム(Richard Wrangham), 〈火の賜物(Catching Fire: How Cooking Made Us Human)〉 NTT出版 p.109-110, 2010
11. 위의 책 p.61, 66
12. 위의 책 p.34-38
13. 위의 책 p.39
14. Jared Diamond, "The worst mistake in the history of the human race" Discover, 1999.5.1

    https://www.discovermagazine.com/planet-earth/the-worst-mistake-in-the-history-of-the-human-race
15. ウィリアム・ソウルゼンバーグ(William Stolzenburg), 〈捕食者なき世界(Where

the Wild Things Were)〉文藝春秋 p.238-246, 2010

16. ダニエル・E・リーバーマン(Daniel E. Lieberman), 〈人体600万年史・下(The Story of the Human Body)〉早川書房 p.23-24, 2015

17. 위의 책 p.34

18. マルクス・シドニウス・ファルクス(Marcus Sidonius Falx), 〈奴隷のしつけ方(How to Manage Your Slaves)〉太田出版 p.43, 2015

19. 고대 로마가 멸망한 이유에 대해서는 다양한 분석과 해설이 있는데 다음 책을 참고했다.

    エヴァン・D・G・フレイザー(Evan D. G. Fraser), 〈食糧の帝国(Empires of Food)〉太田出版 p.53-83, 2013

20. 伊藤章治, 岡本理子, 〈レバノン杉物語〉桜美林学園出版部 p.9, 21, 2010

21. 브샤레 마을의 숲 보전 활동은 다음 책에 자세히 나온다.

    安田喜憲, 〈森を守る文明・支配する文明〉PHP新書, 1997

22. ジョン・パーリン(John Perlin), 〈森と文明(A Forest Journey)〉昌文社 p.38-39, 1994

    한국어 출간: 존 펄린, 〈숲의 서사시〉 따님, 2002

23. 일본의 산림 파괴와 보호의 역사는 다음 책에 자세히 나온다.

    コンラッド・タットマン(Conrad Totman) 〈日本人はどのように森をつくってきたのか(The Green Archipelago: Forestry in Preindustrial Japan)〉築地書館, 1998

24. 田家康, 〈気候で読み解く日本の歴史〉日本経済新聞出版社 p.64-69, 2013

25. 華厳宗大本山東大寺 HP

    http://www.todaiji.or.jp/contents/guidance/guidance4.html

26. 田家康, 〈気候で読み解く日本の歴史〉日本経済新聞出版社 p.61, 2013

27. 産経新聞 2018년 9월 29일자 기사 "興福寺中金堂アフリカ産木材が再建の礎に8年がかり巨木調達"
https://www.sankei.com/west/news/180929/wst1809290037-n1.html
28. アティリオ・クカーリ(Attilio Cucari), エンツォ・アンジェルッチ(Enzo Angelucci), 〈船の歴史事典(Ships)〉原書房 p.30-31, 1985
29. トゥキュディデス(Thukydides), 〈歴史1(Historiae)〉 京都大学学術出版会 p.53-54, 2000
30. ジョン・バーリン(John Perlin), 〈森と文明(A Forest Journey)〉 昌文社 p.324-357, 1994
31. 위의 책 p.71-72
32. トーマス・フリードマン(Thomas Friedman), 〈遅刻してくれてありがとう・上(Thank You for Being Late)〉 日本経済新聞出版社 p.68, 2018
한국어 출간: 토머스 프리드먼, 〈늦어서 고마워〉 21세기북스, 2017
33. ランドール・ササキ, 〈沈没船が教える世界史〉 メディアファクトリー新書 p18-23, 106-107, 2010
34. ジョン・バーリン(John Perlin), 〈森と文明(A Forest Journey)〉 昌文社 p.72, 1994
35. Shannon M. Pennefeather, 〈Mill City〉 Minnesota Historical Society Press, p.24, 2003
36. ウィリアム・バーンスタイン(William Bernstein), 〈豊かさの誕生(The Berth of Plenty)〉 日本経済新聞社 p.202-203, 2006
37. 위의 책 p.204
38. バーツラフ・シュミル(Vaclav Smil), 〈エネルギーの人類史・下(Energy and Civilization a History)〉 青土社 p.39, 2019

39. R. U. Ayres, "Technological Transformations and Long Waves" International Institute for Applied Systems Analysis, Laxenburg, Austria, p.13, 1989

40. ジョン・バーリン(John Perlin), 〈森と文明(A Forest Journey)〉昌文社 p.292-293, 1994

41. ウィリアム・バーンスタイン(William Bernstein), 〈豊かさの誕生(The Berth of Plenty)〉日本経済新聞社 p.211, 2006

42. 이 시대의 영국 사회의 동향은 다음 책에 자세히 나온다.

川北稔, 〈砂糖の世界史〉岩波ジュニア新書 p.178-188, 1996

43. 吉村昭, 〈高熱隧道〉新潮文庫 p.260, 1975

44. 北康利, 〈胆斗の人-太田垣士郎〉文藝春秋 p.13-14, 341, 2018

45. 전기 에너지 관련 연구 역사는 다음 책을 참고했다.

小山慶太, 〈エネルギーの科学史〉河出ブックス p.69-98, 2012

46. Bureau International des Expositions(2017.2.9) "Zénobe Gramme's electrifying discovery at Expo 1873 Vienna"

https://www.bie-paris.org/site/en/blog/entry/zenobe-gramme-s-electrifying-discovery-at-expo-1873-vienna

47. ロバート・ブライス(Robert Bryce), 〈パワー・ハングリー(Power Hungry)〉英治出版 p.78-79, 2011

48. 전류 전쟁은 다음 책에 자세히 나온다.

名和小太郎, 〈起業家エジソン〉朝日新聞社 p.124-137, 2001

49. 가와나카지마 4군의 수확량은 다음 책을 참고했다.

信濃毎日新聞社, 〈長野県百科事典-補訂版〉p.183, 1974

태합검지의 가이, 에치고 수확량은 다음 책을 참고했다.
中野等, 〈太閤検地-秀吉が目指した国のかたち〉中公新書 p.230-233, 2019

50. 永井義男, 〈江戸の糞尿学〉作品社 p.44-48, 2016
51. ケンペル, 〈江戸参府旅行日記〉平凡社東洋文庫 p.18-19, 1977
52. 速水融, 〈歴史人口学で見た日本〉文春新書 p.98, 2001
53. 国立社会保障・人口問題研究所編, 〈日本の人口減少社会を読み解く〉中央法規 p.11, 2008
54. 에도 시대 후기부터 메이지 시대 후기까지의 산림 황폐 문제는 다음 책을 참고했다.
    太田猛彦, 〈森林飽和〉NHKブックス, 2012
    石井彰 (2014) 〈木材・石炭・シェールガス〉PHP新書, 2014
55. 農林水産省, "日本の食料自給率"
    https://www.maff.go.jp/j/zyukyu/zikyu_ritu/012.html
56. 제5차 에너지 혁명인 인공 비료 개발을 둘러싼 이야기는 다음 책을 참고했다.
    トーマス・ヘイガー(Thomas Hager), 〈大気を変える錬金術(The Alchemy of Air)〉みすず書房, 2010
    한국어 출간: 토머스 헤이거, 〈공기의 연금술〉 반니, 2015
    エヴァン・D・G・フレイザー(Evan D. G Fraser), 〈食糧の帝国(Empires of Food)〉太田出版, 2013
    ルース・ドフリース(Ruth DeFries), 〈食糧と人類(The Big Ratchet)〉日本経済新聞出版社, 2016
    한국어 출간: 루스 디프리스, 〈문명과 식량〉 눌와, 2018

57. 프리츠 하버는 하버-보슈법 발명이라는 공헌과 별개로 조국 독일을 위해 제1차 세계대전 당시에 독가스 병기 개발에 적극적으로 참여했다는 부정적인 면도 있다. 조국애가 충만한 인물이었음에도 유대계 독일인이라는 이유로 만년에는 나치 독일에게 냉대받는 등 시대에 희롱당한 생애를 보냈다. 하버의 독가스 연구에 대해서는 본서의 범위 밖이기 때문에 본문에서 언급하지 않았지만, 하버는 독가스 개발이라는 부정적인 면도 가진 인물이었음은 말해두고 싶다.

58. 하버-보슈법의 반응 조건은 다음 책을 참고했다. 茅幸二他, 〈化学と社会〉 岩波書店 p.11-26, 2001. 천연가스 등의 탄화수소에서 수소를 제조하는 수증기 개질법의 반응 조건은 다음 책을 참고했다. 石油学会編, 〈新石油事典〉 朝倉書店 p.329-331, 1982

59. 国立社会保障・人口問題研究所編, 〈日本の人口減少社会を読み解く〉 中央法規 p.168, 2008

60. National Corn Growers Association "World of Corn 2020"의 데이터를 이용해 저자가 계산했다.

61. United States Department of Agriculture, "Grain: World Market and Trade", p.18, March 2021,
https://downloads.usda.library.cornell.edu/usda-esmis/files/zs25x844t/kh04fh27x/4b29c186z/grain.pdf

62. マイケル・ポーラン(Michael Pollan), 〈雑食動物のジレンマ・上(The Omnivore's Dilemma)〉 東洋経済新報社 p.36, 2009
한국어 출간: 마이클 폴란, 〈잡식동물의 딜레마〉 다른세상, 2008

63. C4형 광합성에 관한 연구의 역사는 다음 책을 참고했다.

デイヴィッド・ビアリング(David Beerling), 〈植物が出現し気候を変えた(The Emerald Planet)〉みすず書房 p.229-261, 2015

64. 園池公毅, 〈光合成とはなにか〉 講談社 p.140-141, 2008

65. National Corn Growers Association "World of Corn 2020"의 데이터를 사용해 저자가 계산했다.

http://www.worldofcorn.com/#corn-usage-by-segment

66. マイケル・ポーラン(Michael Pollan), 〈雑食動物のジレンマ・上(The Omnivore's Dilemma)〉 東洋経済新報社 p.97, 2009

67. 위의 책 p.158

68. 위의 책 p.119

69. 石井吉德, 〈石油ピークが来た〉, 日刊工業新聞社 p.73, 2007

70. 農林水産省 2015년 10월 자료 "知ってる?日本の食料事情~日本の食料自給率・食料自給力と食料安全保障~"

71. 水野壮監修, 〈昆虫を食べる!〉 洋泉社 p.87-89, 2016

72. Vaclav Smil, "Enriching the Earth Fritz Haber, Carl Bosch, and the Transformation of World Food Production" The MIT Press Preamble, P.xv, 2001

PART 2.

1. ロバート・P・クリース(Robert P. Crease), 〈世界でもっとも美しい10の物理方程式(The Great Equations)〉 日経BP社 p.81, 2010

2. Online Etymology Dictionary, "Energy"

https://www.etymonline.com/word/energy

3. 메이지 시대의 과학 용어 번역 사정은 다음 책을 참고했다.

尾立晋祥, 〈明治の科学技術輸入と日本語〉 理大科学フォーラム, 2007년 4월호

4. Weblio 〈白水社日中・中日辞典〉을 검색했다.

https://cjjc.weblio.jp/

5. 'ちから'의 어원에 대해서는 여러 설이 있지만 チ(霊・血=霊魂・霊性), カラ(殻・幹=体・中心)에서 유래했음이 일반적인 것 같다. 이 책에서는 チ(霊)+カラ(殻) 설을 채용했다.

前田富祺編, 〈日本語語源大辞典〉 p.743, 2005

渡部正路, 〈大和言葉の作り方〉 叢文社 p.100, 2009

6. 大野晋, 〈日本語をさかのぼる〉 岩波書店 p.190, 1974

7. 鎌田東二編著, 〈神道用語の基礎知識〉 角川選書 p.256, 1999

8. Thomas Young, "A course of lectures on natural philosophy and the mechanical arts", London:Printed for J. Johnson, p.52, 1807. 원문은 다음 Internet Archive를 참고했다.

https://archive.org/details/lecturescourseof02younrich/page/n5/mode/2up?q=energy

9. リチャード・P・ファインマン(Richard Feynman), 〈ファインマン物理学3-電磁気学(The Feynman Physics)〉 岩波書店 p.13, 1969

10. 열역학과 그에 관한 과학사는 山本義隆, 〈熱学思想の史的展開-全3巻〉 2009가 유명한데 조금 쉬운 것은 鈴木炎, 〈エントロピーをめぐる冒険-初心者のための統計熱力学〉 講談社, 2014. ピーター・W・アトキンス(Peter William

Atkins), 〈エントロピーと秩序〉日経サイエンス社, 1992를 참고하면 좋다.

11. 山本義隆, 〈熱学思想の史的展開3-熱とエントロピー〉ちくま学芸文庫 p.212, 2009

12. 一般社団法人ターボ機械協会HP"蒸気タービン"
https://www.turbo-so.jp/turbo-kids5.html

13. 2018년 3월 27일자 中部電力プレスリリース, "西名古屋火力発電所7−1号 世界最高効率のコンバインドサイクル発電設備としてギネス世界記録認定~発電効率63.08%を達成~"

14. NEDO 実用化ドキュメント 2012년 12월 "世界最高水準の高効率・大型ガスタービンで地球環境やエネルギー問題に貢献"
https://www.nedo.go.jp/hyoukabu/articles/201205mitsubishi_j/index.html

15. バーツラフ・シュミル(Vaclav Smil), 〈エネルギーの人類史・下(Energy and Civilization a History)〉青土社 p.39, 2019

16. 原子力ハンドブック, 編集委員会編, 〈原子力ハンドブック〉オーム社 p.526, 2007

17. 独立行政法人, 新エネルギー・産業技術総合開発機構編, "NEDO 再生可能エネルギー技術白書第2版"第七章地熱発電 p.4, 2014
https://www.nedo.go.jp/content/100544822.pdf

18. ピーター・コヴニー(Peter Coveney), ロジャー・ハイフィールド(Roger High field), 〈時間の矢生命の矢(The Arrow of Time)〉草思社 p.17, 1995

19. 시간의 불가사의함과 심오함에 대해서는 다음 책을 참고했다.
渡辺慧, 〈時間の歴史-物理学を貫くもの〉東京図書, 1973

橋元淳一郎, 〈時間はどこで生まれるのか〉集英社新書, 2006

20. I. プリゴジン(Ilya Prigogine), I. スタンジェール(Isabelle Stengers), 〈混沌からの秩序(Order Out of Chaos)〉みすず書房 p.48, 1987
21. 石井威望, 〈日本人の技術はどこから来たか〉PHP新書 p.19-21, 1997
22. William Stanley Jevons의 〈The Coal Question; AnInquiry concerning the Progress of the Nation, and the Probable Exhaustion of our Coal-mines〉의 원문은 The Online Library of Liberty에서 열람할 수 있다.
    https://oll-resources.s3.us-east-2.amazonaws.com/oll3/store/titles/317/Jevons_0546_EBk_v6.0.pdf
23. United States Department of Agriculture, Economic Research Service 2018
24. 생물의 시간 흐름은 다음 책에 자세히 나온다. 동물의 수명과 생애 심박수에 관한 수치는 문헌에 따라 차이가 있다. 쥐와 코끼리의 데이터는 John Whitfield의 책을 참고했다. 가상 체중과 대사율 계산은 本川達雄의 책에 나오는 항온동물의 식을 기초로 저자가 계산했다.
    本川達雄, 〈ゾウの時間ネズミの時間〉中公新書, 1982
    ジョン・ホイットフィールド(John Whitfield), 〈生き物たちは3/4が好き(In the Beat of a Heart)〉化学同人, 2009
25. 1차 에너지 소비량은 BP統計(2019), 인구는 国連統計를 참고하여 각각 2018년의 수치를 이용해 계산했다. 또 동물은 일반적으로 표준 대사량의 2배의 식사를 하므로 계산에서는 1인당 1차 에너지 소비량의 2분의 1을 항온동물의 관계식에 대입했다.
26. 環境省HP 風力発電施設に係るバードストライク防止策

https://www.env.go.jp/nature/yasei/sg_windplant/birdstrike.html

27. Global Land Coverage Share database Beta Release version 1.0, 2014

http://www.fao.org/uploads/media/glc-share-doc.pdf

PART 3.

1. レスリー・アン・ジョーンズ(Leslie Ann Jones), 〈フレディ・マーキュリー孤独な道化(Freddie Mercury)〉 ヤマハ・ミュージックメディア p.42, 2013
2. 青木健, 〈ゾロアスター教〉 講談社選書メチエ p34-35, 2008
3. 松本清張, 〈ペルセポリスから飛鳥へ-清張古代史をゆく〉 日本放送出版協会 p.376, 1979
4. 青木健, 〈ゾロアスター教〉 講談社選書メチエ p.65, 2008
5. 위의 책 p.23
6. マツダ HP

   http://mazda-faq.custhelp.com/app/answers/detail/a_id/101/~/「マツダ」の由来と意味は%EF%BC%9F
7. 青木健, 〈ゾロアスター教〉 講談社選書メチエ p.47, 2008
8. 환경 쿠즈네츠 곡선은 다음 책에서 배웠다.

   ヴァーツラフ・クラウス(Václav Klaus), 〈環境主義は本当に正しいか?(Blue Planet in Green Shackles)〉 日経BP社 p.68-71, 2010
9. マックス・ヴェーバー(Max Weber), 〈プロテスタンティズムの倫理と資

本主義の精神(Die Protestantische Ethik und der Geist des Kapitalismus)〉 岩波書店, 1991

한국어 출간: 막스 베버, 〈프로테스탄트 윤리와 자본주의 정신〉 현대지성, 2018

10. ミヒャエル・エンデ(Michael Ende), 〈モモ(Momo)〉 岩波少年文庫, 2005

    한국어 출간: 미하엘 엔데, 〈모모〉 비룡소, 1999

11. デヴィッド・スズキ(David Suzuki), 〈いのちの中にある地球(The Legacy)〉 NHK出版 p.22, 2010

PART 4.

1. BP統計(2019)에 따르면 2018년 말 시점의 가채 연수는 원유 50년, 천연가스 51년, 석탄 132년으로 나와 있다.

   https://www.bp.com/content/dam/bp/business-sites/en/global/corporate/pdfs/energy-economics/statistical-review/bp-stats-review-2019-full-report.pdf#search=%27bp+statics%27

2. 平朝彦, 〈地質学3-地球史の探究〉 岩波書店 p.13, 2007

3. BP統計(2019)에서 나라별 이산화탄소 배출량과 일본의 인구 통계를 사용하여 일본인 1인당 이산화탄소 배출량을 계산했다. 그 결과 일본인 1인당 이산화탄소 배출량은 9.1톤/년이 되어 탄소량으로 변환하면 2.5톤/년이 되었다.

4. 大河内直彦, 〈地球のからくりに挑む〉 新潮新書 p.130, 2012

5. 日本経済新聞 2019년 3월 27일자 기사 "米原油生産45年ぶり世界首位シェ

ール増産効果”

https://www.nikkei.com/article/DGXMZO42961830X20C19A3000000/

6. 田近英一, 〈凍った地球-スノーボールアースと生命進化の物語〉 新潮社 p.39-41, 2009

7. 平朝彦, 〈地質学3-地球史の探究〉 岩波書店 p.93, 194-195, 2007

8. 조몬 시대의 해수면 상승에 관한 설명은 다음의 日本第四紀学会HP에 자세히 나온다.

http://quaternary.jp/QA/answer/ans010.html

9. 기후 변화에 관한 정부 간 협의체(IPCC) "第五次評価報告書統合報告書" 政策決定者向け要約(日本語訳) 2014

http://www.env.go.jp/earth/ipcc/5th/pdf/ar5_syr_spmj.pdf

10. IATA, Air Passenger Market Analysis, May 2020

11. WMO, United in Science 2020, September 2020

https://public.wmo.int/en/resources/united_in_science

12. Nature, COVID curbed carbon emissions in 2020 – but not by much, 15 January 2021

https://www.nature.com/articles/d41586-021-00090-3

13. 핵융합로에 관한 정보는 다음 책을 참고했다.

深井有, 〈気候変動とエネルギー問題〉 中公新書, 2011

リチャード・ムラー(Richard Muller), 〈エネルギー問題入門(Energy for Future President)〉 楽工社, 2014

ジョー・ヘルマンス(Jo Hermans), 〈不確実性時代のエネルギー選択のポイント(Energy Survival Guide: Insight and Outlook)〉 丸善出版, 2013

14. ジョー・ヘルマンス(Jo Hermans), 〈不確実性時代のエネルギー選択のポイント(Energy Survival Guide: Insight and Outlook)〉 丸善出版 p.117, 139, 2013

15. 일본의 1차 에너지 공급량과 전력화율은 電気事業連合会 HP의 2018년 실적을 참고했다.

https://www.fepc.or.jp/smp/enterprise/jigyou/japan/index.html

계절 차와 주야를 고려한 태양광 강도의 일본 평균치 150W/m²는 다음 책을 참고했다.

ジョー・ヘルマンス(Jo Hermans), 〈不確実性時代のエネルギー選択のポイント(Energy Survival Guide: Insight and Outlook)〉 丸善出版 p.116, 2013

16. ジョー・ヘルマンス(Jo Hermans), 〈不確実性時代のエネルギー選択のポイント(Energy Survival Guide: Insight and Outlook)〉 丸善出版 p.150-151, 2013

헤르만 교수에 따르면 풍력 발전 단지의 단위 면적당 출력은 2.0~3.0W/m²이다. 계절 차와 주야의 차이를 고려한 태양광의 평균 강도가 150W/m²인 일본에 있어서 에너지 변환율 20%의 태양광 발전을 이용했을 경우 단위 면적당 출력이 30W/m²가 되는 것에 비하면 해상 풍력 발전의 단위 면적당 출력은 상대적으로 꽤 작다는 것을 알 수 있다.

17. United Nations, World Population Prospects 2019

https://population.un.org/wpp/

18. バーツラフ・シュミル(Vaclav Smil), 〈エネルギーの人類史・下(Energy and Civilization a History)〉 青土社 p.151, 2019

19. U.S. EIA, International Energy Outlook 2019, September 2019

https://www.eia.gov/outlooks/archive/ieo19/

20. 환경성 주최로 2020년 8월 6일에 개최된 'CCUSの早期社会実装会議(第2回)~現在の到達点と今後の実用化展開に向けて~'에 제출된 자료 '経済産業省のCCUS事業について' 및 '環境省のCCUS事業について'를 참고했다.

https://www.env.go.jp/earth/ccs/ccus-kaigi/ccus.html

21. ハンナ・アレント(Hannah Arendt), 〈人間の条件(The Human Condition)〉 ちくま学芸文庫, 1994

한국어 출간: 한나 아렌트, 〈인간의 조건〉 한길그레이트북스, 2019

22. 明治安田生命 "健康に関するアンケート調査を実施!" 2020

https://www.meijiyasuda.co.jp/profile/news/release/2020/pdf/20200902_01.pdf

23. 나무의 성장률에서 경제 활동과 환경 보호 문제를 파악하는 수법은 〈The English Journal〉 1995년 2월호(アルク社)에 게재된 데이비드 스즈키의 인터뷰 기사에서 처음으로 접했고, 이후 デヴィッド・スズキ(David Suzuki), ホリー・ドレッセル(Holly Dressel)의 공저 〈グッド・ニュー(Good News for a Change)〉 ナチュラルスピリット, 2006 등 데이비드 스즈키의 여러 책에서 배웠다.

24. トマ・ピケティ(Thomas Piketty), 〈21世紀の資本(Capital in the Twenty-First Century)〉 みすず書房 p.78, 2014

한국어 출간: 토마 피케티, 〈21세기 자본〉 글항아리, 2014

25. 九鬼周造, 〈いきの構造〉 岩波文庫 p.32, 1979

한국어 출간: 구키 슈조, 〈이키의 구조〉 한일문화교류센터, 2001

26. 기브 앤 테이크 관계가 만들어내는 부등가 교환 경제의 중요성은 다음 책에서 많이 배웠다.

筧裕介, 〈持続可能な地域のつくり方〉 英治出版, 2019

27. '못다이나이' 정신의 중요성은 다음 책에서 많이 배웠다.

石井吉德,〈石油ピークが来た〉日刊工業新聞社, 2007

여행의 끝에서

1. トクヴィル(Alexis de Tocqueville),〈アメリカのデモクラシー第一巻・上(De la d é mocratie en Am é rique)〉岩波文庫 p.30-31, 2005

   한국어 출간: 알렉시스 드 토크빌,〈미국의 민주주의〉한길사, 1997

2. 国立研究開発法人 量子科学技術研究開発機構 HP 先進プラズマ研究開発 よくある質問 Q1 '核融合について簡単に教えて下さい'의 답변에서 발췌했다.

   https://www.qst.go.jp/site/jt60/5248.html

에너지가 바꾼 세상

1판 1쇄 발행 | 2022년 8월 16일
1판 2쇄 발행 | 2024년 8월 5일

지은이 | 후루타치 고스케
옮긴이 | 마미영
펴낸이 | 이동희
펴낸곳 | ㈜에이지이십일

출판등록 | 제2010-000249호(2004. 1. 20)
주소 | 서울시 마포구 성미산로 1길 5 202호 (03971)
이메일 | eiji2121@naver.com

ISBN 978-89-98342-72-2 03320